LES BORGIA

Liste des scénaristes

Épisode 1 : Tom Fontana
Épisode 2 : Kyle Bradstreet & Brant Englestein
Épisode 3 : Brant Englestein & Frank Pugliese
Épisode 4 : Brant Englestein & Frank Pugliese
Épisode 5 : Gina Gionfriddo
Épisode 6 : Bradford Winters
Épisode 7 : Andrea Ciannavei
Épisode 8 : Tom Kelly
Épisode 9 : Sean Whitesell
Épisode 10 : James Yoshimura
Épisode 11 : Kevin Deiboldt
Épisode 12 : Tom Fontana

7-13, boulevard Paul-Émile-Victor – Île-de-la-Jatte
95521 Neuilly-sur-Seine Cedex
www.michel-lafon.com

Tom Fontana

LES BORGIA

Avec la collaboration de Giovanni Ripoli

Michel Lafon

Liste des personnages principaux

Innocent VIII : pape de 1488 à 1492.

Rodrigo Borgia : vice-chancelier à la curie romaine, élu pape sous le nom d'***Alexandre VI*** (1492-1503). Père de Jéronima (décédée), Pedro Luis (décédé), Cesare, Juan, Lucrezia, Goffredo et Laura.

Cesare Borgia : étudiant à Pise, évêque de Valence (Espagne), cardinal.

Juan Borgia : duc de Gandie (Espagne), épousera Maria Enriquez de Luna, princesse espagnole. Sera nommé capitaine général des gardes pontificaux puis préfet de Rome.

Lucrezia Borgia : fille de Rodrigo Borgia et Vannozza Cattanei.

Goffredo Borgia

Vannozza Cattanei : ancienne maîtresse du pape Alexandre VI, mère de Cesare, Juan, Lucrezia et Goffredo.

Carlo Canale : mari de Vannozza Cattanei.

Ottaviano Canale : fils de Vannozza et de Carlo.

Alessandro Farnese : meilleur ami de Cesare, étudiant à Pise avec lui, nommé cardinal en même temps que lui.

Giulia Farnese : sœur d'Alessandro, mariée à Orsino Orsini Migliorati, maîtresse de Rodrigo Borgia, mère de sa dernière fille, Laura.

Adriana De Mila : cousine de Rodrigo Borgia, belle-mère de Giulia Farnese, occupe le poste de gouvernante dans sa résidence du Palazzo Vecchio.

Fiametta Michaelis : maîtresse de Cesare.

Francesco Remolino d'Ilerda : étudiant à Pise, ami et répétiteur de Cesare et Alessandro.

Johann Burckard : chambellan au Vatican et diariste, d'origine allemande.

Francesc Gacet : ami et conseiller de Rodrigo Borgia.

Fabrizio Colonna

Marcoantonio Colonna : frère cadet de Fabrizio.

Nannia Colonna : épouse de Fabrizio.

Cardinaux :

Giuliano Della Rovere : ennemi juré de Rodrigo Borgia, allié des Français.

Oliviero Carafa : légat de Naples.

Ascanio Sforza : cardinal de Milan.

Giovanni de' Medici : cardinal de Florence, fils de Laurent le Magnifique.

Giovanni Colonna

Gianbattista Orsini

Rafaele Riario-Sansoni

Francesco Piccolomini

Pacha Djem : en résidence surveillée à Rome après sa défaite en Turquie devant son frère, le sultan Bajazet.

PERSONNAGES

MAISON SFORZA

Virginio Orsini
Capitaine. Général puis préfet de Rome

Cousins

Gianbattista Orsini
Cardinal

Orsino Orsini Migliorati
Comte de Bassanello
Époux de Giulia Farnese

Neveu

MAISON COLONNA

Giovanni Colonna
Cardinal

Cousins

Fabrizio Colonna
Préfet de Rome

Nannia Colonna
Épouse de Fabrizio

Marcoantonio Colonna

MAISON CIBO

Pape Innocent VIII
Giovanni Battista Cibo

Fils

Franceschetto Cibo
Comte de Cerveteri, Monterano et Viano

LES CARDINAUX

Ardicino Della Porta
Cardinal de Aleria

Francesco Piccolomini
Cardinal de Sienne

Oliviero Carafa
Cardinal de Naples

Federigo San Severino
Cardinal de Novar

ESPAGNE

Diego Lopez de Haro
Ambassadeur

PRINCIPAUX

MAISON DELLA ROVERE

Giuliano Della Rovere
Cardinal

Cousins

Rafaele Riario-Sansoni
Cardinal
Légat du pape

AU SERVICE DE LA MAISON BORGIA

Francesc Gacet
Homme de confiance de Rodrigo Borgia

Johann Burckard
Chambellan du pape

Agapito Geraldini
Secrétaire de Cesare Borgia

Pantisilea
Dame de compagnie de Lucrezia

Miguel Corella
Homme de main de Juan Borgia

Francesco Remolino d'Ilerda
Ami de Cesare Borgia

MAISON DE' MEDICI

Maddalena de' Medici

Fratrie

Giovanni de' Medici
Cardinal de Florence

EMPIRE OTTOMAN

Djem
Shahzadeh de l'Empire ottoman et frère de Bajazet, *padishah de l'Empire ottoman*

Jorge da Costa
Cardinal du Portugal

Giovanni Savelli
Cardinal de Pérouse

Maffeo Gherardo
Cardinal de Venise

Guillaume Briçonnet
Cardinal de France

Fils

FRANCE

Gonzalo Fernandez de Cordoba
Général

Yves d'Allegre
Général

Charles VIII
Roi de France

Jean Briçonnet
Commandeur

LA

Adriana De Mila
Gouvernante
de la Maison Borgia
Mère d'Orsino Orsini

Cousins

Orsino Orsini Migliorati
Comte
de Bassanello

Giulia Farnese
Maîtresse
de Rodrigo Borgia
Épouse d'Orsino

Fratrie

Alessandro Farnese
Cardinal

Silvia Ruffini

Maria Enriquez de Luna
Nièce de la reine
Isabelle Ire de Castille
et du roi d'Espagne
Fernando II d'Aragon

Ferdinand von Hapsburg
Prince du Saint Empire
romain germanique
Parrain de Laura

Laura Borgia
Fille de Giulia
et de Rodrigo

Rosalina Della Mirandola
Marraine de Laura

FAMILLE BORGIA

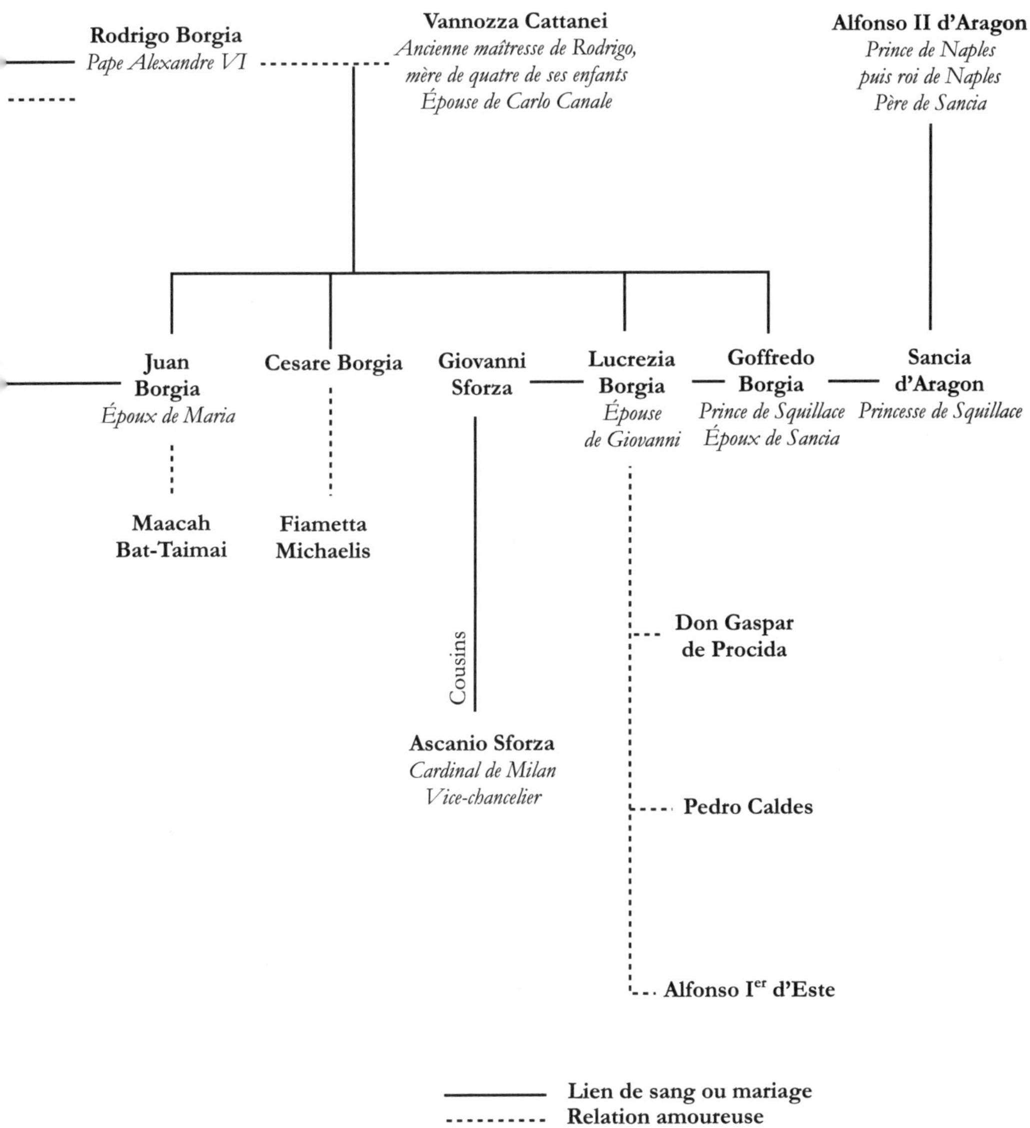

– 1 –

Comme un boulet, le poing avait jailli, noué, puissant, peau blanche veinée de bleue. L'homme n'avait rien vu venir. Son nez éclaté saignait à flots. Il était debout, stupide et massif, le visage taillé à la serpe. Face à lui, un jeune homme, grand et mince dans un pourpoint de velours noir, col dégrafé sur une chemise blanche. Traits anguleux, cheveux bruns bouclés, il fixait sur sa victime des yeux bruns écarquillés de rage.

– Ça t'apprendra à traiter mon oncle de Juif !

La brute eut un mouvement de recul. Derechef, l'autre asséna un coup encore plus violent sur le crâne.

– Ça pour l'avoir traité de Maure !

Et il l'allongea sur le sol d'un coup de tête.

– Et ça parce que j'en ai envie !

Dans la taverne sombre, la foule débraillée d'étudiants, de jeunes soldats et de prostituées avait marqué un temps de silence, curieuse de la suite. Puis, comme l'homme à terre ne bougeait plus, une acclamation avinée s'éleva pour encourager le vainqueur. Celui-ci, de nouveau prêt à l'attaque, fut saisi aux épaules par un autre. Même âge, même taille, un corps carré, athlétique et musclé, un visage aux rondeurs d'enfance, les pommettes rougies par le grand air et le vin bu toute la soirée. Il s'agrippa à lui.

– Non ! Cesare, arrête, tu vas le tuer !

Cesare, penché sur l'assommé, le saisit par la chemise, ignorant l'avertissement d'Alessandro, son ami d'enfance, son *alter ego*. Il souleva la masse de son adversaire pour le remettre debout et le cogner. La foule grondait, des bouteilles roulaient, on se bousculait pour voir l'affrontement. L'homme jeta un regard embrumé, balançant d'avant en arrière, au bord de retomber. Cesare, reculant légèrement, allait le frapper encore lorsqu'une petite main fine le retint.

– Cesare ?

Ce geste, cette voix le figèrent. Il se retourna. Face à lui, une brune ravissante. Sous sa jupe encombrée de jupons, sous son corsage sanglé dans un corset rouge, on devinait un corps de rêve, des seins ronds comme des oranges. Ses yeux noirs se plissaient, ses lèvres pleines s'arquaient. Elle allait lui jeter une phrase de reproche sur sa violence, sur son goût pour la bagarre, il ne lui en laissa pas le temps. Il avait déjà oublié le voyou et ses insultes, il ne voyait plus qu'elle. Fiametta était la flamme de sa vie ! Il la prit dans ses bras, elle protesta, puis sourit. Il se fit caressant, passa les doigts dans sa chevelure noire, et l'embrassa à pleine bouche, goulûment.

Alessandro soupira, soucieux : Cesare le bagarreur impulsif mettait autant d'énergie dans la lutte que dans l'amour. Or, lorsqu'on s'appelait Cesare Borgia, qu'on était le neveu de Rodrigo Borgia dont le nom brillait au plus haut de la hiérarchie pontificale, juste en dessous du pape, lorsqu'on comptait déjà un souverain pontife parmi ses ancêtres, pouvait-on se commettre à rosser des manants, à aimer une femme sortie du ruisseau ? Alessandro Farnese, lui, appartenait à l'aristocratie romaine, sa famille était vieille de plus de mille ans.

Même s'il aimait se saouler jusqu'à rouler sous la table et finir ses nuits dans des lits inconnus, un secret instinct le retenait de descendre aussi bas. Il aimait tendrement Cesare. Il le savait agité de sombres pensées, le jour. La nuit, des cauchemars le torturaient. Du malheur intime qui tourmentait son ami, il ne savait rien ou presque. Alors, contre vents et marées, il le défendait, le protégeait, s'il le fallait, contre lui-même. Ce soir, pensa-t-il, ce n'était qu'une petite bagarre, et personne ne connaissait sa liaison avec Fiametta. Les étudiants présents dans la taverne étaient trop saouls pour se souvenir demain de quoi que ce soit. Au pire, on jaserait à Pise, à l'université où ils étaient tous deux étudiants en droit canon et en théologie, mais rien ne transpirerait à Rome. Il y veillerait dans la mesure de ses moyens.

Tout à ses réflexions, Alessandro ne vit pas Cesare et Fiametta passer la porte enlacés et s'éloigner dans la nuit, leurs pas résonnant dans la ruelle pavée. Il avait l'habitude : quand Cesare l'abandonnait dans une taverne pour s'adonner à son destin d'amoureux, il savait réagir. Il leva le bras, une servante accourut.

– Donne-moi une fillette de Frascati, jeune fille ! lança-t-il.

Une jeune prostituée, le corsage largement échancré, la jupe retroussée sur son jupon laissant deviner des fesses rondes, lui frôla la joue de sa main. D'un coup d'œil expert, il évalua le plaisir possible. Puis, d'une tape légère sur son banc, l'engagea à s'asseoir à son côté. Les femmes, surtout celles qu'il payait, étaient sa faiblesse. Après tout, on avait beau être un Farnese, on n'en était pas moins homme.

*
* *

Un peu plus tôt ce jour-là, à Rome, les vingt cardinaux qui représentaient la chrétienté se trouvaient réunis dans la salle du Trône au palais du Vatican, pour un consistoire. Le pape Innocent VIII, élu depuis huit ans, fit une entrée laborieuse, soutenu par son maître de cérémonie, Johann Burckard, un Allemand féru de protocole et de droit canon. Innocent aimait les plaisirs de la vie et ceux-ci le lui rendaient bien mal. Vieilli avant l'âge, rongé de maux divers dont le moindre était la goutte, le pontife passait un temps exagéré, lui semblait-il, à maintenir la paix entre les cardinaux – particulièrement ceux qui étaient issus des familles romaines – et à faire régner un semblant d'ordre dans les territoires pontificaux, surtout dans la Ville éternelle. Il estimait que ces activités ne lui permettaient pas de jouir de ce qui lui restait de vie.

Ce jour-là, marchant lentement jusqu'à son trône, chaque pas lui causant une douleur, il savait qu'il allait encore assister à des luttes d'influences sourdes entre ses subordonnés. Il s'installa, avec un grognement de souffrance, aussi confortablement que possible sur ce siège rigide. Sans trop en savoir exactement la raison, il se méfiait de ce Tudesque qui soutenait ses pas et le suivait comme son ombre. Aussi avait-il chargé Borgia de le surveiller. Pour certaines tâches comme celle-ci, Borgia était le meilleur.

Il considéra les vingt cardinaux, alignés de chaque côté du trône et les observa l'un après l'autre. Parmi eux se trouvait le prochain pape. Borgia ? Sans l'ombre d'un doute. Il avait cinquante-neuf ans, le même âge que lui, et une meilleure santé. C'était un grand et bel homme au front haut, au nez busqué, au regard noir. Parfois Borgia lui faisait peur : cette stature, ces mains énormes et ce charisme saisissant, d'où les tenait-il ? « Dieu m'en préserve ! » pensait-il. Innocent le redoutait parce qu'il tenait pour certain que Rodrigo Borgia avait du sang sur la conscience, enfin sur ce qui lui en tenait lieu. Oh ! certes, il n'avait probablement jamais tué un homme de sa main. Encore que… Certains bruits couraient… Et Rodrigo avait toujours recruté des hommes de main. Le pape sursauta. Perdu dans ses pensées, il n'avait pas réalisé que Burckard attendait un signe de lui pour déclarer l'ouverture du consistoire. Il leva la main en signe d'assentiment. L'autre prit la parole d'une voix de stentor. Son accent allemand alourdissait son italien.

– *Verbum incarnatum.* Sa Sainteté le pape Innocent, huitième du nom, a ordonné l'assemblée du Sacré Collège des cardinaux en ce troisième jour de mars de l'an de grâce mille quatre cent quatre-vingt-douze.

Les cardinaux s'assirent, excepté Rodrigo Borgia et Giuliano Della Rovere. « Les deux ennemis », pensa Innocent avec ennui. Ils voulaient la parole. Innocent la donna à Borgia. Le cardinal le séduisait tout autant qu'il l'effrayait.

– Le suprême pontife entendra le vice-chancelier, Rodrigo, cardinal Borgia.

Della Rovere cala son corps massif à l'allure militaire au fond de son fauteuil. Sur son visage aigu de noble romain se lisaient le dépit et l'impatience. Rodrigo Borgia s'avança entre les stalles jusqu'au pied du trône et déplia un document.

– Saint-Père, nous avons reçu de réjouissantes nouvelles de Ferdinand, roi d'Aragon, et de la reine, Isabelle de Castille. Leurs armées ont bouté les musulmans au-delà de Grenade, ils ont repoussé ces païens hors de la péninsule Ibérique, réunifiant ainsi l'Espagne.

Comme un artiste sûr de son effet, Borgia marqua un temps d'arrêt, à demi tourné vers ses collègues. Ceux-ci applaudirent vigoureusement. Par contraste, le silence et l'immobilité de Della Rovere et de quelques autres – ses alliés – parurent plus pesants.

– En honneur de cette victoire capitale pour la foi chrétienne, j'implore Votre Sainteté d'accorder à Ferdinand et Isabelle le titre de « Rois Catholiques ».

Il y eut des murmures, des exclamations. La proposition ne recueillait pas l'approbation générale. Della Rovere se dressa et le Saint-Père indiqua à Burckard de lui donner la parole. Il fallait respecter le protocole, toute discussion en devenait lente et solennelle.

– Le suprême pontife entendra le doyen du Sacré Collège, Giuliano Della Rovere.

Borgia regagnait son siège, Della Rovere s'avança.

– Saint-Père ! Accorder aux Espagnols un titre aussi extraordinaire va irriter les autres souverains d'Europe. Le roi de France ne s'est pas montré moins ardent à défendre la seule et vraie foi en exécutant les hussites hérétiques.

La même pensée vint au pape et à son maître des cérémonies : chaque adversaire luttait pour son roi, et, au-delà, pour ses propres intérêts. Borgia demeurait attaché à l'Espagne, sa terre d'origine, à son roi, et à son évêché de Valence ; Della Rovere, archevêque et légat du pape en Avignon, possédait la confiance de Charles VIII. Or celui-ci avait des vues sur le royaume de Naples, appartenant à l'Espagne.

Rodrigo Borgia se leva, Burckard lui redonna la parole. Il se montra encore plus enjôleur.

– Donner le titre à Ferdinand et Isabelle ne diminue en rien Charles ! En fait, cela l'incitera plus encore à agir au nom de notre Église. Votre Sainteté a demandé au roi de France d'appeler à une nouvelle croisade pour défendre les côtes italiennes contre les barbares musulmans, or Sa Majesté tergiverse. Alors que l'armée française est la première force militaire de notre monde, il temporise.

Rodrigo Borgia hésita une seconde avant d'envoyer une flèche provocatrice en direction de Della Rovere.

Il n'ignorait pas que tous ses propos seraient rapportés au roi de France.

– Peut-être sa foi n'est-elle pas alliée à sa passion ? conclut-il.

Della Rovere bondit. Du regard, Burckard interrogea le pontife qui émit un pet, et secoua la tête. La discussion était close, il fallait passer au vote. L'Allemand posa les questions rituelles :

– Quel est l'avis du consistoire ? Pour ?

Seize cardinaux levèrent la main en signe d'approbation.

– Seize pour. Contre ?

Della Rovere et trois autres levèrent la main.

– Quatre ! annonça Burckard.

– Nous, par la présente, énonça Innocent VIII, accordons à Ferdinand d'Aragon et Isabelle de Castille ainsi qu'à tous leurs descendants et tous ceux qui dorénavant gouverneront le royaume d'Espagne le titre de « Rois Catholiques… »

Rodrigo ne put retenir un rictus de plaisir en direction de Della Rovere qui, en retour, afficha une moue boudeuse. Ce n'était que partie remise. La haine entre eux était irréductible.

*

* *

Vannozza Cattanei délaissa un instant ses livres de comptes. Par la fenêtre ouverte, elle apercevait sous le ciel bleu foncé la cime des pins se balançant doucement dans le jardin ceint de hauts murs. D'un geste charmant, elle s'appuya à sa table de travail, le menton au creux de sa main, et réfléchit. Il y avait toutes sortes de choses, grandes et petites, à régler. À trente ans, elle gérait plusieurs auberges et des propriétés. Elle savait faire fructifier ses biens, mais comme c'était difficile !

Il fallait veiller à l'acheminement des vivres, du pain, de la viande, des pâtisseries. Et du vin surtout. Il coulait à flots le soir dans les tavernes Cattanei. Ce liquide rouge, lourd, épais, qui saoulait facilement. Dans les tavernes, les clients réclamaient du vin et des filles. Pour le vin, elle savait s'approvisionner en quantité dans ses propres vignes. Les filles, elle les tolérait seulement. Le problème principal de Vannozza n'était pas la prostitution mais la violence. Il ne se passait pas de semaine sans qu'elle eût à faire remplacer du mobilier et de la vaisselle dans ses établissements. Et encore, il ne s'agissait que d'objets. Bien souvent, il y avait des blessés, des morts. La vie dans cette cité ne valait pas grand-chose ! On retrouvait régulièrement des cadavres d'individus égorgés, étranglés, noyés dans le Tibre.

Rome était une ville constamment agitée de soubresauts violents. Chaque seigneur possédait ses hommes de main, ses *bravi*. Braves, ils ne l'étaient pas forcément. Recrutés dans les prisons ou les bas-fonds, ils acceptaient de tuer et, éventuellement, de se faire tuer sur ordre. La seule loi qu'ils connaissaient était celle de la famille pour laquelle ils s'engageaient. Dans la Ville éternelle, les grandes tribus patriciennes, dont quelques-unes remontaient à l'époque de Jules César, entretenaient des relations belliqueuses. Ainsi on se battait contre la famille Colonna parce qu'on appartenait à la famille Orsini, et vice versa ; on se proclamait pour Della Rovere avec violence et dagues. Ensuite, on signait une paix éphémère, on se désunissait au gré des intérêts et des allégeances, et des rapports de force. Les Colonna détestaient les Orsini et réciproquement depuis des générations, cela ne les empêchait pas de s'allier quand besoin était. De même, Della Rovere haïssait Borgia. Les raisons en étaient claires : ils étaient des rivaux au Vatican et soutenaient chacun des pays adverses : Della Rovere, la France où il avait des intérêts financiers et politiques ; Borgia, l'Espagne pour des raisons identiques.

On s'entretuait facilement aussi entre Romains et étrangers, trop nombreux selon les citoyens de la ville pontificale. Chaque cardinal, chaque ambassadeur amenait sa troupe, sa cour. Il y avait des Français, des Allemands, des Grecs, des Espagnols ! Les Espagnols, on les appelait les Catalans comme le plus célèbre d'entre eux, Rodrigo Borgia.

Ce nom amena un sourire sur le visage rond et doux de Vannozza. Rodrigo ! Elle l'avait rencontré alors qu'elle avait dix-huit ans. Lui en avait vingt-huit, un avenir magnifique et l'allure d'un seigneur. Qu'elle appartînt à une famille de commerçants – fortunés toutefois – et non à l'aristocratie ne fut pas un obstacle : il tomba amoureux d'elle avec une fougue qui la transporta. Il était le neveu du pape Calixte III qui venait de mourir, et déjà cardinal depuis quatre ans. Elle était belle : des yeux bruns, une opulente chevelure d'un blond vénitien aux boucles épaisses, une petite bouche comme une fleur et cette poitrine lourde, ce corps arrondi que quatre maternités épaissiraient un peu.

Si elle avait séduit Rodrigo par son charme, elle avait su le retenir par son intelligence. Elle avait très vite compris ce qu'il cherchait : une complice secrète auprès de laquelle il se sentirait en confiance, avec laquelle il pourrait échanger idées, projets, ambitions. Elle lui offrit tout cela sans jamais rien lui demander en retour. Dès lors, il veilla à son avenir matériel et à sa sécurité. Il l'installa dans cette maison sur la place Pizzo-di-Merlo, à quelques pas de son propre palais. Il lui offrit bijoux, meubles et objets luxueux, domestiques, et tout l'argent nécessaire au respect de son rang, celui de maîtresse d'un des plus puissants princes de l'Église.

Rodrigo était un amant qui l'émerveillait et la rendait heureuse. Elle savait cependant que, si elle voulait demeurer la maîtresse en titre, il lui fallait tolérer toutes les autres qui passaient dans sa vie sans jamais rien lui reprocher. Elle observa rigoureusement cette règle du jeu tacite. Elle en fut la gagnante : Cesare, sept ans plus tard Juan, puis Lucrezia et Goffredo furent des enfants désirés et aimés. Il y avait une fausse note cependant : Rodrigo, contrairement à Innocent VIII, ne les avait pas reconnus. Il se faisait passer auprès de tous – les enfants comme le reste de la maisonnée – pour leur oncle. Secret de polichinelle ! À part les enfants, nul ne l'ignorait.

Un coup léger frappé à sa porte interrompit ses réflexions. Entra une exquise adolescente.

– Lucrezia !

Sa fille avait hérité de sa chevelure et de l'ovale de son visage, mais sa minceur élancée et ses yeux sombres lui venaient de son père. À treize ans, des courbes féminines se dessinaient sous sa robe de lin rehaussée de fils d'or. Elle avait fait tresser des rubans dans ses cheveux. Sa beauté et sa séduction étaient déjà celles d'une femme. Lucrezia était escortée de ses deux petits frères Goffredo et Ottaviano. Elle les écarta impatiemment.

– Maman, peux-tu leur dire d'aller jouer ailleurs ?

Vannozza obtempéra et les deux petits repartirent en se bousculant. Lucrezia alla s'asseoir sur la banquette en tapisserie devant la fenêtre. Son profil se détachait délicatement sur le paysage romain. « Une Vierge avant la Nativité, pensa Vannozza, ou bien une Vénus ! En tout cas une femme, plus une fillette ! »

– Maman, dit Lucrezia.

– Oui, ma chérie ?

Lucrezia exhala un long soupir. Sa mère patienta un moment. Lucrezia était bien une Borgia. Il ne fallait jamais solliciter leurs confidences, elles venaient en temps et heure. Simplement, elle n'avait pas que cela à faire.

– Oui, ma chérie, répéta Vannozza.

Silence.

– Quel est ton souci ?

– Je ne me marierai jamais !

– Oh ! Pourquoi une telle certitude ? demanda sa mère en souriant.

– Mon père est mort. Mes frères sont l'un en Espagne, occupé à guerroyer contre les musulmans, l'autre à Pise, étudiant pour être prêtre. Les derniers sont encore trop jeunes ! C'est simple : qui négociera un mariage pour moi ?

– Ton oncle, bien entendu ! Le cardinal Borgia.

– Mais quand ? gémit la jeune fille. Qu'est-ce qui le retient ? Suis-je trop laide ? Trop banale ? Trop…

– Non ! coupa sa mère fermement. Il veut pour toi un homme qui te convienne. Tu rêves trop d'amour, Lucrezia. Je suis au regret de te dire que tu devras apprendre bientôt qu'il y a très peu d'histoires d'amour dans la vie réelle.

La mère tenait sa fille tendrement enlacée.

– Je vous dérange ? fit une voix grave.

Carlo Canale, le troisième mari de Vannozza, le père d'Ottaviano, aimait et traitait tous les enfants comme les siens.

Il faut dire que Rodrigo n'avait pas voulu que sa maîtresse offre l'image d'une femme seule et entretenue. Il la maria donc. Les deux premiers époux eurent le bon goût de mourir rapidement en lui laissant des terres, une villa à la campagne et des vignes. Le troisième, Carlo Canale, originaire de Mantoue, tout autant complaisant mais plus solide, arriva dans la vie de Vannozza alors que Rodrigo s'en retirait. Il sut se montrer discret. Lorsque le temps fut venu où la passion entre sa femme et le cardinal s'achevait, Carlo Canale, écrivain, humaniste reconnu, avait peu à peu su se faire apprécier puis aimer de Vannozza. Il entretenait avec le cardinal d'excellentes relations.

– Des ennuis ? demanda Carlo.

– Rien qui ne puisse s'arranger, répondit Vannozza, avec le même sourire que sa fille.

– 2 –

Le professeur Filippo Decio, solide quinquagénaire, grisonnant, titulaire de la chaire de théologie de l'université de Pise depuis de longues années, voyait défiler à ses cours les héritiers des grandes familles italiennes comme de toute l'Europe. Parmi ses étudiants, une bonne moitié oublierait la théologie au profit de la politique, la stratégie militaire ou la finance. C'est pourquoi il ne se contentait pas de donner son cours en chaire. Il organisait des débats entre ses étudiants. Les natures, les atouts, les talents de chacun se révélaient alors. Et le maître jugeait de ceux qu'il devait encourager à poursuivre dans la voie de la religion et de ceux qu'il pouvait laisser partir sans regret. Parmi eux, il avait remarqué Cesare Borgia. Il appréciait ce séminariste. Il avait l'étoffe d'un chef, certes, mais c'était un sceptique. Le vieux maître pressentait les doutes qui assiégeaient le jeune homme et il s'interrogeait sur ce qui les avait fait naître. Comme d'habitude, Cesare Borgia et Alessandro Farnese, les deux inséparables, étaient engagés dans une joute verbale :

– Dieu, affirmait Alessandro, nous ordonne de penser, observer, créer…

– Non, Alessandro, interrompit Cesare, Dieu nous ordonne de nous dépouiller de notre égoïsme pour nous mettre au service du bien de l'humanité. C'est, martela-t-il, le seul moyen de sauver notre âme…

Il se tut. Un garde pontifical venait d'entrer et tendait au professeur une enveloppe cachetée de cire portant le sceau du Vatican. Decio vit l'adresse, la transmit à Giovanni de' Medici.

– C'est pour vous, Giovanni ! De la part de Sa Sainteté !

Dernier-né de la grande famille florentine, âgé de seize ans, Giovanni de' Medici ne se faisait jamais remarquer. Trop timide, estimait Decio. Tous les yeux braqués sur lui, il ouvrit l'enveloppe d'une main tremblante, lut et leva un visage médusé.

– Je… On me fait cardinal !

Des applaudissements éclatèrent. Les étudiants l'entourèrent, le félicitant à grandes claques dans le dos. Alessandro se tourna vers Cesare, en retrait, silencieux, dévoré de jalousie. Celui-ci haussa les épaules en un geste d'indifférence mêlée d'impuissance. Puis il s'approcha de de' Medici et lui colla un baiser sonore sur la joue.

*
* *

Rodrigo Borgia ne possédait aucun ami aussi fidèle que Francesc Gacet. Leur lien remontait à l'époque où, petits garçons, complices, ils se retrouvaient dans les ruelles de Játiva, dans le sud de l'Espagne. Ils couraient la campagne, plaçaient des collets pour piéger les lapins, se défiaient au tir à l'arc, à la course, se baignaient dans les torrents. Puis, aux heures chaudes du milieu du jour, ils s'affalaient à l'ombre d'un arbre. Nul ne bougeait, la sieste consignait hommes et bêtes à l'abri du soleil écrasant. Eux se parlaient des filles à conquérir et des bêtises à faire. Rodrigo décidait, Francesc suivait.

Quand la chaleur tombait, ils allaient observer les taureaux couvrir les vaches, et les servantes et les dames au bain.

Même origine, même race, même façon de voir la vie, Francesc fut toujours la part secrète d'enfance et d'insouciance du cardinal. Arrivé avec lui à Rome, il était ses yeux et ses oreilles, là où le prélat ne pouvait aller, ne pouvait voir, ne pouvait entendre. Gacet savait tout de son ami, ne s'étonnait de rien, ne jugeait jamais. Il adorait de manière indéfectible Rodrigo Borgia. Et celui-ci accordait à son conseiller et confident affection, protection et fortune.

Ce matin-là, tous deux marchaient dans les allées du jardin entourant le Palazzo Vecchio, la résidence du vice-chancelier. La situation politique du Vatican était de plus en plus fragile. Rodrigo et Francesc en discutaient à voix basse.

Un jeune homme surgit devant eux, essoufflé, sans même s'excuser. Sa ressemblance avec Cesare Borgia était frappante : mince et beau, peut-être plus musclé et athlétique que lui. C'était Juan, le fils cadet de Rodrigo.

– Mon oncle ! fit Juan, insoucieux d'interrompre la conversation.

– Juan ! Pourquoi es-tu revenu d'Espagne ? gronda Rodrigo. Je ne t'ai pas fait appeler !

– Mon oncle, Pedro Luis est mort.

Sous le coup de la nouvelle, Rodrigo chancela. Pedro Luis, son premier fils dont nul ne connaissait la mère. Rodrigo aimait ses enfants avec passion. Chair de sa chair n'était pas un vain mot : il fut foudroyé. Juan l'étreignit affectueusement. Rodrigo se dégagea. Francesc tenta de poser une main amicale sur son épaule, mais le cardinal, comme à vif, ne supportait aucun contact.

– Il était… commença-t-il… Il était le grand espoir de notre famille.

Il se tourna vers Juan.

– File immédiatement à Pise, ramène Cesare.

Juan s'inclina puis s'éloigna. Francesc tenta à nouveau un geste vers son ami, en vain.

– Éminence…

Rodrigo, perdu dans son chagrin, s'éloignait déjà dans l'allée, assommé de douleur, congédiant toute présence humaine. Il marcha longuement dans le jardin, maudissant son destin qui ne l'autorisait qu'à pleurer un neveu alors qu'il perdait son fils aîné.

Pour affronter une telle souffrance, Rodrigo n'avait qu'un refuge : la première femme qu'il avait vraiment aimée, la mère de quatre de ses enfants. Tandis que Juan galopait aussi vite que le lui permettait sa monture, la nuit trouva Rodrigo dans le salon de Vannozza. L'heure était calme, les bruits de la ville montaient assourdis jusqu'à eux. Assis sur un fauteuil au haut dossier, il y appuyait sa tête, le regard fixe, incapable de la moindre réaction. Carlo Canale, mal à l'aise, tenta quelques mots de condoléances, tandis que Vannozza leur servait à boire.

– Éminence, nous partageons votre chagrin… Pedro Luis était un garçon extraordinaire, vaillant guerrier, un vrai Borgia…

D'un pâle sourire, Rodrigo balaya l'effort de celui-ci.

– Merci, Carlo.

Il but une gorgée de vin puis ajouta :

– Seriez-vous assez bon pour me laisser seul avec votre femme ?

– Oh, bien entendu, Éminence, fit Carlo.

Sans attendre, il quitta la pièce. Décidément, sa situation n'était guère facile. Mais le chagrin de Borgia était accablant, et Canale, accommodant. Rodrigo attendit que la porte se fût refermée, puis, se tournant vers Vannozza, il eut un sourire désespéré.

– Dieu me punit pour mes péchés. Il m'a pris ma fille aînée, Jéronima, l'an dernier, et maintenant Pedro Luis…

– Ils n'étaient pas de moi, souligna Vannozza, mais je les aimais comme les miens.

– Aucun homme ne devrait avoir à enterrer une fille, ou un fils… Vannozza, écoute-moi ! J'ai peur maintenant d'en perdre d'autres…

Il y eut un silence entre eux. Rodrigo détourna son visage, ce qu'il avait à demander n'était pas facile.

– Je veux que Lucrezia vienne vivre avec moi.

La demande prit Vannozza par surprise. Heurtée, elle eut un mouvement de recul. Rodrigo tenta de se justifier.

– La mort de mon premier-né résonne en moi comme un tocsin ! C'est un avertissement. J'ai besoin de ma famille autour de moi.

Vannozza pouvait comprendre, mais elle n'accepterait pas une telle décision sans contrepartie. Elle affirma comme si la chose allait de soi :

– Alors tu les reconnaîtras enfin comme tes enfants.

La réponse fusa :

– Non !

– Le pape lui-même a légitimé ses bâtards ! Pourquoi ne peux-tu pas en faire autant ? insista-t-elle.

– Il est le pape. Il est au-dessus de tout reproche. Moi, simple mortel, je ne peux prendre le risque d'être diffamé, traîné dans la boue, moqué…

– Et que décides-tu pour Goffredo ?

– Il restera ici.

– Tu as dit tous tes enfants, remarqua Vannozza, amère.

– Précisément.

Rodrigo se leva. Comme toujours, il prenait ce qu'il voulait sans hésiter à blesser même ceux qui le chérissaient.

Vannozza tremblait de frustration et de colère, dévastée à l'idée de perdre sa fille, insultée par l'ultime remarque du cardinal qui manifestait aussi clairement son doute sur la paternité de Goffredo. Mais la décision de Borgia était sans appel, elle n'avait plus qu'à s'incliner.

*
* *

Juan parvint à Pise dans la matinée. Il trouva son frère jouant à la pelote espagnole. Celui-ci gagnait et fanfaronnait.

– Sept points pour moi ! Alessandro, tu es fini !

L'autre n'avait pas un goût très prononcé pour ce sport et jouait mollement.

– Je pense qu'il me faut boire plus… Le vin fortifiera mon jeu.

À l'apparition de Juan, Cesare fronça les sourcils. Sa venue n'annonçait jamais rien de bon, d'autant plus qu'il le croyait en Espagne. Juan leur annonça la mort de Pedro Luis. À ces mots, Alessandro se signa, mais la réaction de Cesare fut celle d'un Borgia.

– Qui l'a tué ?

Juan balaya la question.

– J'ai exécuté les meurtriers !

– Était-ce bien astucieux ? interrogea Cesare.

– Astucieux ?

– Comme ça, nous ne saurons jamais qui les avait envoyés !

Mais Juan avait réponse à tout.

– C'étaient évidemment les Maures ! En représailles, après la victoire de notre frère à Rando ! Allez, viens. Nous devons rentrer à Rome immédiatement.

Cesare se disposa à le suivre, mais il eut un hochement de tête significatif pour Alessandro : Cesare ne croyait jamais Juan qu'il tenait pour un menteur.

Malgré sa fatigue, Innocent VIII tint à célébrer une messe solennelle de requiem à la mémoire du jeune homme disparu.

Burckard se tenait discrètement à l'écart, mais rien ne lui échappait : ni le chagrin désormais maîtrisé de Rodrigo Borgia, ni le visage de Cesare, figé et pâle comme un masque, ni la beauté naissante de Lucrezia. Il nota la présence de la cousine de Rodrigo, Adriana De Mila, une femme à la cinquantaine épanouie dont il savait qu'elle était la maîtresse de maison au palais du vice-chancelier où elle faisait régner l'ordre d'une main de fer. Il ne put ignorer les regards coquins échangés entre Nannia, l'épouse de Fabrizio Colonna – âgée de seize ans alors que son mari en avait cinquante-huit –, et Juan Borgia. La jeune femme serait bientôt sa maîtresse, si elle ne l'était déjà…

Le pape eut quelques mots pour évoquer « cet homme juste qui demeurerait pour toujours dans nos mémoires ». Cesare s'interrogea : « Qu'est-ce qu'un homme juste ? »

Juan n'écoutait pas, captivé par Nannia. Il ne voyait pas non plus Marcoantonio Colonna, neveu de Fabrizio, qui le fusillait du regard. En revanche, l'éblouissante beauté de Giulia Farnese, à peine deux ans de plus que Nannia, n'avait pas échappé à Rodrigo. Sa peine était lourde, mais son instinct de prédateur, toujours en éveil. Adriana était la belle-mère de Giulia. Au lieu de laisser son fils Orsino Orsini Migliorati vivre avec sa femme dans leur résidence de Basanello, à distance de Rome, elle les avait installés dans le palais de son cousin Rodrigo. Presque inconsciemment s'était inscrite dans l'esprit de celui-ci l'idée que cette créature devait partager son lit. Il mijotait une ruse pour éloigner Migliorati : le renvoyer dans ses terres par exemple !

*
* *

Lorsque le cardinal Borgia prenait une décision, celle-ci devait être exécutée dans les plus brefs délais, sinon immédiatement. Il s'écoula à peine vingt-quatre heures entre sa visite à la maison de la place Pizzo-di-Merlo et l'arrivée de Lucrezia dans son palais. Laquelle était tout sauf ravie.

Adriana De Mila n'avait pas lésiné pour que Lucrezia fût installée avec le luxe et le confort qui convenaient à une jeune fille de haute lignée. Dans sa vaste chambre, un baldaquin d'où pendaient de délicats rideaux de soie et de brocart surmontait un grand lit recouvert de damas. De confortables fauteuils ornés de tapisserie au petit point faisaient face à une cheminée. Un secrétaire marqueté d'ivoire et d'argent, avec des tiroirs secrets, supportant une statuette de la Vierge en albâtre s'adossait à un mur sur lequel était fixé un immense miroir de Venise. Partout on avait disposé des fleurs dans des vases d'argent. Des tapis chinois à motifs réchauffaient la pièce de leurs couleurs vives. Lucrezia dut s'avouer que, en comparaison, sa chambre d'enfant où elle avait été si heureuse ressemblait à une cellule de nonne. Elle choisit d'ignorer le rôle qu'avait pu jouer Adriana dans cet aménagement et de manifester, d'emblée, que la seule autorité qu'elle reconnaîtrait dans cette demeure serait celle de son oncle.

– Tout ça est ravissant, cousine Adriana, dit-elle poliment, voulez-vous remercier Son Éminence pour moi ?

Adriana sourit et, désignant les bagages multiples qui s'empilaient au milieu de la pièce, lui proposa d'appeler des domestiques pour les défaire. Mais Lucrezia ne souhaitait qu'une chose au monde : ne voir personne.

– Non merci… Je voudrais me recueillir un moment et prier.

Argument irréfutable. Adriana se retira. Alors Lucrezia se sentit désespérément seule, les bras serrés autour de son torse, elle eut froid et se mit à pleurer. Bientôt elle se jeta sur son lit et sanglota comme une enfant appelant sa mère tout bas.

Savoir trois de ses enfants sous son toit avait rasséréné le cardinal Borgia. Il nourrissait pour Juan et Cesare des projets dont l'idée générale consistait à asseoir et maintenir au plus haut la dynastie Borgia. Lorsque ses deux jeunes fils pénétrèrent avec Francesc Gacet dans sa bibliothèque, il n'était plus l'homme abattu des jours précédents. Le chef de la famille, le dos droit et dans les yeux un désir d'action, siégeait à son bureau. Cesare et Juan s'assirent en face de lui tandis que Francesc Gacet se tenait à sa place habituelle, un peu en retrait, près de la porte, attentif.

– Vous êtes des hommes maintenant, commença Rodrigo avec une certaine emphase, et je vous parlerai comme à des hommes de questions importantes pour nous en tant que famille.

Les deux garçons approuvèrent d'un hochement de tête enthousiaste.

– Rome est en danger, poursuivit-il. Le pape Innocent VIII ne vivra plus longtemps et, aussitôt son décès constaté, notre ville deviendra comme toujours la proie de conflits : la famille Colonna et la famille Orsini tenteront de mettre un des leurs sur le trône. Pour contraindre chacun à se ranger de leur côté, ils s'empareront par la force des routes, des ponts, des forteresses qui nous entourent. Notre fortune, nos vies mêmes sont menacées. À moins que…

– À moins que, suggéra Cesare, nous puissions lancer les deux familles contre un ennemi commun ! N'est-ce pas, mon oncle ?
– Exact !
– Et cet ennemi, intervint Juan, c'est le cardinal Della Rovere ?
– Exact, répéta le prélat.
Il les regarda tous deux avec un sourire satisfait et poursuivit :
– À mes yeux, vous êtes d'égale valeur. Mais seul l'un de vous deux réussira à succéder à Pedro Luis comme duc de Gandie…
Les deux jeunes hommes se dévisageaient, la compétition était engagée. Rodrigo reprit :
– Juan, tu vas rendre visite à Virginio Orsini. Écoute-le avec sympathie se plaindre des Colonna, assure-le que les Borgia sont avec lui… Et toi, Cesare, va chez Fabrizio Colonna et persuade-le de la même chose. Sème une graine empoisonnée dans son esprit qui le dressera contre les Della Rovere…
Il se leva, les deux autres l'imitèrent. Il alla vers eux et les serra dans ses bras.
– Vous êtes les héritiers de la maison Borgia. Ma confiance dans vos talents et votre discrétion est totale !
Puis, d'une petite tape dans le dos, il les congédia, deux frères complices, l'aîné, Cesare, un bras passé sur l'épaule de son cadet. Gacet referma la porte derrière eux et, se tournant vers Rodrigo :
– Ils sont trop jeunes pour une telle mission !
Rodrigo soupira.
– J'avais espéré disposer de plus de temps pour les former, mais les événements se précipitent… Nous ne sommes pas dans une situation idéale !…
En parlant, il avait sorti une carte d'Espagne ; il la déroula sur son bureau et commença à l'étudier.

– J'ai besoin de savoir lequel peut être un chef. (Il posa son doigt sur un point de la carte.) Pas question de laisser le duché de Gandie sans autorité ! Cette province est trop riche pour ne pas finir avalée par un autre prétendant. Juan ou Cesare ? L'un d'eux doit reprendre le titre et épouser la princesse Maria Enriquez…

En vérité, au-delà du duché de Gandie et du mariage, Rodrigo visait plus haut, depuis longtemps, dans le secret de son cœur : un Borgia assis sur le trône d'Espagne ! « Non, pensa-t-il, je n'y ai pas renoncé. » Mais de cela, il ne parlait à personne, même pas à Francesc. Celui-ci posa la question à laquelle Rodrigo ne voulait pas répondre :

– Et qu'adviendra-t-il de l'autre ? Celui qui ne sera pas duc de Gandie ? ni roi d'Espagne ? Comment survivra-t-il à cette déception ?

Avec Cesare, les Colonna commencèrent par une discussion sur le danger que représentait la Turquie. Marcoantonio Colonna avait immédiatement assuré que si la guerre civile persistait là-bas, Rome était à l'abri. Cesare n'était pas patient, et les avis de ce freluquet de seize ans ne l'intéressaient pas. La menace ne venait pas de l'Est. Il s'adressa donc à Fabrizio, dont l'âge et le titre de chef de famille pesaient plus lourd.

– À vrai dire, Fabrizio, mon opinion est que le pape peut ne pas passer l'année…

Son hôte comprit instantanément.

– Ah ! Voilà donc pourquoi vous êtes venu ! Oseriez-vous essayer de nous acheter pour que votre oncle puisse s'emparer du trône de Saint-Pierre ?

– Vous vous méprenez, Fabrizio ! Mon oncle se contente de…

– Pas l'Espagnol ! brailla soudain Marcoantonio. Plus jamais un de ces bâtards de Borgia ne sera pape.

Cesare bondit sous l'algarade, cracha au visage de Marcoantonio et quitta la pièce, furieux.

De retour au palais, il dut subir les foudres de Rodrigo. Alors que Juan avait su convaincre les Orsini et jouer sur les rivalités entre familles, Cesare avait réveillé des antagonismes. Comme s'il avait voulu éviter de gifler le jeune homme, Rodrigo assena une claque sur son bureau et lâcha d'une voix coupante :

– Tu as échoué misérablement ! À cause de ton incapacité à te maîtriser, tu as mis en danger tout un équilibre déjà fragile ! Va-t'en ! Disparais de ma vue !

Le lendemain, Innocent VIII posait au cou de Juan, agenouillé devant lui, le grand collier d'or sur lequel s'accrochait le sceau du duché de Gandie. Et tandis que Rodrigo contemplait son fils avec fierté, Lucrezia observait Cesare dont les lèvres pincées disaient la rage et la jalousie.

– 3 –

Aussi ancienne que fût la famille Farnese, elle était pauvre comparée aux autres familles romaines. Alessandro le prenait avec philosophie. Il affirmait que, depuis l'augmentation des taxes imposées sur les courtisanes, il allait être obligé de se consoler avec des chèvres. Quant à Giulia, sa sœur, elle déplorait d'autant plus leur manque d'argent que son mariage avec un Orsini avait été une déception : Migliorati ne possédait que des terres et pas d'or. Ils vivaient d'emprunts à la famille Orsini et parasitaient les Borgia. Aussi fut-il facile pour Rodrigo de se débarrasser de Migliorati : il le paya pour aller lever des troupes sur ses terres pour la garde du pape. « Le Borgne », ainsi qu'on le surnommait à cause d'un clignement incessant qu'il avait à l'œil, ne put obtenir que sa femme le suive : Adriana avait besoin d'elle à Rome, la charge du palais serait trop lourde sans son aide… Giulia était enfin libre de rejoindre le lit de Rodrigo Borgia.

Une seule voyait cet arrangement d'un mauvais œil : Lucrezia. Elle le manifestait par une indiscipline à toute épreuve. Un jour, elles se trouvaient en compagnie d'Adriana, censées broder. Lucrezia ronchonnait. Giulia n'hésita pas à lui planter une aiguille particulièrement pointue au creux du bras. L'adolescente hurla et fondit en larmes. Giulia empoigna la lourde chevelure et, tirant dessus, contraignit Lucrezia à s'asseoir. Elle lui colla le tambour à broder sur les genoux.

– Tu demandes que ton oncle arrange un mariage pour toi. Mais tu es impossible à caser ! Tu vas apprendre la broderie.

Lucrezia sanglotait mais se rebellait toujours.

– Vous n'êtes pas ma mère, vous n'avez pas d'ordre à me donner ! Dehors !

– Tais-toi ! cria Giulia, pas impressionnée, et fais ce qu'on te dit !

– Je vous hais, répliqua Lucrezia sur le même ton.

Giulia s'en moquait. Elle l'abandonna à Adriana qui, émue de sa détresse, tenta en vain de la consoler et de la raisonner. Lucrezia haïssait toutes les femmes du palais Borgia. Mais elles l'avaient matée.

Cesare avait craché à la figure de Marcoantonio Colonna ! Chez les Colonna, la moindre insulte valait châtiment et Marcoantonio, doté d'un caractère violent et rancunier, mijotait une vengeance. Les rues de Rome, réputées peu sûres le jour, devenaient de vrais coupe-gorge la nuit. Les hommes de main des Colonna patrouillaient à la recherche de Cesare. Son goût pour la bagarre étant bien connu, ils étaient prêts à lui en offrir. Mais Alessandro et Juan veillaient. À chaque rencontre avec les sbires portant la livrée blanche des Colonna, Alessandro, ou même Juan, obligeait Cesare à éviter l'affrontement. Les trois savaient que la rixe se produirait et ils préféraient que le choix du lieu et de l'heure leur revienne.

Du trio, Juan en était le plus conscient. À l'affront fait à Marcoantonio, lui-même ajoutait le cocufiage de Fabrizio. Depuis ce jour où, tel un Roméo, il avait escaladé le lierre grimpant sur les murs du palais Colonna, et d'un bond avait pénétré dans la chambre de Nannia pour y trouver un accueil des plus tendres. Le cadet des Borgia savait que cette liaison ne demeurerait pas longtemps un secret. Dans les vieilles demeures de Rome, les murs avaient des yeux et des oreilles… Un jour Fabrizio l'apprendrait, alors dagues et épées sortiraient des fourreaux.

Lucrezia avait hérité du sang et de l'esprit Borgia. S'il le fallait, elle savait rendre des points sur des chapitres sans importance. Ainsi, elle avait fini par se mettre à la broderie, mais, *in petto*, elle ne décolérait pas. Elle s'adonnait aussi avec dextérité à une passion atavique : l'espionnage. Quand la nuit baignait le palais et que Rodrigo rejoignait Giulia, le couple ne pouvait imaginer que, par une porte dérobée à peine entrouverte, deux grands yeux sombres ne perdaient rien du spectacle et que Lucrezia entendait tout. Allongée nue sur le lit, Giulia, il fallait bien l'avouer, méritait son surnom de « La Bella ». Sa beauté fascinait Lucrezia. Et voir Rodrigo se déshabiller et dévoiler tout le désir qu'il avait de sa maîtresse la troublait infiniment…

– Ma mère est très soucieuse, disait Giulia tandis que Rodrigo venait s'allonger à côté d'elle et que sa main se perdait entre ses jambes.

– À propos de quoi ? demandait-il, pas vraiment inquiet.

– Que je reste ici alors que mon mari est parti à Basanello.

Rodrigo arrêta d'embrasser ses seins.

– Tu ne lui as pas expliqué qu'Adriana, ta belle-mère elle-même, avait besoin de ton aide ?

– Elle est trop vieille pour être dupée !

Il s'allongea sur Giulia en marmonnant :

– Je lui ferai porter un peu d'or. Habituellement, ça apaise ses scrupules moraux…

– Et puis elle n'arrête pas de houspiller Alessandro, il a trop de vices !

Rodrigo, agacé, finit par comprendre que sa maîtresse désirait parler avant de faire l'amour. Il se redressa sur les oreillers.

– Il boit trop et dépense trop chez les putes ! Un vrai mâle romain en pleine forme ! s'écria la jeune femme.

– Il modérera ses excès une fois ordonné prêtre…

– Comme toi ? remarqua Giulia ironiquement.

– J'ai eu beaucoup de femmes dans ma vie, mais je n'en ai vraiment aimé que deux.

Giulia, furieuse, s'écarta, faisant mine de se lever et d'aller enfiler un peignoir.

– Tu es un monstre !

– La Bella, tu es une des deux !

– Tu es un monstre, répéta-t-elle en détachant chaque mot. Aucune femme n'aime ce genre de liste lorsqu'il y a plus d'un nom ! Spécialement quand l'autre se trouve être Vannozza Cattanei.

Rodrigo allongea un bras pour la retenir.

– Il fait trop chaud pour se disputer.

– Alors je vais dans ma chambre, et demain, à Basanello !

Rodrigo l'arrêta d'un geste.

– À moins que ?

Giulia se rassit, un demi-sourire aux lèvres : elle avait atteint son but.

– Que Lucrezia me traite avec tout le respect qui m'est dû !

Rodrigo la regarda, lui baisa le creux de la main et l'attira contre lui. Elle se laissa faire. Enlacés, ils commencèrent à s'embrasser. Giulia adorait faire l'amour avec Rodrigo et elle le lui montrait sans réserve.

Deux yeux sombres les observaient toujours. L'excitation de Lucrezia montait au même rythme que celle des amants.

À la même heure de la nuit, dans le palais Colonna, Juan était au lit avec Nannia et la caressait passionnément. C'est le moment que choisit Fabrizio pour faire violemment irruption dans la chambre, hurlant, un gourdin à la main :

– Il ose forniquer avec ma femme sous mon propre toit !

D'un seul mouvement, Juan s'écarta, roula hors du lit, mais pas assez vite pour éviter un coup sur la tempe. Fabrizio le poursuivit dans toute la pièce. Le jeune homme, nu et sans défense, virevoltait, esquivait les coups qui pleuvaient. Un instant à terre, il se releva, empoigna un tapis et le jeta à figure de Fabrizio. Le temps que celui-ci s'en dépêtre, il avait saisi ses vêtements et sauté par la fenêtre. Alors Colonna se retourna vers sa femme, et commença à la battre, ivre de violence. Elle hurla jusqu'au moment où les draps comme les murs furent éclaboussés de sang ; elle faiblit peu à peu, puis se tut tout à fait.

Le matin trouva Rodrigo devant un petit déjeuner frugal apporté dans sa chambre. Il lisait des rapports déposés en même temps. Giulia sommeillait encore dans leur lit quand Cesare entra sans frapper. Il ne la remarqua pas ou feignit de ne pas la remarquer. Elle ne comptait pas. Il était toujours aussi pâle, de grands cernes violets marquaient ses yeux. Le vice-chancelier s'essuya la bouche et indiqua un siège à Cesare qui demeura debout. Le neveu se jeta à l'eau.

– Mon oncle, vous avez nommé Juan duc de Gandie, et je sais que vous nourrissez de grands projets pour lui. Giovanni de' Medici, plus jeune que moi de deux ans, est déjà cardinal…

Rodrigo posa sa serviette sur la table d'un geste agacé, se leva et se dirigea vers la porte. Cesare le suivit.

– Tu vas retourner à Pise et poursuivre tes études pour la prêtrise, prononça le cardinal sans lui jeter un regard.

– Mais je ne veux pas être prêtre ! Mon âme n'a pas la vocation.

Leurs pas résonnaient dans la galerie. Les gardes rectifièrent leur tenue au passage. Rodrigo accéléra le pas.

– Nous avons déjà évoqué le sujet, mon neveu !

– Au moins, permettez-moi d'étudier dans un séminaire ici, à Rome.

– Que reproches-tu à Pise ? C'est Lorenzo de' Medici qui a fondé ce séminaire, les meilleures familles y envoient…

– Je vous en supplie, mon oncle. Je ne peux pas y retourner…

Ils avaient atteint le grand escalier. La tension entre les deux hommes et la nervosité de Cesare étaient palpables. Rodrigo, le visage de marbre, commença à descendre. Puis, brutalement, il se retourna.

– Écoute-moi, Cesare ! Tu seras prêtre, tu vivras une vie exemplaire, dans la piété et le célibat ! C'est ton destin et c'est ma volonté.

Il lâcha ces derniers mots comme une menace trop claire pour Cesare, figé sur place. Rodrigo pénétra dans la bibliothèque, rejoint par Gacet, et alors que la porte se refermait, Cesare laissa son désespoir éclater :

– C'est Pedro Luis que vous vouliez à vos côtés, lui et pas moi !

Puis il tomba assis sur les marches, la tête dans les mains. Un chagrin trop lourd s'abattait sur lui.

Gacet avait une nouvelle délicate :

– Éminence, Fabrizio Colonna a assassiné sa femme !

– Quel malheur ! Elle était ravissante. Une amende de huit cents ducats !

– Fabrizio l'a tuée parce qu'elle couchait avec Juan !

En une seconde, Rodrigo vit les conséquences du drame :

– Les Colonna comptent désormais parmi nos ennemis. Della Rovere utilisera ça contre nous pour se les allier ! Il nous faut…

Lucrezia entra en trombe dans la bibliothèque, interrompant son oncle sans aucune retenue. Rodrigo devait de temps à autre lâcher la stratégie politique pour des remises en ordre domestiques.

– Je la hais, lança-t-elle, sachant que son oncle comprendrait l'allusion.

– Encore une fâcherie avec dame Giulia ?

– Ce n'est pas une dame. Elle m'a attaquée, fit-elle en montrant la marque de l'aiguille sur son bras.

– Je crois que tu survivras !

– Si elle reste au palais, je retourne chez ma mère !

– Cela ne sera pas, Lucrezia !

– Alors je veux aller faire mes études au couvent Saint-Sixte…

– Cela ne sera pas non plus, rétorqua son père calmement. Tu vas plutôt apprendre à te conduire correctement…

Lucrezia, bras croisés, le défiait. Il sortit de sa poche pectorale un bracelet orné de pierres précieuses et le tint devant sa fille. Le regard brillant, celle-ci tendit la main ; il éleva la sienne.

– Tu traiteras Giulia avec respect ! Promis ?

Lucrezia, soumise, hocha la tête en signe d'accord. Il lui donna le bracelet qu'elle s'empressa de glisser à son poignet. Le père et la fille, ou plutôt l'oncle et la nièce, échangèrent un sourire.

Dans le jardin des Borgia, Cesare, un long fouet à la main, s'entraînait à éteindre des bougies qu'un domestique rallumait au fur et à mesure. Alessandro, un verre à la main, lutinait une petite servante. Les différences entre les deux amis étaient patentes : Cesare ne pouvait rester en place, Alessandro n'était que nonchalance. Juan, la moitié du visage bleuie et meurtrie, les rejoignit et ne se fit pas prier pour avouer le drame de la nuit.

– Je veux que notre oncle le dépouille de toutes ses richesses, décida-t-il plein de rancœur.

– Non, proposa Cesare. Ce ne sont pas les représailles qu'il faut. Tu ruines ton ennemi en lui coupant le bras.

– De quoi parles-tu ?

– De qui je parle, devrais-tu dire ? Marcoantonio ! C'est lui, le bras armé de Fabrizio.

Et le trio n'hésita pas une minute : on amena des chevaux sellés et ils partirent en hâte à la recherche de leur victime.

*
* *

Au Vatican, dans la salle du Trône, le Sacré Collège réunissait tous les cardinaux, y compris le plus jeune, Giovanni de' Medici. Rodrigo avait pris la parole :

– Voici maintenant, Très Saint-Père, une affaire personnelle. J'ai eu le privilège ces vingt-six dernières années de servir comme vice-chancelier sous cinq pontifes. Tout ce temps, j'ai été honoré de nombreuses charges et bénéfices. Je suis évêque de Majorque, Carthage, Erlau, Valence, Agrie…

« Mais où veut-il en venir ? » se demandait Della Rovere qui, en général, flairait plus vite que tout le monde les manœuvres de Borgia. La voix de Rodrigo résonnait en litanie, comme s'il tentait d'endormir l'attention de l'assistance :

– Je suis archevêque de Porto, abbé de Subiaco et Bellefontaine, cardinal doyen de Santa-Maria-Via-Lata, légat du pape de Pérouse et Bologne. Et aujourd'hui, Votre Sainteté, je vous demande la grâce de me décharger d'un honneur !

Il marqua un temps, percevant des murmures surpris. Il poursuivit :

– Mon premier poste, évêque de Valence ! Je vous supplie de m'y remplacer par mon neveu, Cesare Borgia.

Une rumeur s'éleva parmi les hommes en pourpre.

La promotion de Cesare était loin d'être chose acquise. Il fallait compter avec l'opposition de Della Rovere faisant valoir l'inexpérience et la jeunesse de Cesare face à une charge telle que celle d'un grand évêché. Mais Rodrigo avait un argument :

– Un évêque a un rang inférieur au cardinal, et cependant, votre cousin Rafaele Riario-Sansoni avait seize ans lorsqu'il a obtenu la barrette !

Dans l'assistance, le jeune de' Medici, nouveau cardinal de Florence, avala sa salive, hésita, puis se leva pour demander la parole :

– Votre Sainteté, je… (Il bégayait un peu, ému et intimidé.) Moi aussi, je n'ai que seize ans. J'ai été en classe avec Cesare toute l'année passée… C'est une belle âme… Je… En fait, je crois que l'âge d'un homme ne devrait pas être la mesure de sa force de caractère.

Rodrigo le remercia d'un signe de tête. Mais Della Rovere ne se tenait pas pour battu. Il revint à la charge.

– Il y a aussi la question de la naissance douteuse de Cesare ! La loi canon interdit expressément à un mâle illégitime de s'élever dans la hiérarchie de l'Église.

Rodrigo réagit sous l'affront. Il s'avança à son tour et Burckard lui laissa la parole.

– Cesare n'est pas illégitime !

Dans la salle courut l'excitation de voir comment les deux vieux adversaires allaient régler leurs comptes. À la surprise de tous, Rodrigo exhiba un document qu'il avait tenu caché jusque-là.

– J'ai ici un certificat prouvant que Cesare est le fils de Vannozza Cattanei et de feu mon cousin, Dominique Gianozzo d'Arignano, signé (et il se tourna vers Della Rovere) par votre oncle, le pape Sixte…

La rumeur enfla sans respect pour le souverain pontife. Surmontant le brouhaha, Della Rovere tenta un dernier assaut.

– Très Saint-Père, étant donné que l'évêché de Valence est en Espagne, ce transfert de titre doit recevoir l'approbation du roi.

– Je crois que Sa Majesté Très Catholique y consentira. Mais je n'ai pas eu l'audace de faire la demande avant de connaître la volonté de Votre Sainteté qui est la volonté de Dieu tout-puissant.

Della Rovere vit l'affaire lui échapper et se leva à nouveau. Innocent VIII lui jeta un regard las, puis se tourna vers Burckard :

– N'en avons-nous pas entendu assez ?

On procéda au vote. Par douze voix contre huit, la proposition fut adoptée. Rodrigo constata que le nombre de ses partisans avait baissé.

Le nouvel évêque de Valence et son frère étaient au même moment occupés à rosser à coups de poing et de pied Marcoantonio Colonna. Ils l'avaient déniché dans un couvent où il s'occupait à trousser une religieuse. Dans une telle situation, il n'était pas de taille à lutter contre ses agresseurs. Bientôt, il glissa à terre évanoui tandis que sa maîtresse se cachait terrorisée dans le couvent. Deux minutes plus tard, les trois complices galopaient vers Rome.

La nouvelle de la correction parvint au palais en même temps que les deux neveux de Rodrigo. Le cardinal les reçut aussi mal qu'ils pouvaient s'y attendre. Ils se tenaient penauds dans la bibliothèque face à leur oncle courroucé.

– Je vis à Rome depuis trente-sept ans. Trente-sept ans ! Et encore aujourd'hui, pour les vieilles familles, les Colonna, les Orsini, je reste un étranger. Tant que mon oncle siégeait sur le trône pontifical, ils nous ont traités correctement. Mais à peine était-il mort, toute notre parentèle a été reconduite aux portes de la ville à coups de bâton et à la pointe des épées par l'élite romaine. Mon frère est mort en exil tandis que je restais à Rome. Comment me suis-je débrouillé pour survivre et réussir ma carrière jusqu'au poste de vice-chancelier, sous quatre papes aussi différents que les quatre saisons ? Comment ? En demeurant un étranger ! En ne devenant jamais l'un d'entre eux. En ne m'abaissant jamais à leur niveau, à leur élémentaire brutalité romaine.

– Mon oncle ! voulut intervenir Cesare.

– Pas un mot, Cesare ! tonna le cardinal. Et vous, mes neveux, séparément puis ensemble, alors que nous avons besoin d'alliés, vous nous créez des ennemis !

Il se tourna vers Juan avec un mépris écrasant :

– On ne doit pas séduire la femme d'un autre homme parce qu'elle est excitée mais seulement si son mari fait preuve de faiblesse…

Puis ce fut pour Cesare :

– Avant de rosser un homme jusqu'à le laisser à moitié mort, apprends donc l'histoire de sa famille. Ce sont les Colonna qui ont inventé le concept de vendetta !

Il fit quelques pas, alla à la fenêtre. Chez lui, chaque difficulté éveillait une réflexion et une prise de décision.

– Nos actes ont toujours des conséquences à long terme, reprit-il. Pour apaiser les Colonna, je me vois forcé de les promouvoir. Je vais devoir convaincre Sa Sainteté de nommer Fabrizio préfet de Rome, un poste pour lequel il est rigoureusement incompétent et qu'il utilisera contre nous !

Revenu vers ses neveux, il martela :

– Nous sommes à un pas de l'exil ! À un pas de notre fin !

Il fit signe à ses neveux de quitter la pièce. Ils s'éclipsèrent en silence.

Une fois seuls, Rodrigo et Francesc demeurèrent un long moment silencieux. Restait à obtenir l'approbation du roi d'Espagne pour ratifier la nomination de Cesare. Gacet relisait le fameux certificat authentifiant la filiation de Cesare avec admiration. Leur faussaire avait accompli un admirable travail ! Le prélat l'interpella :

– Mon vieil ami ! Tu vas partir en Espagne !

Gacet sourit. Il avait un argument de poids auprès des souverains : c'était Rodrigo qui avait obtenu la dispense pontificale autorisant la reine Isabelle la Catholique à épouser son cousin Ferdinand d'Aragon. Celle-ci avait une dette envers le cardinal vice-chancelier.

*
* *

Giulia contemplait son nouveau collier dans un miroir. Une merveille : un double rang de diamants parfaitement purs, une offrande propitiatoire de Rodrigo. Elle l'avait surpris en brandissant le bracelet qu'il avait offert à Lucrezia.

– Tu l'achètes, avait-elle reproché, pour qu'elle me montre plus de respect ?

D'un geste, son amant avait corrigé.

– Acheter ! Le mot dépasse ta pensée, Bella…

– Écoute ! Lucrezia veut retourner chez sa mère si désespérément, laisse-la…

– Pas question. Cette jeune fille doit être couvée comme la pêche avant la récolte.

– Alors marie-la ! Et vite, avant que la pêche soit mûre et tombe de l'arbre.

Rodrigo voulait la paix chez lui. Elle n'avait pas de prix : il exhiba le collier de diamants et le noua autour du cou de Giulia.

– Sois une mère pour cette enfant. Aime-la comme tu m'aimes !

Apaisée et ravie, Giulia avait promis ce qu'il voulait et s'était jetée dans ses bras. Il l'avait embrassée longuement.

La vie au palais se trouvait grandement améliorée depuis que Giulia et Lucrezia arboraient leurs parures. Elles avaient en commun le goût des bijoux et le désir de plaire au cardinal. Giulia, trop jeune pour être la mère de l'adolescente, pouvait du moins se montrer une grande sœur attentive et même complice s'il le fallait. Lucrezia, qui rêvait de se marier, avait fini par comprendre qu'elle avait plus à gagner dans une alliance avec la maîtresse de Rodrigo que dans de stériles affrontements. Elle devint une élève docile.

Au fil des semaines, elle apprit à s'habiller et à se coiffer avec l'élégance d'une femme, à ne plus se conduire comme une adolescente rebelle mais comme une jeune aristocrate. Bref, elle maîtrisa son tempérament volcanique. Et, peu à peu, elle apparut comme une ravissante jeune femme qui, si elle ne possédait pas l'ensorcelante beauté de Giulia Farnese, séduisait son entourage, frères compris.

Gacet revint bientôt d'Espagne et ce fut au tour de Cesare de se voir à la chapelle Sixtine, agenouillé devant le pape pour que celui-ci dépose sur sa tête la mitre et autour de son cou la chaîne et la croix d'or d'évêque de Valence devant toute la famille réunie, et l'ensemble des cardinaux.

Ce soir-là, la croix pectorale brillant sur sa soutane noire, Cesare, assis en tailleur aux pieds de sa mère, avait oublié son nouveau titre. Vannozza délaissa ses occupations. Elle sentait son fils aîné morose et tenta de faire miroiter les avantages de sa nouvelle position.

– Sois satisfait ! Ton évêché te rapporte une rente annuelle de seize mille ducats.

– Comme duc de Gandie, Juan en a vingt-cinq mille !

– La susceptibilité n'est pas de mise, mon fils. Et, en dépit de ton humeur, je suis fière. J'aurais seulement aimé être autorisée à assister à la cérémonie…

– Fière de moi, maman ? Fière pourquoi ? Je suis évêque alors que je ne suis même pas prêtre. Je suis un imposteur comme tous les autres, grogna Cesare d'une voix amère. Comment puis-je me tenir devant mes fidèles, les bénir en latin alors que, pour moi, les mots sont vides de sens ?

Vannozza attira son fils contre elle, lui caressant la tête.

– Alors, passe de l'ombre à la lumière.

– Si seulement je pouvais ! Oh ! maman, je rêve de mener Rome, mieux, toute l'Italie vers un âge d'or. Remettre la Ville éternelle à la tête de l'univers. Améliorer la vie de notre nation, comme l'a réussi celui dont je porte le nom, Cesare !

– Tu y arriveras. Je le sais. Je le sens dans mon cœur.

– Un cœur de mère ! Un jugement forcément faussé ! Quant à mon père…

Vannozza ne voulait rien entendre sur ce chapitre.

– Il est mort, fit-elle d'un ton définitif.

– Non. C'est Rodrigo Borgia, vice-chancelier de l'Église catholique et apostolique…

– Ragots pervers !

Cesare attrapa sa mère par les épaules et la fixa intensément du regard.

– Arrête de mentir, maman ! Je connais la vérité depuis des années. Juan, Lucrezia, Goffredo et moi, nous sommes tous les quatre les rejetons du cardinal Borgia !

Dans sa voix vibraient l'émotion, le désir éperdu de savoir, de se laver du doute. Vannozza en fut une seconde ébranlée, puis se reprit. Elle devait obéissance à Rodrigo avant tout.

– Si ce que tu dis est vrai, et je ne confirme rien, alors obéis-lui. Respecte ton père et retourne à Pise.

– Si je le fais, je serai détruit.

– Par nos ennemis ?

– Par mes passions… Je… Il y a cette fille. J'en suis fou. Ma passion pour elle me dépasse.

– Mon cher petit ! Chacun d'entre nous doit apprendre au cours de sa vie à maîtriser ses passions. Paradoxalement, c'est alors que nous trouvons notre force.

– Et si je ne parviens pas à contrôler mes passions ?

– Tu y arriveras et tu gouverneras le monde !…

Mais, en étreignant passionnément son fils, elle se demandait si cela même parviendrait à lui apporter le bonheur.

*
* *

Adriana était au bord de la suffocation. La température caniculaire lui faisait redouter les fièvres. Deux jardiniers étaient alités, ce qui expliquait l'état d'abandon du somptueux jardin de la demeure seigneuriale de Rodrigo Borgia. Elle-même souhaitait partir avec toute la maisonnée vers les montagnes comme chaque été. Elle avait l'excellent motif que Lucrezia ne devait, sous aucun prétexte, tomber malade. Elle alla s'en ouvrir à Rodrigo occupé à lire son bréviaire dans les allées du jardin. Insensible à la touffeur de l'air, le prélat s'agaçait de l'état des parterres et des pelouses. Il était donc de mauvaise humeur et refusa tout net le départ de la maisonnée. Lucrezia apprendrait à vivre à Rome quel que soit le climat, chaud ou froid, bon ou mauvais. Puis il abattit son jeu : si les femmes de la maison partaient, Giulia s'en irait aussi. Et il n'y avait aucune raison dès lors pour qu'elle ne rejoigne pas son mari à Basanello. Il avoua avec une souriante tristesse, désarmant sa cousine :

– Je ne peux pas vivre sans La Bella. Le dernier amour d'un vieil homme est le plus doux et le plus amer.

Lucrezia les rejoignit. Il se fit la réflexion que, décidément, la fille de Vannozza devenait aussi belle que sa mère et se félicita du plan qu'il allait lui dévoiler.

– Ma chère enfant, je m'apprête à combler ton vœu le plus cher : un mari !

Lucrezia eut un radieux sourire, encore enfantin.

– Oh mon oncle ! Puis-je demander qui vous avez choisi ?

– Querubi de Centelles, seigneur de Val d'Ayora, fils du comte de Oliva, un grand d'Espagne.

– L'Espagne ! s'effraya Lucrezia. Vous voulez dire que je devrai quitter Rome ?

– Peut-être un jour… Mais rien ne presse : il y a toute la distance d'une très longue nef entre des fiançailles et l'autel !

– Puis-je aller l'annoncer à ma mère ?

– Non. Tu dois te préparer pour ta première réception chez moi. Je te veux très belle pour être fier de toi !

Giulia avait entendu la fin de la conversation et son sourire en disait long sur sa satisfaction à l'idée d'être débarrassée de la jeune fille. Elle s'avança, tout miel.

– Viens, Lucrezia chérie. Je vais t'aider à choisir une robe éblouissante.

*
* *

Le peuple aime les fêtes et les jeux. Un chef comme Rodrigo Borgia le savait. Un après-midi torride, la population se rassembla dans une arène bâtie de toutes pièces près du palais Borgia. Sur une tribune, à l'abri d'un dais de toile blanche d'où pendait une oriflamme portant le blason des Borgia, siégeaient des cardinaux invités – dont Giovanni de' Medici –, les femmes de la maison Borgia et Cesare.

Au centre de l'arène, Juan, torse nu, campé sur un cheval de Cappadoce, tenait une longue lance. La foule bruyante manifestait impatience et curiosité. Le cardinal se leva et fit silence. Puis il déclara :

– En l'honneur de la victoire de Leurs Majestés Catholiques, le roi et la reine d'Espagne, sur les infidèles, je vous offre, peuple de Rome, votre première corrida de taureaux !

Il leva la main, une cage fut ouverte et un taureau, énorme masse noire au poil luisant, aux cornes aiguisées, bondit dans l'arène. Juan planta ses éperons dans les flancs de sa monture. Le cheval se cabra et, à l'approche de la bête, Juan enfonça sa lance dans la puissante encolure du fauve. Du sang jaillit. La foule hurla. Le taureau émit un meuglement féroce, puis tomba à genoux. Dans la tribune, Rodrigo et Lucrezia applaudissaient à tout rompre, imités par les Romains massés dans les gradins. Seul Cesare demeurait sur la réserve. On enleva le taureau, un deuxième fut lâché, et une autre lance donnée à Juan. Celui-ci n'attendit pas et précipita son cheval au-devant de l'animal, qui échappa à la lance de Juan. Celle-ci tomba à terre. Un serviteur se précipita pour réarmer Juan, mais le taureau revint à la charge et éventra le cheval avant que l'homme ait pu atteindre le cavalier. Le cappadocien s'effondra. Juan, violemment projeté sur le sol, gisait inconscient.

Un silence mortel tomba sur l'assistance. Chacun retenait son souffle. Le taureau grattait le sol du sabot, les naseaux fumants. Le serviteur tenta de le distraire... Mais la bête voulait sa revanche et fonça sur Juan. Lucrezia et Rodrigo étaient debout, figés de terreur ; l'arène tout entière exhala un long hurlement. Cesare avait déjà pris la mesure de la situation. Il arracha sa soutane et sauta dans l'arène. S'emparant de la lance abandonnée, il rattrapa le taureau à la course et, à l'instant où il allait encorner Juan, Cesare lui planta la pointe acérée dans le cou. L'animal, surpris et furieux, se retourna vers son assaillant, debout, désarmé. Alors, le jeune homme saisit le taureau par les cornes et, de toutes ses forces, réussit à le retenir face à lui tandis que les serviteurs le massacraient à coups de dague. Il demeura ainsi et ne le lâcha que lorsqu'il vit la mort dans les yeux de la bête. Puis il se tourna vers les médecins qui s'occupaient de Juan et demanda :

– Est-il mort ?

Rodrigo et Lucrezia s'étaient approchés en toute hâte.

– Non. Il vit. Dieu merci, répondit Rodrigo.

Alors Cesare leva les yeux vers le ciel, incertain d'avoir fait le bon choix en sauvant son frère. Il répéta à haute voix :

– Dieu merci.

Puis il suivit sa famille.

– 4 –

La puanteur prenait à la gorge, imprégnait les vêtements. Alessandro Farnese n'avait pu se résoudre à s'asseoir. Cesare, posé de guingois sur un petit tabouret, faisait face à une vieille femme aux cheveux gris en désordre, vêtue de chiffons décolorés, accoudée à une table de bois grossier. Alessandro se demandait si l'odeur fétide venait de la femme ou bien des rats qui grouillaient sur les étagères surchargées d'un amas d'objets hétéroclites : grimoires, oiseaux empaillés, bocaux contenant des herbes, cadavres de petits animaux conservés dans l'alcool et Dieu sait quoi d'autre. Peut-être venait-elle aussi de la cage remplie de colombes dont le sol n'était qu'une ignoble litière de fiente ? La femme buvait de la grappa dans un verre sale et Alessandro avait fini par en accepter un pour éviter de vomir. La mégère étudiait Cesare en clignant des yeux. Une bougie fumait, seule lueur dans cet appentis croulant.

– J'ai le pressentiment que je vais mourir, murmura Cesare.

La sorcière n'avait toujours pas dit un mot. Elle se leva et prit une colombe dans la cage. Tenant le volatile aux yeux clos dans une main, un stylet dans l'autre, elle l'éventra d'un geste preste. Elle écartela l'oiseau sur la table, fouilla les viscères, regarda attentivement, et lâcha d'une voix éraillée :

– Tu ne mourras pas de sitôt. Mais cinq de ton entourage mourront avant que l'été ne fraîchisse. Ces cinq morts changeront ta vie.

– Qui ? demanda Cesare soudain blême.

– Ça, ce n'est pas à moi de le dire !

Allongeant le bras, il la saisit à la gorge et gronda :

– Dis-le-moi !

– Non ! Je n'ai pas ce pouvoir.

Elle ne cachait pas la vérité, elle l'ignorait. Il jeta quelques pièces sur la table et sortit dans la nuit, suivi d'Alessandro. Celui-ci, furieux, s'en prit à son ami : non seulement ils consultaient une sorcière alors qu'ils se préparaient à la prêtrise, mais ce genre de commerce était sévèrement condamné par le Vatican. « Sans compter, avait grogné Alessandro, que ton père nous attend pour dîner et que nous serons en retard. Tu sais qu'il déteste ça ! » Cesare se contenta de hausser les épaules. Ils rejoignirent la via Flaminia, aux limites de la ville. Des paysans en haillons installés dans un campement de misère autour de braseros se partageaient du pain et une soupe. D'autres, allongés, gémissaient. Beaucoup de pauvres gens étaient malades cet été-là dans la Ville éternelle.

Les Romains pourtant connaissaient ces épidémies. Dans cette ville surpeuplée, bordée de marais, où les égouts circulaient à ciel ouvert, où des pèlerins venus de tous les pays arrivaient parfois porteurs de maladie, malaria, paludisme, fièvres et diarrhées, typhus frappaient pauvres et riches indistinctement. On ne savait ni déterminer l'origine de ces épidémies, ni les différencier, et encore moins les soigner, et on les baptisait globalement du nom de « fièvres ». L'été, saison propice à leur propagation, il n'y avait qu'une seule solution :

partir. Et tous ceux qui le pouvaient se dirigeaient vers des résidences de montagne.

La chaleur assiégeait la ville. Dans la salle des Étoiles, à la chancellerie, on avait ouvert toutes les fenêtres et, de temps à autre, un souffle d'air soulevait les grands rideaux de voile blanc. Un baladin égrenait les notes d'une chanson. Autour de Rodrigo Borgia, on ne comptait que des hommes. Ils s'étaient mis à l'aise, leurs larges chemises ouvertes et flottantes. Les cardinaux Giovanni de' Medici et Gianbattista Orsini étaient attablés avec Juan et Franceschetto Cibo, le bâtard d'Innocent VIII. L'ambiance était festive : il y avait beaucoup à célébrer. Juan d'un geste fit taire le chanteur et entama le premier toast :

– À notre hôte d'honneur, le tout nouveau cardinal Giovanni de' Medici !

Tous répondirent en levant leurs coupes. Giovanni rougit : il était le plus jeune et n'était pas rompu à ce genre de dîners. Rodrigo observait discrètement ses invités. Les Orsini semblaient enfin rejoindre son camp. Avait-on rangé les épées ? Il voulait le croire en tout cas. Il leva sa coupe à son tour et porta un toast à tous les hommes présents.

Pendant que les hommes à force de toasts oubliaient leurs antagonismes passés, les femmes dînaient dans une salle à manger plus intime. Lucrezia Borgia, Giulia Farnese, Adriana de Mila et Maddalena de' Medici, jeune pucelle de quatorze ans, promise à Franceschetto Cibo. Elles étaient légèrement vêtues de robes de gaze et leurs chevelures nouées en chignons lâches dégageaient leurs visages. La chaleur les accablait, elles bougeaient à peine. Lucrezia, assise un peu à l'écart, tendit soudain l'oreille. Il lui semblait qu'on chuchotait et que les paroles échangées entre les trois autres femmes la concernaient, concernaient ce mariage que son oncle lui avait promis et qu'elle attendait de tous ses vœux. Elle se figea. Les craintes qui l'assaillaient auparavant revinrent d'un coup : c'était bien ça, on ne voulait pas d'elle ! Elle se rapprocha du groupe pour savoir de quoi il retournait. Adriana, remarquant son air inquiet, lança :

– Le mariage que ton oncle t'avait annoncé est annulé… Mais rassure-toi, ajouta-t-elle très vite, le cardinal a trouvé un meilleur parti : don Gaspar de Procida, fils du comte d'Almenara et d'Aversa. Deux fois plus beau, deux fois plus riche !

L'esprit de Lucrezia s'embrouillait. Des fiançailles, ces marchandages ? Elle n'avait pas plus le droit de choisir son fiancé que la génisse qu'on mène au taureau. Personne ne lui demandait son avis, personne ne s'inquiétait de savoir à quoi ressemblaient ses rêves de jeune fille. Sans le connaître, elle avait imaginé un homme, une vie nouvelle. Mais voilà que l'inconnu ne portait plus le même nom, venait d'un autre pays. Elle seule pouvait juger de sa beauté, quant à sa richesse, n'était-elle pas elle-même déjà fortunée ? Décidément, l'univers des adultes lui était incompréhensible.

Alors que Lucrezia était plongée dans ses réflexions, une servante entra en titubant, lâcha son plateau, fracassant assiettes et plats, et s'affala, vomissant sur la nappe blanche. Les quatre femmes, frappées de stupeur, se rejetèrent en arrière et glapirent d'écœurement. Seule Adriana avait compris : l'épidémie repartait. Dieu sait laquelle. Malaria ? Typhus ? Cet été à Rome se révélait insupportable et dangereux.

Et dire qu'elles y avaient été retenues à cause de Giulia !

*
* *

S'il y avait maintenant, à Rome, un ennemi déterminé contre Juan et Cesare Borgia, c'était bien Marcoantonio Colonna. Les deux frères l'avaient non seulement rossé et humilié devant sa maîtresse, mais Juan avait cocufié son frère. Que celui-ci eût ensuite tué sa femme pour la punir n'entrait pas en ligne de compte. L'honneur de la famille était en jeu. À seize ans, pourtant issu d'une noble lignée, Marcoantonio ne connaissait rien d'autre que la violence pour se faire respecter. Se croyant un tempérament de chef, il gardait en permanence quatre *bravi* à sa botte. Ils le protégeaient mais parfois aussi le contenaient…

Alors que Cesare et Alessandro revenaient de leur rendez-vous chez la sorcière, ils tombèrent nez à nez, au détour d'une ruelle, sur Marcoantonio et ses sbires. Il n'y avait aucun moyen de les éviter. Cesare avait déjà la main à sa dague, mais Alessandro l'arrêta d'un geste. Marcoantonio ne semblait pas décidé à la bagarre. Cesare et son frère ne l'avaient pas seulement rossé, ils lui avaient flanqué une belle peur : il s'était vu mourir sous les coups. Se sachant plus faible, il préférait le guet-apens à l'affrontement. Il avança donc vers Cesare en braillant :

– Sauvage ! Ce barbare a envahi une sainte communauté de nonnes, il a porté la violence entre des murs sacrés. Il n'est pas un futur prêtre, il est le fils de Satan !

Alessandro et Cesare l'attendaient de pied ferme et leur calme impressionnait. Marcoantonio enfonça son index dans la poitrine de Cesare.

– J'aurai ma revanche !

D'une main négligente, Cesare écarta l'index du fanfaron terrorisé.

– Ne me touche pas, suceur de bites !

Et il le bouscula. L'autre resta décontenancé, bras ballants. Il ne les effrayait pas, c'était évident. Quant à ses hommes, ils attendaient les consignes. Alessandro se retourna vers Marcoantonio et lui fit un bras d'honneur. Dès lors, celui-ci n'eut plus qu'un seul but : tuer Cesare et, accessoirement, Alessandro et Juan.

Ignorant tout de ces événements, Rodrigo attendait l'arrivée de Cesare. Pour lui, retard signifiait désinvolture et cela lui déplaisait par-dessus tout. Lorsque les deux amis entrèrent dans la salle des Étoiles, Cesare lut sur le visage de son oncle un net reproche. Ils n'échangèrent pas un mot car Giovanni de' Medici portait un toast :

– Comme beaucoup d'entre vous le savent, mon père est tombé malade d'épuisement suite à ses efforts incessants pour rétablir la paix entre Naples et Milan. Je bois à mon père, Laurent le Magnifique.

Rodrigo appela le baladin et annonça :

– Une chanson écrite par Laurent…

Giovanni rayonnait en l'écoutant : il vénérait son père.

Francesc entra et remit discrètement un document à Rodrigo qui y jeta un coup d'œil. Suite à cette rapide lecture, le cardinal sortit de la pièce, suivi, sur un signe de lui, par Cesare et Juan, Gacet sur leurs talons. Rodrigo se rendit dans son bureau et n'attendit même pas que les autres s'assoient. Il ouvrit le document et dit :

– La guerre civile en Turquie vient de s'achever ! Cinq ans de conflit. Le sultan Bajazet a vaincu son frère Djem !

Se rappelant sa conversation avec Colonna, Cesare réagit immédiatement.

– L'armée musulmane est réunifiée. Cela signifie que ces païens vont se retourner et attaquer à nouveau l'Italie.

– Oui, répondit Rodrigo. Mais selon ce rapport, Djem, une fois vaincu, s'est rendu aux chevaliers de Rhodes. Quelle ironie ! Un musulman se sentirait plus en sécurité chez un chrétien qu'avec ses coreligionnaires !

– Quelles sont les intentions des chevaliers en ce qui concerne le pacha ? interrogea Juan.

Rodrigo lisait le document : « [...] détenir Djem en notre forteresse d'Auvergne jusqu'à ce que vienne le moment de lancer une nouvelle croisade[...] ». Il releva la tête.

– Ils ont dans l'idée de se servir de lui comme « souverain potiche » une fois Constantinople reconquise.

– Djem, caché au cœur de la France profonde, s'amusa Juan. Astucieux !

– Pas vraiment, mon cher frère ! corrigea Cesare. Le tenir hors de vue du public réduit son utilité. En fait, il devrait plutôt résider ici, dans la Ville éternelle, comme un constant rappel de la menace musulmane, comme un stimulant qui nous permettrait de lever des fonds pour la prochaine croisade...

– Tu veux dire comme une curiosité, un singe en cage ?

– Oui, intervint Rodrigo. Seulement, sa cage serait le palais pontifical !

À cette pensée, un sourire félin étira ses lèvres. Innocent VIII allait adorer ce projet et, surtout, accompagnant le prince, la pension annuelle versée par son frère le sultan.

Les façades blanches de la place Saint-Pierre miroitaient au soleil. La réverbération, pourtant intense sur ce vaste espace, n'avait pas découragé une foule dense et houleuse. Des paysannes coiffées de chapeaux de paille, des dames en robes serrées, des chevaliers, des pèlerins, des manants qui n'avaient pas hésité à retirer leur chemise et à la nouer sur la tête pour se protéger des ardeurs du soleil. Tous étaient curieux du spectacle annoncé : l'arrivée d'un prince turc.

Cesare, Juan et Alessandro se tenaient dans la tribune réservée à la noblesse, près de celle, plus spacieuse, où, à l'abri d'un dais, le Saint-Père allait prendre place. Alessandro était très intrigué.

– Pourquoi les chevaliers ont-ils accepté de nous confier Djem ? Il vaut très cher !

– Rodrigo a promis de remettre la barrette à leur Grand Maître ! dit Cesare, comme si la négociation allait de soi.

Depuis quelques jours, le bruit courait que le pape allait mal. Ce fut un vieillard, à la peau translucide, des perles de sueur au front, marchant porté plus que soutenu par Johann Burckard, qui apparut à la tribune. On l'installa dans un fauteuil légèrement surélevé, il ferma les yeux, épuisé par la chaleur, l'effort, la lumière intense, et revêtit les lourds vêtements pontificaux. Il entendait à peine les acclamations de son peuple.

Le pape commença sa bénédiction :

– Que Dieu vous préserve de tous les maux, qu'il épargne votre âme…

Il s'interrompit : à un bout de la place, la foule se bousculait et s'écartait.

– Qu'est-ce que c'est que ce nom de Dieu de machin ? bougonna-t-il.

Djem pacha faisait son entrée, escorté de Franceschetto Cibo, le fils d'Innocent VIII.

Monté sur un alezan caparaçonné, le Turc portait un long manteau de drap d'or qui retombait jusqu'à ses étriers, masquant ses bottes dont on apercevait juste l'extrémité argentée, et un large pantalon bouffant. Un turban rouge ceignait sa tête et un voile de gaze masquait son visage. Cette apparition transporta les Romains. Très peu – sinon aucun – avaient jamais vu un pacha en majesté, tel que se présentait le jeune prince. Il ne ressemblait ni à un barbare ni à un païen. On l'aurait cru magicien ou héros de conte de fées. Une fois la stupeur passée, le peuple lui fit un triomphe.

Le prince fendait la foule au pas, s'approchant de la tribune pontificale. Puis, mettant pied à terre d'un bond, il se présenta devant le souverain pontife. Visiblement, il ignorait tout de la conduite à tenir. Il fit ce qu'il pensait le plus approprié : il s'inclina imperceptiblement, dévoila son visage, sourit de toutes ses dents et baisa l'épaule du pape. Il y eut un recul d'effroi dans toute l'assistance. Inconscient du sacrilège qu'il venait de commettre, le jeune pacha s'adressa au pontife pétrifié :

– Suprême pontife, je vous ai apporté un présent.

D'un hochement de tête, il signala un serviteur qui présenta la sainte lance. Innocent VIII la prit d'une main tremblante et annonça :

– Peuple de Rome, je te remets la lance de Longinus, cette lance même qui transperça le cœur de Notre Sauveur Jésus-Christ. Les musulmans s'en étaient emparés lorsqu'ils prirent Constantinople, la voici maintenant arrachée aux griffes des infidèles !

Innocent brandit la relique, la présentant à la foule qui l'acclama. Le crieur hurla :

– La sainte lance !

L'ovation gagna toute la place jusqu'à ses confins.

– Djem pacha, Rome tout entière vous ouvre son cœur avec compassion !

Les acclamations redoublèrent. Le Saint-Père s'illuminait de bonheur.

– La sainte lance ! Mon nom est inscrit dans l'Histoire, merci à vous, Rodrigo, fit-il à l'adresse du cardinal Borgia.

Les yeux pleins de larmes, il contemplait l'objet sacré. Rodrigo adressa une moqueuse grimace à Della Rovere. Le sens en était clair : « Te voilà refait, une fois de plus ! »

Le soir même, Djem s'installait au palais pontifical. On lui avait fourni un vaste appartement et ses bagages contenaient tout le nécessaire pour l'aménagement d'un somptueux logis à la turque : coussins en étoffe de Damas et de brocart, tentures de soie, coffres sculptés et peints, tables basses en bois incrusté d'argent, grands plats d'argent, miniatures, miroirs.

Cesare et Juan, impressionnés par tant de magnificence, avançaient lentement et se figèrent au seuil du salon. Djem leur offrit un sourire sur lequel Cesare lut instantanément séduction, cruauté et fatalisme mêlés.

– Je ne mords pas. Vous pouvez entrer, lança le jeune prince.

Ils s'installèrent sur les coussins tandis qu'un garde refermait la porte derrière eux.

– Je vous ai invités à passer, poursuivit leur hôte, parce que, étant les neveux de mon bienfaiteur, Rodrigo Borgia, vous êtes, j'espère, les plus à même de guider les pas de l'étranger que je suis dans votre ville. Peut-être pourrions-nous être amis ?

Il y avait dans sa voix douce une manière presque féminine de quêter leur amitié. En somme, il se plaçait sous leur protection, ce qui ne laissa pas Juan insensible. Cesare, lui, s'intéressait à tout autre chose.

– Votre Grâce, un point de stratégie militaire m'intrigue : dès le début, vos forces étaient inférieures en nombre. Pourquoi avez-vous entamé une guerre civile ?

– Question de principe, répondit Djem. À la mort de mon père, Bajazet a refusé de me céder le trône.

– Mais Bajazet étant l'aîné, il était par conséquent dans son plein droit, dit Juan.

– L'aîné, mais pas l'héritier présomptif. Mon père, à la naissance de mon frère, n'était pas encore le sultan. Je suis né la huitième année de son règne, par conséquent c'est moi l'héritier de sang royal.

L'argument provoqua à la dérobée un sourire sceptique chez Juan. Mais il en tirait une certaine satisfaction : lui aussi, frère cadet, il se trouvait posséder un titre plus élevé que son aîné. Décidément, Djem et lui avaient des points communs…

Un peu plus tard, Rodrigo lisait son bréviaire dans le jardin de la chancellerie quand Cesare et Juan vinrent lui rendre compte de leur visite à Djem. Le cadet était enchanté. Cesare, plus réservé.

– Rien de mieux pour exciter la frustration de Della Rovere que votre amitié avec Djem ! se réjouit le prélat.

– Autre chose, mon oncle ! Franceschetto Cibo m'a appris que son père l'avait nommé comte d'Anguillara.

– Ah, fit Rodrigo agacé. Je ne peux pas laisser le pape seul une heure. Il suit toujours le dernier qui a parlé.

Sur ces entrefaites, Gacet les rejoignit avec une mauvaise nouvelle :

– Éminence, un courrier de Florence : Lorenzo de' Medici vient de succomber à sa fièvre.

Les trois hommes se signèrent, tandis que Gacet tendait la lettre. « Le premier mort », pensa Cesare, dont le cœur se mit à battre. Comme toujours dans ces cas-là, il préférait l'action aux lamentations.

– Que sais-tu de la situation à Florence, Francesc ? Les rues sont-elles tranquilles ?

– Jusqu'à plus ample informé, oui…
– Je file voir Giovanni, dit Cesare.
– Inutile, dit Gacet. Il est ici, dans la bibliothèque.

Assis dans un fauteuil, Giovanni de' Medici essayait de contenir son chagrin. Encore adolescent, propulsé dans la vie adulte, il comprenait à peine le cours des affaires qui se traitaient sous ses yeux. L'image de son père était celle d'un géant, doué en tout, révéré par ses pairs, redouté par ses ennemis. Giovanni se référait toujours à lui comme à un inspirateur. Il vivait dans son ombre. Soudain orphelin, il était perdu.

Rodrigo entra, suivi de ses neveux et de Gacet. Il marcha droit vers le jeune de' Medici et l'étreignit.

– Je savais à quel point papa était atteint, j'aurais dû rester auprès de lui… murmura le jeune homme.

– Il te voulait à Rome, au service de Dieu, comme il l'a fait lui-même toute sa vie. Je dirai ma messe pour le repos de son âme. Je prierai aussi pour que la paix entre les États d'Italie survive à la disparition de Laurent. Que Dieu vous bénisse, tes frères et toi.

Giovanni hocha la tête avec gratitude. Il ne pouvait ajouter un mot. Le cardinal le laissa à ses amis. Dans un geste de tendresse, Cesare prit son visage entre ses mains.

– Tu peux pleurer, mon ami, un cœur brisé n'a pas de honte.

Giovanni de' Medici tenta néanmoins de réfréner ses larmes, puis éclata en sanglots.

– Juste avant qu'il meure, ce moine, Savonarole, a refusé l'absolution à mon père ! La pensée de papa aux Enfers jusqu'à la fin des temps, ce tourment…

Il s'interrompit, hoquetant, laissant Cesare le serrer contre lui.

– Un moine ne peut condamner un homme, Giovanni. Seul Dieu le peut. Seul Dieu est juste. Il ouvrira grand ses bras à Laurent et lui dira : « Tu as fait de Florence le Paradis sur Terre. Viens, mon enfant chéri, viens te reposer ! »

À travers ses larmes, Giovanni de' Medici éprouva de la gratitude envers Cesare, si fraternel et si sage, qui cherchait par tous les moyens à le réconforter.

– Nous allons, ce soir, oublier nos obligations religieuses ! Nous célébrerons son génie de l'art de vivre, exactement comme ton père l'aurait souhaité lui-même.

Cesare entoura les épaules d'Alessandro et de Giovanni, qui se demandait ce qu'il avait en tête, et les emmena.

L'auberge du Lion était très fréquentée car elle offrait un avantage considérable en cette saison caniculaire : sa grande salle ouvrait sur une cour intérieure aussi vaste, abritée par une pergola couverte de glycine. Malgré ses dimensions, elle suffisait à peine à contenir pèlerins et Romains, avides de fraîcheur. Les deux frères Borgia et leurs amis étaient attablés à l'extérieur, dans un coin tranquille. Ils avaient commencé à boire et, la chaleur aidant, l'ivresse gagnait les esprits. Au demeurant, c'était, de l'avis de Cesare, la meilleure manière pour Giovanni d'encaisser le choc qu'il venait de subir. Alessandro, lui, n'avait nullement besoin de prétexte pour vider des chopines.

Soudain, la porte de la taverne s'ouvrit bruyamment. Marcoantonio et quatre hommes de main traversèrent la salle à grand fracas, fonçant vers la table des Borgia. Les nervis avaient sorti leurs dagues. Au passage, l'un d'entre eux bouscula Giovanni de' Medici. Alessandro jeta son vin au visage de celui qui suivait et le cogna avec son gobelet. Juan attaqua le troisième d'un coup dans les testicules. Le quatrième était une montagne de muscles, surmonté d'un cou de taureau et d'une petite tête. Il bascula la table sur Cesare. Celui-ci l'esquiva en sortant sa dague. Comme un fauve en pleine chasse, il faucha d'un coup de pied l'agresseur le plus proche qui s'étala par terre. Il planta son arme dans sa poitrine. Puis il se rua sur un autre qui s'en prenait à Giovanni. D'un geste, il lui trancha la gorge. Le sang jaillit et aspergea Alessandro, en difficulté avec le troisième. Cesare utilisa la seconde de surprise pour poignarder l'homme qui se cassa en deux, le ventre ouvert. Quant à Juan, il avait lancé sa lame dans l'œil du quatrième. Marcoantonio se vit perdu et tenta de prendre la fuite. Cesare le rattrapa et le traîna jusqu'à la table renversée. Il lui tint la main posée à plat sur l'un des larges pieds du meuble et, d'un geste vif, il lui trancha l'index. L'autre hurla de terreur et de souffrance. À cette vue, Giovanni de' Medici vomit son vin. Cesare saisit le doigt et le pointa sur la poitrine de Marcoantonio, affalé et à moitié inconscient.

– On ne te reprendra pas à me pointer l'index sur la poitrine !

Il laissa tomber le doigt sur son propriétaire et se dirigea vers la sortie.

Les frères Borgia, Cesare et Juan, accompagnés d'Alessandro Farnese et de Giovanni de' Medici, se retrouvèrent dans la bibliothèque des Borgia ; tous étaient encore excités, couverts du sang de leurs assaillants. Juan et Alessandro se vautrèrent dans des fauteuils. Cesare allait et venait, l'adrénaline encore à son pic.

– Les cris de Marcoantonio ! Vous avez entendu ça ? Mon Dieu, j'aurais cru entendre une oie cacarder ! dit-il.

Il ne pensait plus vraiment à la bagarre, ni à la mort de ces hommes. Giovanni, en revanche, avait été terrifié par la violence et surtout par celle de Cesare. Il ignorait cette face sombre de son ami. Il en était profondément perturbé… Manifestement, cela changeait son opinion sur Cesare, même s'il n'en dit pas davantage. D'autant moins que Rodrigo parut. Comme le laissait présager son visage contracté, il s'en prit à Cesare.

– Tu t'es encore conduit comme un voyou !

– Les Colonna nous ont attaqués, protesta son neveu.

Rodrigo ne voulait rien entendre. Alessandro vola au secours de son ami.

– Éminence, Cesare m'a sauvé la vie !

– Et à moi aussi, ajouta Giovanni.

Et comme Juan ne disait rien, Rodrigo se tourna vers lui et avertit :

– Très bientôt, nous aurons affaire à tout autre chose qu'une rixe de taverne. Le pape est saisi par les fièvres, il est aux portes de la mort. Soyez prêts et armés. Même à la messe !

– 5 –

Dans une allée du parc, Cesare s'avançait, torse nu, un arc à la main, en compagnie d'Alessandro, dont la poche laissait dépasser une bouteille de vin.

Ils s'arrêtèrent à distance d'une cible et bandèrent leurs arcs. Alessandro avait trop chaud pour s'entraîner au tir, aussi s'appuya-t-il nonchalamment sur le piédestal d'une statue, déposant son arme.

– Écoute, Cesare, je vais être honnête avec toi. Rome te fait un effet étrange !

Cesare ajustait sa flèche et visait tout en répondant :

– Il ne s'agit pas de Rome. Où que je sois, deux éléments opposés luttent en moi : la bête et le saint. Plus souvent qu'à son tour, la bête triomphe !

Il tira sa flèche et rata largement sa cible. Alessandro but une gorgée et s'assit par terre, étirant ses longues jambes. Il était à court d'arguments.

– Une bête n'a pas d'âme, toi si !

– Mon âme est vide.

Cesare tira une autre flèche et rata une fois de plus la cible.

– Alessandro, j'ai une confession à te faire.

– À moi ? s'offusqua son ami. Non, non ! Tu as oublié ? Je ne suis pas plus prêtre que toi. Pas encore !

– Je sais, rétorqua Cesare. Tu n'es pas un prêtre, tu es un ivrogne, et donc tu sauras garder pour toi ma confidence.

– Tu veux dire que très probablement je vais l'oublier. Parle sans crainte !

Cesare posa son arc et s'accroupit devant Alessandro. Il avait besoin de se délivrer.

– L'envie me consume comme un feu. Mon frère, notre ami de' Medici, leurs vies sont en action. La mienne croupit comme les ordures sur le mont Testaccio.

– Tu es évêque de Valence, protesta Alessandro.

– Ça ne me suffit pas. Je crève d'envie de ce qu'a Juan !

– Son duché… ou l'affection de Rodrigo ?

– Les deux. Et plus…

Son regard se perdit au loin. Quelque chose d'autre…

Il n'aurait pu dire précisément ce qu'il désirait si fort. Et c'était sa souffrance. Alessandro tenta de le raisonner, en vain, il le savait.

– Que disait notre maître, Filippo Decio ? Différente du désir, très semblable à la gloutonnerie, l'envie devient un péché dès lors qu'elle te pousse à agir sous son impulsion.

Cesare se leva d'un bond. Décidément, personne ne comprenait ou ne voulait comprendre.

– Comment puis-je ne pas être envieux ? Juan atteindra la grandeur dans sa vie !

– Toi aussi, mais par un chemin différent. Si ton âme est vide, donne-lui la plénitude. Fais contrition auprès de ceux contre qui tu as péché.

Cesare ne quittait pas Alessandro des yeux tout en bandant son arc et en tirant sa flèche. Elle se ficha au cœur de sa cible.

Au palais Colonna, Marcoantonio remâchait sa hargne et sa haine. Il avait perdu quatre hommes et un doigt dans cette bagarre stupide. Il se sentait de plus en plus humilié, mais pas vaincu. Il aurait la peau des Borgia. Aussi sursauta-t-il en entendant à la porte la voix de Cesare. Cet individu avait tous les culots de se présenter ici après la bataille de la veille ! Cesare était accompagné d'Alessandro. Il désirait parler à Marcoantonio. « Comme si de rien n'était ! pensa celui-ci. Quel toupet ! » Il ouvrit discrètement une fenêtre et lança une flèche qui atterrit aux pieds de son ennemi. Furieux de cette occasion loupée, il hurla :

– Salopard de couillon ! Sors immédiatement du territoire Colonna ou tu prends la prochaine dans la tête !

Cesare non seulement ne broncha pas, mais, levant le nez, s'adressa à lui :

– Marcoantonio, je t'ai fait du tort !

Celui-ci lança une autre flèche, mais elle rata encore son but. Cesare regarda Alessandro en soupirant comiquement. Puis il revint à l'autre, planté sur son balcon.

– Pardonne mes lamentables péchés !

– Qui peut pardonner sinon Dieu et lui seul ? Est-ce que je me trompe, curé ? Maintenant, cours ou crève !

– Je suis prêt à mourir, si ma mort met fin aux haines entre les Colonna et les Borgia !

Marcoantonio ajusta sa flèche et se prépara à tirer, Cesare demeurait immobile, impassible. Marcoantonio beugla :

– Profite de ta liberté, Catalan ! Parce que dès l'instant où Innocent sera au tombeau, ta famille entière sera mise aux fers entre les murs du cachot le plus profond et le plus noir du château Saint-Ange !

Et sur ces mots, il disparut à l'intérieur du palais. Cesare se tourna vers Alessandro, affichant une mine faussement contrite.

– Autant pour la plénitude de mon âme !

Et il s'éloigna, laissant Alessandro soupirer.

*

* *

Lucrezia avait tellement attendu ce jour-là qu'elle se demandait si elle ne rêvait pas. On l'avait lavée, habillée, coiffée, parée. Toute la matinée, elle avait reçu autant d'attentions qu'une idole préparée pour l'adoration des fidèles. Sa déception en était d'autant plus forte. Le destin lui avait attribué un fiancé qui ne correspondait en aucune manière aux descriptions faites.

Certes don Gaspar de Procida était jeune – quinze ans – et plutôt joli. Son père, le comte Juan Francesco de Procida – trente-deux ans –, l'accompagnait et, l'espace d'un instant, Lucrezia s'était demandé si elle ne préférait pas le père.

Dans le hall du palais Borgia, les deux Procida et toute la maison Borgia s'étaient retrouvés pour les salutations d'usage. Le fiancé avait commencé par des révérences maniérées, d'un formalisme qui confinait au ridicule. Puis il avait enchaîné avec la présentation de ses cadeaux, s'écoutant parler, comme s'il était amoureux de sa voix et de son discours. Dans ces moments-là, Vannozza manquait à Lucrezia. Ce n'était pas le cardinal qui lui apporterait le moindre réconfort, lui qui avait mis au point ces fiançailles. Elle ne se voyait pas aller se plaindre à lui. Elle remuait donc ces réflexions moroses pendant que son fiancé alignait de somptueux présents, les décrivant un à un pour son propre plaisir.

– Madame, disait-il d'une voix qu'il voulait élégante et bien placée, je vous ai apporté quelques preuves de ma profonde affection.

Trois domestiques se rangèrent devant Lucrezia, portant chacun un coffret. Le premier ouvrit le sien, révélant un bracelet d'or.

– De l'or des montagnes…

Le deuxième coffret contenait un collier de perles.

– … des perles de la mer…

Le dernier, un flacon de parfum.

– … du parfum, comme de l'air. Et pourtant, je vois que ces éléments de la nature sont bien pâles auprès de votre beauté.

Il s'inclina très bas à nouveau. Lucrezia se mordait les lèvres, prise entre fou rire et énervement. On applaudissait et le jeune Gaspar, au centre de l'attention, rayonnait, tournant sur lui-même, agitant légèrement la main comme un artiste sur une scène. Puis soudain, il adressa à Lucrezia une œillade qui, elle, n'avait rien de formel mais qui acheva de couler le personnage dans l'esprit de la jeune fille.

Le soir, une réception célébrant les accordailles fut donnée dans la salle des Étoiles, ne réunissant que des invités masculins. Parmi eux, outre les Borgia, le fiancé et son père, figuraient des membres de l'élite romaine, Franceschetto Cibo et Christoforo Castanea, un lointain cousin d'une obscure famille. On mangeait et buvait largement, le cardinal Borgia régalait ses hôtes d'anecdotes pour mieux les faire parler ensuite. Cependant, à un moment donné, Juan attira Cesare pour un aparté.

– Mon frère, viens, nous devons parler.

Cesare le suivit, curieux mais distant.

– Maintenant tu veux parler ? Quand notre oncle m'a réprimandé pour m'être battu avec Marcoantonio, tu n'as pas ouvert la bouche.

– Assieds-toi. C'est important.

– Alors dépêche-toi.

D'un ton de conspirateur et désignant Castanea, Juan murmura à l'oreille de son frère :

– Voilà : Christoforo Castanea, comte de Castelleone, avait hier soir un rendez-vous secret avec Mustafa pacha.

– Un nobliau désargenté boit un verre avec l'ambassadeur de Turquie et alors ?

– Le sultan Bajazet a offert trois mille ducats à tout homme qui supprimerait son propre frère. Castanea possède un titre mais pas de biens. Je crois qu'il complote l'assassinat de Djem. M'aiderais-tu à trouver la vérité et à déjouer cette conspiration ?

– Depuis quand t'intéresses-tu à la politique turque ou à la vérité ?

– Écoute, Cesare, je connais ta valeur même si notre oncle l'ignore. Quand tu es raisonnable, tu as l'esprit d'un stratège brillant. Ensemble nous pouvons triompher. Rodrigo nous bénira. Tous les deux.

– Humm… Tu as raison, Djem a plus de valeur pour Rome, et pour nous les Borgia, vivant que mort.

Plus loin dans la salle, Castanea se leva. Il titubait légèrement. Juan insista, suivant l'ivrogne du regard :

– Vite, ton plan.

– Simple, dit Cesare. Nous allons nouer amitié avec Castanea et endormir sa confiance. Il parlera.

Et les deux frères se dirigèrent tout sourires vers l'aristocrate sans le sou mais très alcoolisé.

Pendant qu'Adriana l'aidait à se déshabiller et à enlever ses bijoux, en compagnie de Giulia, Lucrezia boudait. Giulia agitait son éventail avec cet air que l'adolescente avait appris à repérer et qui annonçait une critique.

– Pour quelle raison nous offres-tu cette mine renfrognée ? demanda-t-elle sur un ton chargé d'ironie.

Lucrezia demeura silencieuse, elle hésitait à avouer ses réticences et sa déception.

– Alors ? insista Giulia. Les fleurs n'étaient pas à ta convenance ? Ou le vin peut-être ?

– Don Gaspar… avoua Lucrezia. Cette allure, cette arrogance ! Il ne s'intéressait à moi que dans la mesure où je lui tenais lieu de miroir dans lequel il s'admirait !

– Les garçons mûrissent plus lentement que les filles, observa Adriana.

– Mais je suis une femme maintenant ! Et je veux un homme, un vrai, pas ce gamin imbu de lui-même !

Elle rassembla toute son énergie pour conclure :

– Je ne veux pas épouser don Gaspar !

Giulia soupira. Cette fille décidément ne comprenait rien. Elle possédait un corps de femme et l'esprit d'une fillette bornée, une enfant gâtée. La Bella assena d'un ton péremptoire :

– Idiote ! Tu dois… Ça ne se discute pas. Le contrat a été signé par ton oncle.

Alors Lucrezia s'abandonna à la rage Borgia et hurla en tapant du pied :

– Je ne serai pas forcée à un mariage avec ce fat, ce paon amoureux de lui-même. Je suis une Borgia, je mérite mieux !

– Tu ne mérites que ce que le cardinal veut bien te donner.

Sur ce, Giulia, excédée, sortit en claquant la porte.

Chez les Borgia, la manière la plus simple de créer une complicité entre hommes consistait à baiser ensemble des prostituées bien choisies. Évidemment, on se retrouvait en un lieu réputé sûr : les femmes étaient rémunérées par eux, les armes se trouvaient dissimulées et des gardes veillaient aux portes. On n'est jamais trop prudent.

Voilà comment, la nuit même de leur rencontre, les Borgia et Castanea, installés dans une suite de l'auberge du Lion, étaient occupés avec trois prostituées séduisantes. Le vin coulait à profusion. Castanea ne boudait pas son plaisir en besognant une gourgandine ; Juan en pelotait une deuxième ; Cesare buvait, pendant que la troisième lui prodiguait des caresses expertes. Les deux frères feignaient une ivresse que seul Castanea éprouvait réellement. Et, aussi accaparés fussent-ils, la conversation se poursuivait, habilement dirigée par l'un ou l'autre.

– Aussitôt que le pape Innocent aura rendu l'âme, expliquait Juan, il faut craindre que le prochain souverain pontife n'ait qu'une idée en tête : prêcher la prochaine croisade et utiliser Djem comme étendard de ralliement contre Bajazet.

Castanea grognait de satisfaction pendant qu'une ribaude s'activait, à genoux devant lui. Il finit par jouir dans un long râle, puis resta les yeux fermés à savourer.

– Nous, les Borgia, dit Cesare, nous avons intérêt à ce que Djem ne puisse gagner le moindre pouvoir. C'est pourquoi nous le tenons enfermé, serrure close, nous gardons la clef.

– Ne vous faites pas de souci ! marmonna Castanea, ivre de vin et de plaisir.

D'un geste, Cesare congédia les femmes. Son invité lui jeta un regard de reproche.

– Le sultan m'a engagé… heu… pour disposer de son frère, expliqua-t-il avec une grimace de satisfaction.

Cesare lui tendit un verre. Toute trace d'ivresse avait disparu de son visage.

– Excellent ! Comment t'y prendras-tu ?

Castanea but une longue gorgée. Il ne maîtrisait plus très bien sa parole :

– Je dois empoisonner le puits qui alimente le palais pontifical.

– Empoisonner le puits ? Bonne idée. Mais alors, tu vas aussi empoisonner le pape ainsi que tous les religieux et les clercs qui y vivent ?

Castanea balaya l'argument d'un geste vague.

– Le pape est presque mort de toute façon. Quant aux autres, bon débarras !

– Bon débarras en effet, approuva Juan qui, se tournant vers Cesare, ajouta : il se fait tard.

Ils se levèrent, mais Juan repoussa Castanea d'une bourrade.

– Toi, tu restes !

Juan ouvrit la porte derrière laquelle se tenait un de leurs hommes, Rudolfo.

– Nous savons que tes finances sont à marée basse. Or un gentilhomme ne devrait jamais se trouver sans un valet. Rudolfo, que voici, te servira jusqu'à la fin de tes jours.

Là-dessus, Juan s'inclina devant Castanea et les deux frères prirent congé.

Au même moment, précédé de deux valets portant des torches, Rodrigo se hâtait vers le palais pontifical dans la nuit d'été, en compagnie de Gacet. Le cardinal Borgia se faisait la réflexion que sa vie se passait à régler des problèmes tantôt graves tantôt futiles, mais tout aussi sérieux. Quelques minutes plus tôt, Giulia était entrée dans sa chambre, le visage fermé. « Le masque de l'Enfer », disait-il lorsqu'il la voyait ainsi. Depuis l'arrivée de Lucrezia au palais, lorsque Giulia arborait ce masque, c'est qu'elle venait de se quereller avec la jeune fille. Sa maîtresse était encore venue se plaindre : Lucrezia ne trouvait pas Gaspar à son goût. « Pas assez beau », précisa-t-elle, s'arrangeant de ce mensonge, sachant qu'il fâcherait le cardinal.

Celui-ci était tombé dans le piège : que Lucrezia ne se plie pas à cet accord approuvé par le roi d'Espagne lui-même, il n'en était pas question ! Il fallait qu'elle accepte. Giulia aimait que son amant la supplie de l'aider, cela lui donnait barre sur lui.

– Je n'ai pas le temps de régler ce genre de détail domestique. Mon amour, résous ce problème, use de toute ton habileté. Dieu sait combien tu es rusée…

Puis il avait enlacé la jeune femme, l'avait embrassée à pleine bouche. Au moment où ils allaient passer à des occupations encore plus intimes, Gacet avait interrompu l'étreinte : le pape était mourant. Il fallait d'urgence se rendre à son chevet.

En dépit de la canicule, un feu brûlait dans la cheminée, toutes les fenêtres étaient closes, les rideaux tirés : la chaleur dans la chambre du pape était suffocante. Rodrigo retrouva Della Rovere, Orsini et Giovanni Colonna autour du lit du vieux pontife. Celui-ci, soutenu par des oreillers, gémissait. Sa respiration sifflait. Le médecin, Silvestro Gentile, les éloigna du lit et chuchota :

– La fièvre grimpe, les douleurs à l'abdomen sont maintenant continues, une cicatrice à sa jambe droite suinte de plus en plus. J'augmente la température de la pièce pour le faire transpirer et éliminer la fièvre. Mais c'est sans espoir.

– En êtes-vous absolument certain ?

Le médecin hocha la tête d'un air grave. Les cardinaux échangèrent un regard… Puis refluèrent vers la porte. Le grand branle-bas avait commencé. La mort du souverain pontife allait ouvrir une période de vacance s'apparentant au chaos. Une tradition étrange voulait que le peuple de Rome orphelin de son pape s'en déclare aussi l'héritier. La population s'autorisait vandalisme et pillage dans tous les palais épiscopaux. Le peuple voulait arracher sa part d'héritage et la prenait là où elle se trouvait : chez les prélats du Sacré Collège comme au Vatican. D'autre part, les cardinaux savaient que pour eux débutait une campagne électorale où tous les coups étaient permis. Ils se préparaient en conséquence d'une part à défendre leurs palais et d'autre part à affronter des intrigues interminables dans lesquelles les alliances entre les familles joueraient un rôle déterminant.

Dans les complexes manœuvres qui débutaient cette nuit-là, le vice-chancelier allait jeter toutes ses forces et son intelligence. Seul avec Gacet dans la salle du Trône, il affichait une parfaite sérénité en discutant l'organisation.

– Orsini doit doubler les gardes pontificaux au château Saint-Ange… commença Gacet.

– Non, coupa Rodrigo. Mieux vaut disposer des hommes à nous dans la place. Nous devons aussi en installer dans tout le Vatican. Va dire à Juan d'armer la chancellerie.

– Si Della Rovere l'apprend ? observa Gacet.

Mais Rodrigo ne l'écoutait pas. Il avait l'expérience d'une telle situation.

– J'ai vu mourir quatre papes, et quatre fois j'ai constaté le chaos qui s'ensuit. Voici huit ans, alors que Sixte IV se trouvait au bord du trépas, son cher neveu, Giuliano Della Rovere, a fui le palais pontifical, terrifié par la populace qui s'approchait. Il avait laissé son oncle agoniser dans ses sous-vêtements souillés. D'ici peu, Della Rovere n'aura plus aucune importance.

Rodrigo réfléchit un instant puis ajouta :

– Transfère Djem dans la chambre secrète au-dessus de la Sixtine…

À la chancellerie, on exécutait les ordres de Rodrigo. Cesare, Alessandro et Juan rassemblaient les hommes, tous armés d'épées, de lances, d'arquebuses et de mousquets. Cesare aboyait ses ordres, postait des soldats à tous les points stratégiques. Comme Adriana surgissait, il l'interpella :

– Où est Lucrezia ?

– Je ne suis pas certaine…

Cesare la coupa :

– Trouvez-la, cachez-la dans la chapelle, même les manants ont peur de violer un sanctuaire.

Pendant tout ce temps, ignorant ce qui se passait à quelques mètres d'eux, Giulia et Gaspar avaient un entretien délicat : comment faire comprendre à un adolescent que fatuité n'est pas séduction ? Que les présents les plus somptueux ne remplacent pas une touche de romance ? Gaspar se tenait droit dans ses bottes, avec des arguments qui lui paraissaient solides :

– Elle dit que je me prends pour quelqu'un d'important ? Mais, oui bien sûr, je le suis ! Je suis un Procida ! Mon père est un aristocrate, un héros de la guerre. Un jour, je gouvernerai Almenara et Aversa, moi, Gaspar !

– Oui, bien entendu, admit Giulia, mais aimeriez-vous partager votre lit avec une femme qui vous a en horreur ?

– Comme ma mère et mon père…

– Il suffirait pourtant d'un geste pour réchauffer le cœur de Lucrezia.

Décidément, Gaspar ne comprenait rien. Giulia dévisagea le jeune homme. Il lui fallait une bonne leçon. Il avait de la chance, elle était passée maîtresse dans l'art de séduire. Elle se leva, alla fermer la porte à clef, puis revint vers Gaspar avec un délicieux sourire et lui chuchota quelques mots à l'oreille. Il rougit, puis la regarda avec stupéfaction…

– Avez-vous déjà été… avec une femme ? susurra La Bella.

Un peu plus tard, alors qu'Adriana enveloppait Lucrezia dans une cape pour l'emmener à la chapelle, Gaspar en personne apparut sur la terrasse devant la fenêtre, complètement transformé. Une rose à la main, il faisait maintenant le modeste, et il était charmant.

– Pardonnez mon intrusion. La ville est en ébullition et je ne cesse de penser à vous.

Il faisait signe à Lucrezia de le rejoindre, tandis qu'Adriana retenait la jeune fille. Celle-ci finit par se dégager, la présence de Gaspar, cette attitude si nouvelle l'intriguait. Adriana protestait.

– S'il vous plaît, gentille dame, juste un instant, supplia-t-il. Juste le temps d'un battement de cœur.

Ces mots et la rose attiraient irrésistiblement Lucrezia. Il lui saisit la main et, la regardant au fond des yeux, la lui baisa en disant :

– En attendant ce jour merveilleux où je pourrai baiser vos lèvres…

Il lui offrit la fleur et s'éclipsa. Lucrezia huma la rose, rêveuse, en le suivant du regard.

Rodrigo remonta dans la chambre du pape pour écouter la lecture de son testament faite par Burckard. Innocent VIII les regardait avec de grands yeux assombris qui s'ouvraient sur le vide. Le médecin, Gentile, mélangeait des simples dans un mortier posé sur une petite table, et les cardinaux entouraient le lit, penchés au-dessus du malade.

– « Nous léguons, lisait Burckard, les cent quarante-huit mille ducats du trésor pontifical à notre fils bien-aimé. »

Franceschetto, agenouillé au bout du lit, sanglotait. Rodrigo, entendant le montant du legs, ne put réprimer une grimace. Le pape dépouillait l'Église au profit de son propre fils !

– « Nous remettons les clefs du château Saint-Ange entre les mains du cardinal Della Rovere… »

« De pire en pire, se dit Rodrigo, ulcéré. Il sait bien, ce vieux renard, que celui qui contrôlera le trésor, celui-là sera pape ! »

Ses collègues, la mine sombre, se taisaient. Seul Della Rovere arborait un rictus satisfait. Imperméable aux réactions des uns et des autres, Burckard continuait sa lecture :

– « Mes bien chers frères, je vous supplie tous d'élire pour mon successeur un homme meilleur que je ne l'ai été. Signé Innocent huitième du nom, le treize juillet mille quatre cent quatre-vingt-douze. »

Innocent ferma les yeux et Gentile se précipita pour écouter son cœur tandis que les cardinaux, figés, s'attendaient à la fin. Mais le médecin releva la tête.

– Il respire. Il faut laisser Sa Sainteté se reposer.

Ils se retrouvèrent tous dans l'antichambre, rassemblés autour du vice-chancelier. Rodrigo eut un soupir de mépris et, se tournant vers les autres prélats, laissa libre cours à sa mauvaise humeur :

– Si nous obéissons aux consignes d'Innocent, nous vidons le trésor pontifical. Il nous demande d'élire un successeur meilleur que lui, mais il ne laisse pas un sou !

Dans le dos de Rodrigo, la voix cinglante de Della Rovere retentit :

– Borgia se voit déjà portant la tiare !

– Il n'y aura pas d'argent pour qui que ce soit après Innocent, espèce de vendu !

Les deux hommes se faisaient face, mâchoires serrées, visages haineux. Les cardinaux les observaient, pétrifiés.

– Silence, Catalan ! intima Della Rovere.

Rodrigo fit mine de l'ignorer et s'adressa aux autres :

– Vous voulez que le château Saint-Ange soit administré par ce Génois sodomite ?

Les mots libérèrent la violence. D'un coup de poing, Della Rovere projeta Borgia dans la chambre du pape où il s'étala de tout son long. D'un bond, il fut sur ses pieds, prêt à riposter. Il atteignit Della Rovere en plein visage, lui fracassant le nez. Celui-ci se jeta sur lui. Les deux hommes roulèrent à terre, agrippés l'un à l'autre, décidés à en finir sous les yeux des cardinaux qui tentaient en criant de les raisonner. Le fils du pape, bondissant au milieu des prélats, les arrêta en hurlant :

– Mais quoi ? Comment osez-vous une conduite pareille en présence de Sa Sainteté ? Dehors !

Les deux hommes se relevèrent sans un regard l'un pour l'autre. Franceschetto avait saisi le testament et le brandissait.

– Chacun d'entre vous a bénéficié du règne de mon père. Si la dernière volonté d'un mourant est sacrée, celle d'un pape l'est doublement. Je vous adjure de l'accepter !

Il y eut un murmure d'approbation chez tous les cardinaux, sauf Rodrigo qui sortit sans un mot. Gacet le rejoignit dans l'antichambre.

– Si Della Rovere prend possession du château Saint-Ange, nous, les Borgia, nous sommes finis, dit froidement Rodrigo. Il nous faut maintenir Innocent en vie jusqu'à ce que ce testament soit détruit et mettre tout de suite le trésor en sécurité.

– Comment ?

– En le déplaçant dans un endroit secret.

Dans l'heure qui suivit, sous la surveillance du cardinal et de Gacet, des hommes sûrs chargèrent des coffres d'or et d'argent sur des chariots et les emportèrent vers une destination inconnue.

– 6 –

Cette nuit d'été, chaude et pestilentielle, marquerait un tournant dans la vie de chacun des Borgia. Pour le meilleur ou pour le pire, aucun n'oublierait ces heures obscures.

Dans la chapelle de la chancellerie, Lucrezia écoutait distraitement les rumeurs de la ville et le remue-ménage des hommes en armes qui installaient la défense du palais. Elle se sentait à l'abri, protégée par les murs épais, ses frères et leurs troupes, et surtout par son oncle. Elle avait donc l'esprit libre pour réfléchir à la venue inopinée de Gaspar à sa fenêtre et à sa courte scène de séduction. Giulia vint à la chapelle pour terminer la mission que lui avait assignée le cardinal : après avoir donné une leçon de séduction, théorique puis pratique à Gaspar, elle devait à Lucrezia quelques conseils dans le même sens. Elle se glissa sur le banc à côté de la jeune fille qui, agenouillée, tête baissée, se tenait parfaitement immobile.

– Tu pries ou tu étudies les mosaïques ?

Lucrezia la regarda, interloquée. Giulia s'excusa :

– Plaisanterie stupide ! Je ne veux pas m'imposer mais, assise là toute seule, tu as l'air perdue.

Comme Lucrezia ne soufflait mot, elle se rapprocha.

– Nous avons nos désaccords, toi et moi. Mais notre différence d'âge n'est pas énorme. Nous nous comprendrons aisément, tu verras. Parle-moi.

Cette fois, Lucrezia eut envie de réagir. Giulia lisait-elle dans ses pensées ? Fallait-il lui dire la vérité ? Elle décida que oui.

– Je suis perdue ! chuchota-t-elle. Au début, j'ai trouvé don Gaspar repoussant, cette manière de relever la tête en arrière comme s'il allait faire un saut périlleux, il était grotesque. Maintenant, je ne sais plus, je me sens un peu attirée vers lui…

Le moment était venu pour Giulia de donner sa leçon.

– Les hommes ont été créés pour notre confusion, expliqua-t-elle avec le plus grand sérieux. Tu les verras amoureux un jour, coléreux un autre et gonflés de fierté le suivant.

– Fierté, nota Lucrezia. Oui. Mais tu sais, je suis si laide, comment don Gaspar pourrait-il être fier de moi ? Non ! En fait, il veut bien m'épouser seulement pour ma dot !

– Tu es folle ! Tu es de plus en plus belle chaque jour ! Nous les femmes, n'ayant ni droit ni privilège, nous possédons au moins, pour nos grands projets, notre virginité et plus tard notre science de l'amour.

Lucrezia se tourna vers elle, bouche ouverte…

– Tu es choquée parce que tu n'as jamais entendu de tels mots, ou fais-tu semblant ? Dans le secret de ton cœur, tu sais bien que j'ai raison.

Lucrezia se mit à rire malgré elle. Elle voulait ardemment apprendre. Elle se tourna vers Giulia.

– Est-ce qu'on peut être amies ?

La Bella sourit. Sa mission était accomplie.

Le trésor mis à l'abri, Rodrigo revint dans la chambre du pape. À tout prix il le voulait en vie, le temps de trouver le moyen d'éliminer le testament. Franceschetto donnait la becquée à son père comme à un enfant. Le malade refusait, résistait même. À cette vue, Rodrigo eut soudain une idée. Il disparut, annonçant qu'il reviendrait avec de quoi nourrir Sa Sainteté. Les cardinaux présents se demandaient quelle idée avait encore germé dans l'esprit fertile de leur collègue. Ils n'eurent pas longtemps à attendre : quelques minutes plus tard, le cardinal revint accompagné d'une robuste nourrice portant un nouveau-né dans ses bras.

– Quelle meilleure nourriture que le lait maternel ? s'écria Borgia, en écartant ses collègues médusés.

La nourrice savait ce qu'on attendait d'elle. Elle confia le poupon à Burckard et se dégrafa, faisant jaillir un superbe sein gonflé de lait. Elle se pencha vers le pape, introduisit son téton dans sa bouche. Le vieillard se mit instantanément à téter goulûment, paupières closes. Au bout de quelques instants, son effort se relâcha. Il renversa la tête sur les oreillers, ouvrit les yeux, un peu de couleur revenait sur ses joues. Il murmura faiblement :

– Femme, il y aura une place pour toi à côté de moi au Paradis.

La nourrice referma son corsage, reprit son bébé, tendit la main à Rodrigo qui y déposa un ducat. Puis elle se dirigea dignement vers la porte, consciente de son importance nouvelle de nourrice du pape. Les cardinaux ne pouvaient détacher leurs regards de la courbe majestueuse de son ample poitrine.

Pendant que la fièvre électorale gagnait l'ensemble des cardinaux, l'épidémie envahissait la ville. Fièvre, nausée, épuisement, les plus faibles furent les premières victimes, puis peu à peu le mal s'installa. À la villa Cattanei, Ottaviano, le dernier né de Vannozza, fut le premier atteint, avant son mari et elle enfin. Goffredo courut au Palazzo Vecchio chercher ses frères et sa sœur, les implorant de venir soigner leur mère dont l'état semblait désespéré. Lucrezia voulut se précipiter, mais Adriana le lui interdit. Cesare décida que Juan resterait pour protéger la maison avec les serviteurs et les *bravi* des Borgia. Lui raccompagna Goffredo chez leur mère.

Place Pizzo-di-Merlo, dans l'air confiné, flottait une odeur pestilentielle, de sueur et d'urine. Cesare eut un haut-le-cœur en voyant dans l'entrée deux servantes affalées sur l'escalier, tremblantes de fièvre, blotties l'une contre l'autre. Un homme en livrée, tassé sur une chaise, se mit à tousser : le linge qu'il tenait devant sa bouche se teinta de sang. Cesare traversa le vestibule et bondit dans l'escalier jusqu'à la chambre de sa mère. Le spectacle l'affola. Vannozza et Carlo étaient couchés côte à côte, visages gris, lèvres décolorées. Dans le lit avec eux gisait Ottaviano, inconscient. Des vêtements chiffonnés, des draps souillés entassés dans un coin, des gobelets répandus, une cruche à moitié pleine, les volets mi-clos, une bougie allumée, l'atmosphère délétère, tout disait l'abandon dans lequel se trouvait sa mère.

– Maman, appela doucement Cesare, bouleversé.

– Cesare, supplia-t-elle, tournant vers lui un regard perdu, sauve ma famille.

Alors que Cesare ne savait que dire, Vannozza fut prise d'une violente quinte de toux.

– Ne meurs pas, Maman ! sanglota Goffredo.

Cesare le prit par les épaules et le fit sortir.

– Va prier, petit frère.

Puis, prenant le linge sale, ouvrant les placards pour sortir des draps propres, ouvrant les volets pour aérer, il entreprit d'assainir la pièce et de soulager les malades.

Il commença par rafraîchir le visage de sa mère. Carlo semblait dormir, de même qu'Ottaviano. Il versa un liquide doré dans un gobelet et tenta de faire boire sa mère en lui soutenant la tête. Tous ses gestes étaient empreints d'une infinie tendresse. Vannozza ne parvenait plus à boire. Il avait beau insister, lui expliquant doucement que ce médicament la sauverait, elle en était incapable. Alors il se leva et sortit chercher Goffredo.

– J'ai besoin de toi, dit-il. Il faut que tu coures chercher quelqu'un.

Et il chuchota la suite dans l'oreille de son frère.

*
* *

Rudolfo, le valet affecté à la surveillance de Castanea, vint trouver Juan. Castanea avait faussé compagnie à l'homme des Borgia. Juan ne s'en alarma pas : il savait parfaitement où Castanea dirigeait ses pas. Il quitta discrètement la chancellerie, retrouva sa trace quelques minutes plus tard et le suivit, telle une ombre derrière une ombre. Comme prévu, Castanea atteignit le vieux puits derrière le palais pontifical. Là, il se mit en devoir de retirer les chaînes et démonter les serrures qui maintenaient l'énorme couvercle de bois, loin de soupçonner la présence de Juan et de Rudolfo qui l'observaient à distance…

Les heures passaient et le pape se mourait. Le lait maternel lui avait apporté un répit, mais il s'affaiblissait de nouveau. Rodrigo, cette fois, ramenait un homme de science, versé dans les dernières découvertes en matière de médecine. Les gardes pontificaux ouvrirent la porte de la chambre et Rodrigo entra accompagné d'un petit vieillard portant une kippa sur la tête. À sa vue, Della Rovere bondit.

– Un Juif ! Un Juif dans l'enceinte du Vatican. Borgia, c'est un sacrilège !

– Tout ce qui peut être tenté doit l'être, dit froidement Rodrigo. Della Rovere, voulez-vous avoir la mort d'un autre pape sur la conscience ?

Le docteur Onias, étranger à cet échange, avait relevé les couvertures, dévoilant le corps nu et ratatiné d'Innocent VIII. Il commença à l'ausculter. Un long moment s'écoula. Il palpait, écoutait, tâtait ce corps décharné qui n'était plus que la peau sur les os. Il finit par recouvrir le malade avec des gestes mesurés et lents. Puis il fit signe à Rodrigo et s'écarta pour lui parler bas.

– Si vous voulez que je sauve votre famille, Excellence…

La vieille sorcière que Goffredo avait sortie de sa cabane pour l'amener jusqu'à la maison avait une voix de crécelle.

– … vous devez me jurer que vous utiliserez votre influence sur le pape pour qu'il retire le bannissement qui frappe la sorcellerie. Elle n'est pas œuvre du diable mais remèdes naturels donnés par Dieu…

– Oui, oui, répondit Cesare impatiemment. Je parlerai à Sa Sainteté. Mais si ma famille meurt, tu mourras aussi.

Elle s'installa dans la chambre de Vannozza, avec des baluchons et des récipients, poussa les deux frères dehors et ferma la porte. Cesare serra Goffredo contre lui, comme pour se rassurer. Il fallait que cette femme réussisse. Il le fallait.

Dans l'ombre, quatre hommes épiaient Castanea qui soulevait maintenant le lourd couvercle du puits. Ils le virent sortir de sa poche un flacon, enlever le bouchon et, au moment où il allait le jeter dans l'eau, Juan surgit. À sa vue, Castanea arrêta son geste.

– Juan !

En une seconde, les hommes des Borgia furent autour de lui ; comme il tentait malgré tout de jeter sa fiole, Juan attrapa la bouteille au vol.

– Judas ! cria Castanea qui avait enfin compris.

– Judas, oui, répondit Juan avec un sourire. Tu vas tout me raconter.

D'un geste fraternel, Juan saisit la nuque de Castanea maintenu par ses hommes et l'embrassa sur la joue. Un baiser qui dura deux secondes. Un baiser de Judas.

À côté de la chambre du pape, dans la salle dite « des Larmes », on avait amené trois petits paysans. De leurs bras tendus au-dessus d'une cuvette, un sang vermeil coulait à partir d'une incision au poignet et remplissait les trois récipients. Ils étaient étendus, inertes, sur des canapés. Rodrigo avait payé trois ducats aux parents, un pour le sang de chaque enfant. Puis, sans plus se soucier du sort des petits, il était entré dans la chambre du pontife. Des domestiques y avaient transporté les cuvettes pleines et on avait aidé les parents à charger leurs trois enfants sur leur charrette. Le docteur Onias avait rempli un gobelet d'argent de ce sang rouge vif et tentait de le faire boire au pape. Celui-ci n'y parvenait pas, crachait, hoquetait et le précieux liquide se répandait sur les draps blancs. Malgré tout, le médecin espérait que le pontife avait absorbé quelques gouttes et que ce remède serait bénéfique.

En attendant, il était sorti dans la cour prendre des nouvelles des enfants. Lorsqu'il revint, Rodrigo faisait les cent pas. Della Rovere sirotait un verre de vin.

– Les trois enfants sont morts, annonça le docteur Onias en allant ausculter son malade.

– Mais est-ce qu'au moins ce remède donne un résultat ? demanda Rodrigo qui commençait à s'énerver.

Le médecin attendit quelques instants, scrutant la face blême de son patient.

– Je ne crois pas… admit-il avec un demi-sourire.

– Eh bien ! commenta Della Rovere d'un ton léger.

Puis il appela les gardes.

– Raccompagnez le docteur Onias et veillez à ce qu'il reçoive ses honoraires.

Ce fut dans le jardin du Vatican, à l'arrière du palais, que le médecin reçut ses « honoraires » : il eut la gorge tranchée.

Maintenant, le jour s'était levé et il n'y avait plus d'espoir. Le pape sombrait. Dans l'antichambre, Rodrigo allait et venait tel un fauve en cage. Juan apparut, une expression satisfaite éclairant ses traits, et vint lui parler à l'oreille. Sur le visage du prélat se dessinèrent surprise puis approbation. Juan se retira d'un pas leste. Aussitôt, Rodrigo se dirigea vers une table où des rafraîchissements étaient servis, versa de l'eau dans un gobelet et entra dans la chambre du pape.

Innocent semblait dormir. Rodrigo tendit le gobelet à Franceschetto.

– De l'eau ? dit celui-ci. Non merci, Éminence.

– Bois, ordonna Rodrigo.

– J'ai dit non merci.

Borgia empoigna Franceschetto et le força à tremper ses lèvres dans le liquide.

– Non ! cria l'autre en se débattant. Cette eau est empoisonnée !

Et il détala à toutes jambes, ses pas résonnèrent dans l'antichambre puis dans l'escalier et se perdirent…

Cesare n'en croyait pas ses yeux. La sorcière, une palette à la main, penchée sur sa mère, Carlo et Ottaviano, les recouvrait d'une épaisse boue marron qui empestait.

– Au nom du Christ ressuscité, qu'est-ce que tu fais ?

– Je soigne votre famille !

Cesare jeta un coup d'œil dans le seau d'où elle tirait cet improbable médicament.

– Des excréments ?

– Oui, de porc.

– Tu couvres ma mère de merde ? Espèce de salope ignorante ! Ma famille devrait être soignée avec de l'eau d'or, avec de l'ambre gris, pas des crottes de porc !

La sorcière, avec un regard narquois, rétorqua :

– Si vos remèdes de grands savants pouvaient les soigner, pourquoi m'avez-vous mandée ? Vous avez beau être d'un sang noble, vous n'y connaissez rien. Les excréments absorbent les humeurs mortelles qui infectent le sang. Ils guériront votre mère.

Cesare la jeta à terre.

– Tu as intérêt, sorcière, sinon je te donne à manger aux cochons !

L'aube vint enfin et trouva Cesare en prière, au pied du lit de sa mère. Elle et Carlo semblaient avoir trouvé le sommeil, un vrai sommeil réparateur. Lorsqu'elle ouvrit les yeux, Cesare comprit instantanément qu'elle était sauvée. Il posa sa main sur son front, le sentit frais, et lui sourit. Elle referma les yeux. Elle était épuisée. Cesare cria :

– Goffredo ! La fièvre a cessé ! Grâce à Dieu !

Il se tourna vers la vieille femme :

– Et à vous !

Elle hocha la tête, satisfaite. Carlo Canale émergeait, lui aussi. Goffredo se rua dans la pièce, Cesare lui intima le silence d'un doigt posé sur ses lèvres.

– Tais-toi ! ordonna-t-il, désignant sa mère.

– Tu as accompli un miracle, Cesare, dit Canale.

– Les miracles sont des mythes. Ça, c'était la magie de la science.

Goffredo, penché sur le lit d'Ottaviano, essayait de le faire revenir à lui.

– Grand frère, pourquoi Ottaviano ne se réveille-t-il pas ?

Cesare se releva d'un bond, s'approcha du petit garçon, toucha son front : sa peau était froide. Tandis que derrière lui Canale appelait son fils, l'aîné des Borgia murmura pour lui-même : « Le deuxième mort ! »

– Oh non ! gémit Canale, dites-moi que ce n'est pas vrai !

Et comme Carlo Canale s'effondrait en larmes, Vannozza ouvrit les yeux, fit un effort sur elle-même et vit Cesare tracer un signe de croix sur le corps de son plus jeune enfant. Alors jaillit de sa poitrine, des profondeurs de son âme, un cri charriant un insondable chagrin. Elle venait de perdre son dernier petit. Fou de rage devant la peine de sa mère, Cesare cria à la sorcière :

– Tu devais les soigner tous les trois !

La femme haussa les épaules et grommela de vagues excuses.

– Gardes ! appela Cesare. Emmenez-la, elle a commis le péché de magie noire.

– Non, hurla la sorcière, non ! Je suis innocente !

Un moment plus tard, Vannozza trouva la force de se lever, appuyée sur Goffredo. Elle accompagna Cesare jusqu'à l'entrée : il devait retourner au palais du vice-chancelier. Elle ne pouvait le retenir, mais elle l'interrogea anxieusement :

– Comment Dieu a-t-il pu faire mourir mon fils ?

– Il a laissé mourir son propre fils, dit Cesare. Dieu est plus dur qu'aucun mortel. Plus je pense à Dieu, plus j'essaie de voir son dessein, moins je comprends. Non, mère chérie, la foi aveugle est le seul réconfort, la seule solution raisonnable en somme !

Et Vannozza tenta de trouver l'apaisement dans les paroles de son fils.

Du palais pontifical, Franceschetto Cibo avait couru jusqu'à la chancellerie. Croyant y trouver refuge auprès de Juan, il se jeta dans la gueule du loup. On l'introduisit dans la bibliothèque où il attendit, tournant en rond. Et lorsque le jeune Borgia entra, il se jeta à ses genoux, lui saisit la main, l'embrassant, invoquant leur vieille amitié. Juan répondit fraîchement :

– Debout, Franceschetto, ton attitude ne convient pas au fils du pape.

Celui-ci se releva. Juan se servit un verre de vin, d'un air désinvolte. Franceschetto l'implora :

– Je t'en supplie, Juan, sauve-moi ! Tu dois dire à ton oncle que je travaillais en secret avec toi pour mettre au jour ce complot…

– Bien sûr, répondit Juan. Je serai heureux de mentir pour te rendre service.

Franceschetto eut un soupir de soulagement. Mais Juan poursuivit :

– Spécialement si les trois cent mille ducats que tu as reçus de l'ambassadeur turc se retrouvent sur le compte des Borgia !

Franceschetto eut un hoquet mais il y allait de sa vie, il n'avait guère le choix.

– Je te fais porter cet argent tout de suite.

– Et n'oublie pas non plus le testament de ton père… Le premier, pas ce simulacre dicté par un homme à l'esprit affaibli par la fièvre…

– Le premier, oui… Tu veux dire le seul valable.

Franceschetto comprenait tout, acceptait tout. Juan, son verre à la main, entoura l'épaule de l'autre et glissa :

– Encore un petit détail. Ton épouse, Maddalena de' Medici, est charmante…

– Je ne serai pas chez moi ce soir, enfin, de toute la soirée, bafouilla Franceschetto.

– Excellent ! Le visage de Juan était illuminé. Qui sait ? Ton père peut se rétablir… Alors, tu pourras me trancher la gorge !

Il regarda Cibo, bien en face.

– Je tiens absolument à ce que tu assistes à l'exécution de Castanea. Et maintenant, tu sais ce qu'il te reste à faire.

Le lendemain, le Campo dei Fiori était noir de monde. Les femmes grimpaient sur les épaules de leurs frères ou de leurs maris pour mieux voir, certains s'agrippaient aux rebords des fenêtres, où s'accoudaient les plus chanceux qui habitaient là ou avaient été invités au spectacle. Les femmes agitaient des éventails devant leur visage et cela créait un incessant miroitement qui, s'ajoutant au mouvement de la foule, donnait à Cesare l'impression d'un bruyant ressac. Alessandro, Franceschetto, Rodrigo, quelques cardinaux et lui se tenaient sur une tribune abritée sous un dais qui faisait face à une autre, vide celle-ci. Des roulements de tambours retentirent.

Bientôt la foule s'écarta, laissant passer Juan encadré de gardes. Il traînait Castanea, nu et sanglotant. Il le propulsa sur la tribune où il demeura à genoux. La foule gronda, des sifflets, des cris montèrent.

Sous le dais, Rodrigo s'avança et leva la main pour imposer le silence.

– Cet homme a tenté un crime atroce contre la personne de notre Saint-Père et un prince étranger invité dans notre cité. Un crime aggravé par le fait que son auteur a conspiré avec les infidèles qui profanent le nom du Christ en Terre sainte. Que Christoforo Castanea soit damné pour l'éternité. Que Juan Borgia soit loué par tous les croyants !

La foule l'acclama. Cesare se détourna : encore une fois, Juan s'arrogeait tout le crédit de cette affaire. Sur l'autre tribune, le héros du jour saisit un large maillet de bois, l'éleva au-dessus de sa tête et l'abattit sur Castanea qui émit un hurlement. Il recommença, encore et encore. La foule rugissait des encouragements, des « han han » ponctuant l'effort du bourreau à chaque coup. Bientôt le corps de Castanea ne fut plus qu'une dépouille sanglante, le crâne ouvert et les os brisés.

Cesare, qui s'était éloigné pour passer des ordres à ses gens, revint au spectacle au moment où Castanea rendait l'âme : « Le troisième mort… », pensa-t-il. Il en fallait cinq. Il fallait aussi à Cesare une revanche sur Juan, quelle qu'elle fût.

Pendant l'exécution, les hommes des Borgia, obéissant aux directives de Cesare, avaient fait dégager un espace à une extrémité du Campo dei Fiori. Là, on avait planté un haut poteau de bois maintenu par des blocs de pierre et entouré de fagots de bois : un bûcher. Les gardes arrivèrent, traînant la sorcière hurlante, et la jetèrent au pied du poteau. La foule se retourna vers ce nouveau divertissement.

– Maudits soyez-vous tous ! cracha la sorcière.

Puis elle aperçut les Borgia, et parmi eux Cesare. Elle le héla d'une voix puissante :

– Borgia ! Toi !

Et prenant la foule à témoin elle cria :

– Cet homme est venu chez moi, il cherchait mon savoir… Borgia, tu m'as suppliée, tu m'as payée !

Tandis que les gardes attachaient la femme au poteau, Cesare harangua la foule dont les murmures interrogateurs montaient vers lui.

– Qui croyez-vous ? tonna-t-il. Cette sorcière qui masturbe le diable ou moi, Cesare Borgia, évêque de Valence ?

Il descendit sur la place jusqu'au bûcher. La foule s'égosillait :

– Qu'on la brûle ! Qu'on la brûle !

Et elle acclamait Cesare.

Un homme lui passa une torche. Il se pencha vers la vieille qui tremblait, les joues baignées de larmes, et chuchota :

– Quand tu lisais l'avenir, as-tu vu ta propre fin dans la quatrième mort ? Ou bien suis-je plus puissant que ta magie ?

Il jeta la torche dans le bûcher et le feu jaillit. Son visage ne trahissait pas la moindre émotion, il leva les yeux et regarda longuement Rodrigo. Les hurlements suraigus de la sorcière lui transperçaient les oreilles.

*
* *

Dans la chambre du pape, les cardinaux attendaient. La nuit était retombée et le pontife respirait pesamment, déjà absent au monde. Soudain, il se redressa, les yeux exorbités, et jeta un cri :

– Cette maladie… Une malédiction qu'une sorcière a lancée contre moi. Détruisez-les tous ! Sorcières, païens !

Puis il retomba sur l'oreiller, épuisé. Le délire du souverain pontife fit planer un instant l'ombre du Malin.

C'est à ce moment que Franceschetto se glissa dans la chambre, et tira discrètement Burckard par la manche.

– Le testament ! Où est-il, Burckard ?

Celui-ci le lui tendit. Aussitôt, le fils du pape déchira le parchemin en morceaux qu'il jeta dans le feu. Della Rovere se précipita mais ne put l'empêcher.

– Imbécile, cria-t-il. Imbécile, arrête !

Les autres le regardaient, sidérés, incrédules. Rodrigo eut un sourire méphistophélique.

La Ville éternelle suspendait son souffle. La respiration d'Innocent VIII, plus lourde, plus difficile d'heure en heure, planait sur chaque maison, sur chaque palais. Mais Maddalena ne l'entendait pas. Nue et terrifiée, elle regardait Juan rouler sur le côté, à moitié saoul : il venait de la violer. Gaspar et Lucrezia aussi étaient sourds au halètement de la ville, ils riaient aux éclats dans la chapelle du palais Borgia sous le regard indulgent de Giulia.

Vers le milieu de la nuit, le pape ne respirait plus que de manière imperceptible mais continue. Dans la chapelle Sixtine, Rodrigo contemplait la lance de Longinus. Il se confia d'un ton rêveur à Gacet qui venait de le rejoindre :

– Selon la légende, cette lance a accordé des pouvoirs surnaturels à Constantin le Grand, à Justinien, à Charlemagne…

Son ami l'écoutait d'une oreille distraite : il y avait plus urgent que ces considérations mythiques… Aucune légende, d'ailleurs, ne pouvait impressionner Gacet.

Seul le présent comptait, et pour l'heure il était lourd de menaces.

– Les Colonna ont placé leurs hommes sur le pont Hadrien et font mouvement vers le pont Sixte. Le Vatican va être isolé. Il nous faut partir et rentrer à la chancellerie, sinon nous ne pourrons plus traverser et nous risquons d'être piégés sur cette rive du Tibre…

– Je ne partirai pas d'ici maintenant. Pas tant que je n'aurai vu le pape mort.

Sur ce, Rodrigo s'empara de la lance et l'emballa dans une toile grossière.

Les cardinaux récitaient la prière des morts à voix haute. Le pape prit une aspiration et balbutia :

– Des flammes ! Je suis entouré de flammes !

Innocent poussa un grand cri et rendit son dernier soupir. Il y eut un long silence. Le docteur Gentile l'examina, écouta son cœur, puis lui ferma les yeux. Burckard s'avança et prononça les formules consacrées :

– Innocent, huitième du nom, suprême pontife de la Seule et Véritable Église, le premier parmi les hommes, la hauteur et le sommet de la race humaine. *Moribundus, mortuus.*

Les cardinaux avaient cessé leurs prières, Franceschetto sanglotait. Rodrigo entra discrètement. Burckard appela ensuite le souverain pontife par son nom et par trois fois, selon le rituel :

– Giovanni Battista Cibo… Giovanni Battista Cibo… Giovanni Battista Cibo…

Ensuite, avec un petit marteau d'argent, il frappa trois fois le front du défunt. Les cardinaux se signèrent.

Le glas retentit dans toute la ville. Cesare, retournant à la chancellerie après avoir quitté sa mère, l'entendit.

– Ah ! murmura-t-il, le cinquième, le dernier mort !

Dans Rome aussi, on avait compris ce que ces cloches signifiaient, et la populace se déchaînait. Paysans et citadins, armés de fourches et de bâtons, portant des torches fumantes, partaient à l'assaut des palais, et en premier du palais pontifical. Devant l'entrée, ils se heurtèrent aux gardes pontificaux. Ils les bousculèrent, cognant aux gigantesques portes. Les gardes commencèrent à tirer. Des manants ripostèrent à coups de fourche, transperçant les soldats. Enfants de Dieu, héritiers de la richesse du Saint-Père, ils prenaient leur part avec le seul droit qu'ils connaissaient : la force. Cela ne leur serait pas compté. Refoulée par les gardes, la meute se retourna contre les palais des cardinaux. Ainsi, le palais Colonna était attaqué par des hordes et Marcoantonio le défendait, arc à la main, à la tête de ses troupes. Puis les pillards s'attaquèrent à tout. La ville entière ne fut bientôt plus qu'émeutes et saccages dans la lueur des torches et des incendies naissants.

Au palais Borgia, les femmes avaient été mises sous bonne garde à la chapelle. Cesare, Alessandro, Gaspar attendaient avec elles. Sur les toits, aux fenêtres, dans le jardin, sur les murs d'enceinte, des hommes armés montaient la garde. « Bientôt, ils seront ici », pensait Cesare. Et dans son âme, le désir de chaos et de violence le disputait à la terreur de voir sa famille et son univers ravagés.

Rodrigo ne se résolvait pas à quitter le palais pontifical. Il se tenait dans la salle du Trône, le regard fixé sur le siège du souverain pontife, désormais vacant. Della Rovere, qui, lui non plus, ne pouvait ou ne voulait partir, le rejoignit. Ils se firent face, les yeux dans les yeux. Entre eux, les mots étaient devenus inutiles. Il leur suffisait de savoir que, dorénavant, le vaincu devrait disparaître. Francesc Gacet les trouva ainsi, face au trône, se fixant en un virtuel combat préfigurant celui à venir.

– Nous devons partir !

Et sa voix ferme n'acceptait pas le moindre atermoiement. Della Rovere sortit le premier. Borgia hésita encore, puis prit une autre porte. Le grondement de la foule enflait.

– 7 –

Un soleil radieux se leva après cette nuit de chaos et d'horreur. Peu à peu s'éclairèrent ruelles, impasses et l'immense place Saint-Pierre. Des fenêtres des maisons patriciennes pendaient des rideaux déchirés, des draps, des tentures en lambeaux. Des cadavres ensanglantés, des objets hétéroclites, des meubles brisés, des vêtements épars jonchaient les pavés et racontaient à quelles extrémités les Romains, ivres de violence et de pillage, s'étaient laissés aller. Des hommes hagards se relevaient, lourds de fatigue et de vin, des soldats, des guetteurs, endormis là où les avait surpris l'épuisement, dépliaient leurs membres gourds. Rome s'éveillait, clignait des yeux sous un soleil implacable. Des oiseaux de proie traçaient des ombres noires dans le ciel d'azur, épiant les corps inertes et les ordures.

Au cœur de chaque Borgia se cachait une fascination pour le sang, l'abjection et la mort. Lucrezia n'échappait pas à ce penchant. À l'aube, elle avait commandé une chaise à porteurs et, confortablement installée sur des coussins, à l'abri des rideaux entrebâillés, elle s'était promenée dans les rues… pour voir ! Sa curiosité morbide satisfaite jusqu'à l'écœurement, elle revenait vers le palais lorsque Gaspar bondit dans la chaise. Lucrezia feignit d'être choquée, elle le menaça des foudres de ses frères. Il se moqua. Elle s'épongea le front d'un air nonchalant, il tourna un compliment :

– Cette fine buée sur votre front, c'est la rosée du matin.

Il était bien question de poésie ! Comme deux enfants, ils s'avouèrent l'excitation qu'avaient fait naître cette nuit le tocsin incessant, les hurlements, les coups de feu, les cavalcades de soldats et de hordes de pillards. Puis Gaspar parla du grand sujet du jour : l'élection du nouveau pape.

– Notre oncle va jouer un rôle déterminant dans ce choix, affirma-t-il d'un ton docte.

– Notre oncle ? Vous parlez de *mon* oncle, Rodrigo Borgia ?

– Et alors ? Nous allons nous marier, ma famille sera la vôtre, et la vôtre, la mienne. Notre oncle ne sera pas élu ! Dommage !

Gaspar agaçait Lucrezia et en même temps il lui plaisait ; il lui fit part de son analyse de la situation :

– Les Borgia ont la réputation d'être très généreux… pour leur famille exclusivement. Et Rodrigo Borgia a une parentèle trop nombreuse…

Et là-dessus, sans un au revoir, il sauta hors de la chaise.

Comme tout le monde, Rodrigo, rentré à l'aube, était épuisé. Avant de se reposer, il eut une conversation avec Giulia : les jours à venir pouvaient se révéler dangereux pour les Borgia et leurs alliés. Elle devait rejoindre son mari à Basanello. Nue au milieu de la chambre, elle allait et venait, furieuse d'une telle décision, et tentait de négocier avec son amant, allongé sur son lit.

– Il va m'obliger à coucher avec lui et, si je refuse, il me violera !

– Alors je le ferai castrer ! répondit Rodrigo sans aucune hésitation.

– Oh, mon amour, dit-elle soudain, se jetant à son cou, pourquoi ne pouvons-nous pas être ensemble ? Officiellement.

– Tu es mariée, je crois, et moi cardinal !

– Peut-être bientôt pape ! Et puis tu m'épouseras.

– T'épouser étant pape ?

– Saint Pierre était marié !

– Bella, quand bien même, tu oublies ton mari !

– Les époux meurent !

Ils échangèrent un long regard, les yeux dans les yeux.

– Je suis un prêtre. Je ne tue pas.

En vérité, Rodrigo éloignait ses proches pour des raisons d'image. À peine élu, son oncle Calixte III avait fait venir sa famille et l'avait comblée. Ses abus, à l'origine du mot népotisme, avaient durablement terni le nom des Borgia. Rodrigo, lui, prétendait à la rigueur morale, écartant enfants et maîtresse… jusqu'à ce qu'il soit porté sur le trône de Saint-Pierre. Lucrezia s'installerait avec Adriana au monastère de Subiaco, dédié à sainte Pétronille, fille de saint Pierre. La tête coupée de la jeune sainte y était conservée dans un reliquaire. Le changement d'air ferait du bien à Lucrezia : elle se plaignait de maux de tête et de faiblesse, et son père craignait qu'elle ne devienne la proie de l'épidémie qui faisait rage à Rome. Adriana estimait qu'un départ aussi précipité ne valait rien à la jeune fille déjà épuisée, mais Rodrigo se montra inflexible. Cesare regagnerait Pise avec son inséparable Alessandro. Et Juan, son duché de Gandie, en Espagne. Ce dernier en était assez satisfait, comme il l'expliqua à Djem alors qu'il installait celui-ci dans sa chambre secrète au-dessus de la Sixtine.

– Cela fait partie du plan de mon oncle ! De retour en Espagne, je vais épouser la princesse Maria Enriquez, et je serai en bonne position pour le trône d'Espagne.

La probabilité de rester seul et sans protection à Rome n'enchantait pas Djem. Juan avait beau le rassurer – si Rodrigo n'était pas élu, Gacet l'aiderait à se cacher et à fuir les sbires de son frère le sultan –, le jeune pacha n'en menait pas large…

– Regarde, disait Juan.

Joignant le geste à la parole, il s'allongea sur le sol et colla son oreille au plancher, entre les lames.

– Tu pourras tout écouter, tu seras le premier informé du nouveau pape !

La perspective intéressait le prince Turc. Il imita Juan et entendit très bien les ouvriers à l'œuvre pour l'aménagement de la salle du conclave. Cependant, Djem avait un autre souci : face à la crise financière du Vatican, il représentait un petit capital.

– Bajazet a mis ma tête à prix, et un autre que Rodrigo peut me vendre à n'importe qui !

À Pise, Cesare Borgia partageait une jolie et vaste demeure avec Alessandro Farnese et Francesco Remolino d'Ilerda. À peine arrivé de Rome, il s'excusa, prit un sac brun et sortit en disant qu'il reviendrait pour souper.

Il descendit une rue, tourna pour revenir dans une autre, jeta un regard par-dessus son épaule, s'assurant qu'il n'était pas suivi. Puis, dans une allée sombre, il ouvrit son baluchon, en sortit une vieille cape et un chapeau. Ainsi enveloppé et couvert, dissimulant sa soutane épiscopale, il reprit sa marche, toujours attentif à ne pas être filé.

Le petit logis de Fiametta Michaelis ne ressemblait en rien à celui de Cesare. La maîtresse de l'aîné des Borgia habitait une maisonnette de deux pièces : une petite salle où elle se tenait au coin du feu, une chambre où le lit couvert d'un édredon rouge prenait toute la place. Lorsque Cesare entra sans bruit, Fiametta brodait, tournant le dos à la porte. Il s'approcha à pas de loup et l'enlaça. Elle renversa sa tête et lui offrit ses lèvres. Il l'embrassa, une main sur son ventre gonflé. Ce simple contact était pour lui tout le bonheur du monde. Le corps de sa maîtresse, son sourire, sa voix l'avaient obsédé tout le temps qu'il avait passé à Rome. Il se sentait incapable du moindre effort de séduction, toute femme le renvoyait à Fiametta. Elle portait leur enfant.

– J'avais peur que tu m'aies oubliée…

Il caressait son ventre, ébloui.

– Notre enfant… Ton ventre grossit, il sera bientôt là ! Je n'ai pas cessé de penser à toi, à vous deux…

– Il donne des coups de pied, un petit taureau, un vrai Borgia !

Il la souleva dans ses bras et l'emporta dans la chambre.

*

* *

À Rome, les cardinaux en conclave seraient coupés du monde, enfermés dans la chapelle Sixtine, en compagnie chacun d'un domestique. Gacet avait recruté pour Rodrigo un jeune paysan de dix-sept ans à l'œil vif, futé comme un renard, Petronio. Rodrigo lui donna froidement les termes de son contrat :

– Si jamais tu répètes un seul mot entendu de mes lèvres, les tiennes seront coupées.

Petronio hocha la tête en guise d'assentiment. Il n'avait absolument pas peur de Borgia. Le valet remplit les bagages de son maître et Gacet et le cardinal se livrèrent à une première étude comptable des forces. Parmi les sélectionnés, deux avaient promis leur soutien dès le début : Carafa, arrivant de Naples, et Piccolomini.

– Alors, estima Gacet, avec Orsini, Savelli, de' Medici et les deux Espagnols vous avez déjà huit voix d'entrée. Il reste à en trouver six.

Tempêtes, accidents, problèmes de courrier… Tous les cardinaux convoqués n'avaient pas reçu l'information à temps et les voyages jusqu'à Rome se révélaient pleins d'imprévus. Les Français et les Allemands annonçaient un retard impossible à rattraper, les Espagnols aussi. On n'atteindrait pas le quota requis. Or il y avait des délais à respecter : dix-neuf jours au plus après la mort d'Innocent VIII, la Sixtine se refermerait sur les électeurs. Le vice-chancelier et le doyen du Sacré Collège durent faire taire leurs antagonismes le temps de trouver des volontaires et ce fut délicat. Il y avait bien deux candidats possibles, mais aucun ne plaisait à Della Rovere.

– L'un est vieux et l'autre est lent, grommelait-il.

– Si vous voulez parler de Federigo San Severino, il a servi à Novare avec honneur et sainteté, objecta Borgia.

– San Severino a dix-sept ans et c'est une mule ! s'entêtait Della Rovere.

– Et l'autre, continua Rodrigo imperturbablement, Maffeo Gherardo, a une lettre du doge de Venise prônant ses vertus.

– Gherardo a bientôt cent ans !

– Et dévore comme deux hommes de cinquante ans !

– Cet homme a peur de son propre pet ! ricana Della Rovere.

Rodrigo jeta un bref regard incisif à son vieil ennemi.

– Et vous, Giuliano, vous redoutez quoi ?

Giuliano Della Rovere se hérissa.

– Rien ! J'accepte vos deux candidats si vous persuadez Ardicino Della Porta de quitter son monastère et de nous rejoindre.

Pour Rodrigo, l'affaire était loin d'être gagnée. Parvenu au sommet des honneurs, Ardicino Della Porta avait vu la réalité du Vatican : le pape monnayait les titres, ses cardinaux trahissaient leurs vœux de chasteté et le pontife lui-même avait un bâtard logé au palais pontifical. Incapable à lui tout seul de réformer son Église, il avait préféré l'isolement et la prière. Grâce à Rodrigo, il avait obtenu d'abandonner son poste et de se retirer dans un couvent. Il répondait à tous ceux qui voulaient le persuader de revenir à Rome : « En servant ce pape, j'ai perdu Dieu. Mon âme agonisait. Ici au moins, dans mon monastère, je suis en paix. »

Et c'est cet homme réfractaire à toute manœuvre politique que Rodrigo devait convaincre de revenir au sein du Sacré Collège… En cet après-midi torride, les deux hommes déambulaient à pas lents dans le cloître, où ni l'ombre ni la fontaine chantant au centre ne leur apportaient la moindre fraîcheur. À cinquante-huit ans, Porta, ce moine à l'allure altière, au visage aigu, symbolisait la droiture sans faiblesse. Il n'avait rien à prouver, pouvoir et richesse lui étaient étrangers. Borgia avait besoin de lui. Il évoqua la nécessité d'une réforme, l'urgence des mesures à prendre. Porta se montra d'abord sans illusion.

– C'est comme ça à chaque élection. Et finalement, nous ne parvenons qu'à transférer l'or et l'argent d'un coffre à un autre !

Ils marchèrent un long moment, silencieux. Pour le moine, refuser ou accepter était une égale souffrance. La vie monastique lui avait été accordée, sous réserve d'être rappelé en cas de nécessité. Ardicino ne pouvait se dérober à son devoir. Il finit par accepter d'entrer en conclave.

Restait maintenant, avant l'élection du nouveau pape, à enterrer l'ancien. Les obsèques commencèrent en la basilique Saint-Jean-de-Latran dès le lendemain à l'aube. Toute la nuit, les cardinaux avaient veillé sa dépouille allongée sur un socle de marbre. On l'avait revêtu de ses vêtements sacerdotaux dorés et son visage était recouvert d'un voile pourpre. Il reposait au pied d'un grand crucifix dont l'ombre se dessinait sur son corps sans vie. Les gardes pontificaux, en grande tenue, se tenaient de part et d'autre, éclairés par des candélabres aussi hauts qu'eux. Virginio Orsini, le capitaine général, s'avança et les tambours commencèrent à battre une marche funèbre. Les gardes soulevèrent le pape et le déposèrent dans un cercueil de bois, avant d'en sceller le couvercle. Les gestes des hommes étaient lents, solennels et recueillis, au rythme des tambours.

La messe de requiem, dite par Giuliano Della Rovere, débuta. Il récitait les paroles d'une voix douce face aux vingt-sept cardinaux alignés devant lui. Et plusieurs fois, la pensée du prochain conclave, échéance capitale pour lui, surgit, distrayant son recueillement.

– Regarde, Ô Seigneur, parmi nous, hommes de bonne réputation, habités par l'Esprit saint et sa sagesse…

Après lui, chacun des cardinaux répéta la prière. Puis Rodrigo Borgia monta en chaire pour l'homélie, intitulée en latin : *Pro eligendo Pontifices.*

– Voici venu un jour nouveau ! Aujourd'hui, nous tous, gardiens de l'Église, devons renoncer à nos rivalités, à nos ambitions, à nos désirs immoraux. Notre Église est devenue la putain de Babylone. Notre tâche est de lui rendre sa vraie nature : la fiancée du Christ. Nous lui devons d'élire un vigoureux et saint pasteur, car les loups rôdent au-dehors. Le jour est proche où ils viendront dévorer notre troupeau et nous avec. Une terrible vengeance sera sur nous…

Devant la dépouille d'Innocent VIII, Rodrigo Borgia prononçait son discours électoral. Della Rovere entendit Giovanni Savelli, le cardinal romain de San Nicola in Carcere Tulliano, soixante-dix ans, glisser fort peu discrètement à Giovanni de' Medici :

– Rodrigo a rencontré le Saint-Esprit !

Depuis le matin, sur la place Saint-Pierre, la foule ne cessait de grossir : des fidèles, des pèlerins auxquels se mêlaient des voyous, des petits voleurs ou de véritables malfaiteurs. Les esprits s'échauffaient dès l'esquisse d'une bousculade. Des rixes éclataient çà et là. Des groupes entonnaient des cantiques. L'attente de la fumée blanche débutait alors que les prélats n'étaient même pas encore enfermés dans la Sixtine. Devant les portes closes de la basilique Saint-Pierre, les gardes pontificaux avaient toutes les peines du monde à maintenir un espace entre eux et la masse humaine agitée d'une houle inquiétante.

Pendant l'homélie de Rodrigo, un grand cri s'éleva, un mouvement de surprise et de panique agita la place, puis tous se pétrifièrent : au-dessus d'eux, vers l'est, ne brillait plus un soleil mais trois ! Tous tombèrent à genoux et commencèrent à prier, ne sachant si cette vision tenait du diable ou du Divin…

Les vingt-sept cardinaux ayant enterré leur défunt entraient en conclave à la Sixtine en procession sur deux rangs.

– Trois soleils, dites-vous ? demanda Rodrigo Borgia à Savelli.

– Juste pendant votre sermon ! C'est la main de Dieu.

– Ou le doigt d'honneur, fit Borgia, sceptique. Dieu ne m'annoncerait-il pas qu'au lieu des quatorze voix dont j'ai besoin il m'en donne trois ?

Della Rovere, lui, était réaliste.

– Trois soleils, mon cul ! Illusion collective ! Fariboles !

– N'empêche, répliqua Riario-Sansoni, les paysans sont tous superstitieux. Ils croient maintenant au triomphe de Borgia.

– Les paysans ne votent pas ! trancha Della Rovere, féroce.

Derrière les cardinaux, vingt-sept valets entraient dans la chapelle. Petronio avait repéré depuis longtemps que le valet de Sforza partageait ses préférences sexuelles. Lui serrant la main à la dérobée, il lui offrit son amitié. Il se promit de passer quelques moments agréables avec lui dans l'intimité forcée du conclave des domestiques.

La procession tout entière avait disparu dans la Sixtine. Sur le seuil, Burckard annonça :

– *Extra omnes !*

Personne d'autre que les cardinaux et leurs valets ne pourrait désormais pénétrer dans la chapelle ni y demeurer. Les gardes s'avancèrent et tinrent leurs lances en travers de la porte. Des religieux commencèrent à monter un mur devant celle-ci.

– Vous avez bien averti chaque valet ? demanda Burckard au préfet.

– Sous peine de mort, ni les uns ni les autres ne peuvent avoir de contact avec le monde extérieur. Ils le savent tous.

Burckard désigna un guichet aménagé.

– C'est par là qu'on leur passera les repas préparés par chaque maison des cardinaux.

– Je ferai poster un garde jour et nuit devant. Rien d'autre ne pourra entrer, assura Virginio Orsini.

Le conclave débutait.

*
* *

Tard dans la nuit, Cesare avait quitté Fiametta pour s'en retourner chez lui. Il avait retrouvé Alessandro et Francesco Remolino déjà très éméchés. Il se sentait enfin plus léger et accepta du vin.

– Oh, oh, Fiametta a rallumé ta flamme !

– Elle est ma joie. Mais je suis hanté par l'ombre du vice-chancelier, s'il apprend qu'une femme est enceinte de moi, il me mangera le cœur tout cru !

– Idiotie ! Il y a pire faute que procréer, lança Remolino.

– Son Éminence Borgia est un monument de raison, mais pas de sainteté. Ton existence, Cesare, en est la preuve ! observa Alessandro.

Cesare n'avait aucune illusion sur Rodrigo et il savait que ses espions étaient partout.

– Et alors ? rétorqua son ami. Si Rodrigo était déjà au courant, il ne t'aurait pas renvoyé à Pise. Après son élection, tu lui annonceras qu'il est grand-père, le Très Saint-Père !

Remolino et Alessandro éclatèrent de rire, mais Cesare s'assombrit.

– Quand ma mère était malade, elle délirait, elle ne contrôlait plus sa parole et ce qui lui était permis ou pas de dire. Elle m'a révélé un secret. Le matin de ma naissance, le bon cardinal a signé un pacte sacré et irrévocable avec Dieu : ma vie serait consacrée aux Saints Évangiles, mes jours seraient exempts de tout péché, de tout désir charnel, je serais absolument pur. En échange, Rodrigo serait pape !

Cesare avala une gorgée de vin. Les deux autres le contemplaient, incrédules.

– J'ai rompu l'accord. Rodrigo peut l'ignorer, pas le Tout-Puissant. Il se vengera, sur mon père et sur toute ma famille.

Et il noya ses mots dans l'alcool.

– 8 –

Dans la Sixtine, vingt-sept cellules de fortune s'alignaient en fer à cheval. Chacune, arborant sur sa porte les initiales de son occupant, était dotée d'un confort spartiate : un lit de camp, un tabouret, une table, une carafe d'eau, de la confiture et du massepain, des bonbons et des biscuits, des morceaux de sucre et une tablette de sel. Il y avait aussi quelques chandelles et de quoi écrire.

Maffeo Gherardo, cardinal de Venise, tremblait à l'idée qu'après cinq jours de conclave ils seraient astreints au pain et à l'eau. La règle avait été instaurée près de deux siècles auparavant. Le conclave pour élire Grégoire X avait duré plus de deux ans. Il s'était achevé par la force : les cardinaux avaient été emmurés et privés de nourriture jusqu'à ce qu'ils se mettent d'accord. Le pape avait été élu dans les jours suivants, libérant ainsi les prélats.

Rodrigo, assis sur son lit, aperçut Gianbattista Orsini dans l'encadrement de la porte. Il agitait une lettre.

– Je dois vous dire un mot, Rodrigo. Juste avant notre entrée, j'ai reçu des instructions officielles du roi de Naples. Je dois voter pour Carafa, cardinal de Naples, et non pour vous.

Rodrigo prit la lettre et la lut en soupirant. Le conclave, c'est-à-dire les négociations où n'entrait aucune considération spirituelle, venait de débuter ! Carafa était censé renoncer. Or, non seulement il se maintenait, mais il espérait le concours de Rodrigo, comme il le lui expliqua dans sa cellule devant son plat favori : des sardines ! À la vérité, personne ne croyait à l'élection de Rodrigo.

Carafa se leva en s'essuyant la bouche. Il se mit à rire.

– Je possède déjà cinq voix, une de plus que Sforza, l'imposteur de Milan.

– J'ai sept bulletins, assura calmement Rodrigo.

– Vraiment ? En êtes-vous bien sûr ?

À quatre-vingt-quinze ans, le cardinal Maffeo Gherardo avait beaucoup de mal à respirer dans la chaleur confinée de sa cellule. Venise lui manquait affreusement. Il regrettait d'avoir été nommé cardinal, d'avoir accepté de venir à Rome. En plus, il avait peur : l'air de Rome au cœur de l'été pouvait tuer. Il voulait rentrer chez lui et s'en ouvrit à Borgia.

– Vous ne pouvez pas partir, Gherardo, dit Rodrigo avec un air rassurant. Vous êtes notre doyen. C'est à vous de superviser chaque vote. Le cardinal San Severino et moi veillerons sur vous.

L'autre ne voulait rien savoir. Il réclama des bonbons, du pain, des biscuits : il avait déjà mangé toutes ses réserves.

Durant la nuit, Rodrigo, posté face à une petite fenêtre, tenait une chandelle devant un miroir et échangeait brièvement des signaux avec Gacet. C'est ainsi qu'il apprit qu'à Subiaco Lucrezia était tombée gravement malade, rattrapée par l'épidémie.

Sans attendre, Vannozza était partie rejoindre sa fille. Adriana la vit arriver avec soulagement et inquiétude. Elle redoutait d'affronter seule ce danger et craignait les remontrances du cardinal. Adriana sur ses talons,

Vannozza se précipita dans la chambre de Lucrezia et fut bouleversée par l'état de sa fille. Elle la serra contre elle, lui caressa les cheveux, le cœur lourd. Lorsque Adriana parla de faire revenir le médecin, elle s'irrita. Elle passa dans le long couloir blanc en chuchotant pour ne pas effrayer la malade, puis elle s'éloigna pour exhaler son angoisse et sa colère à haute voix, face à l'abbé impuissant. Elle refusait ce médecin de campagne visiblement ignare dont les remèdes se composaient de sang de chèvre et de coquillages pilés !

– On pourrait faire venir le médecin du pape, proposa Adriana.

– Le médecin du pape a tué le pape ! J'ai déjà perdu un enfant, je n'en laisserai pas mourir un second…

L'abbé avança alors une suggestion : prier sainte Pétronille, présenter la relique à Lucrezia. Vannozza balaya l'idée d'un revers de main. Confrontée à la mort, elle ne croyait plus ni aux miracles ni à l'intercession d'une sainte, fût-elle de l'âge de sa fille.

– Et si ça marchait ? souffla pourtant Adriana.

En désespoir de cause, Vannozza finit par céder. Le père supérieur partit à grands pas. Il fallait peu de temps pour déplacer la relique de la sainte jusqu'à la chambre et effectuer une courte cérémonie.

Lucrezia demeurait plus ou moins inconsciente. Assise au bord du lit, Vannozza épongeait son front, humectait ses lèvres. Dieu serait-il assez cruel pour lui prendre deux enfants en si peu de temps ? Adriana se contentait de prier.

Dans le couloir, des pas et une cloche retentirent : le père abbé en aube blanche entra. Il précédait deux moines tenant un coffret recouvert d'un voile immaculé. Deux autres agitaient un encensoir et tous récitaient des prières. Ils s'immobilisèrent au pied du lit puis découvrirent le reliquaire. Le père abbé bénit d'abord

Lucrezia, puis le reliquaire. On lui tendit un drap doré, brodé d'inscriptions religieuses, dans lequel il saisit délicatement la tête de la sainte pour la présenter à Lucrezia.

– Mon enfant, baisez les lèvres de sainte Pétronille.

Vannozza l'encouragea d'une caresse mais Lucrezia, qui ne comprenait rien, détourna la tête avec dégoût. Les lèvres et le visage couleur de cire lui paraissaient un repoussant cauchemar. Adriana lui prit la main.

– Tu dois !

Puis Vannozza donna l'exemple et, baisant les lèvres de la relique, dit :

– Regarde, voilà !

Lucrezia autorisa le prieur à approcher le visage momifié, posa ses lèvres sur celles de Pétronille puis se laissa retomber sur ses oreillers, écœurée.

*

* *

À la Sixtine, les valets, il va sans dire, étaient encore moins bien installés que leurs maîtres. À une heure tardive de la nuit, ils s'entassaient, vautrés, somnolents, sur des paillasses côte à côte, ou avachis sur un banc à une grande table, dans cette salle étouffante, la sacristie de la Sixtine, à la lueur de quelques chandelles, attendant qu'une cloche signale l'appel de l'un ou l'autre des cardinaux. Alors l'un d'eux sautait sur ses pieds et filait dans le chœur. Le valet de Sforza se faufila à côté de Petronio et lui glissa :

– Sforza vient de gagner une voix.

– Oh, dit Petronio. Laquelle ?

– J'ai juré le secret !

Petronio sortit de sa poche un morceau de sucre et le balança devant la bouche de son confrère d'un air coquin.

– Il y a toutes sortes de secrets…

Cinq minutes après, il donnait l'information à Rodrigo : San Severino venait de passer à Sforza. Le Milanais l'avait convaincu en lui donnant matière à scandale : Borgia avait volé le trésor papal.

– Mensonges, jura Rodrigo dans la cellule de San Severino qu'il était venu tenter de reconquérir.

Celui-ci se leva de toute sa hauteur. Malgré sa jeunesse, c'était un géant impressionnant, tout en muscles. Il dit simplement :

– Je ne veux pas avoir à vous blesser. Sortez.

Rodrigo appela Savelli. Ils procédèrent à un nouveau décompte. À la veille du premier scrutin, Rodrigo avait six voix en comptant la sienne propre : Savelli, Medici, Piccolomini, Della Porta et Gherardo.

– Je serai éliminé avant d'avoir pu être en piste ! constata Rodrigo amèrement.

Savelli désigna Costa qui rentrait dans sa cellule. Le Portugais pouvait se targuer de trois ou quatre votes, il en était certain. Son retrait les apporterait à Rodrigo. Encore fallait-il l'en persuader. Rodrigo alla droit au but :

– Le Portugal et l'Espagne se tiennent côte à côte sur la carte du monde. Demain serons-nous alliés ou concurrents ?

– Nous sommes les deux seuls non Italiens ici. Vous pourriez vous aligner sur moi !

– Ou vous sur moi, rétorqua Borgia.

Mais Costa n'était pas du tout d'accord :

– Autour des murs de Rome, une haie de mains tendues, quémandeuses se dresse…

– Les pauvres sont très nombreux mon ami, mais leurs mains sont petites, répondit Borgia.

Il n'était pas certain de comprendre la métaphore de Costa. Celui-ci précisa :

– Pas si petites qu'elles ne puissent empoigner couteaux et gourdins… Cela arrivera si notre Église ne se réforme pas. Nous serons assassinés dans nos lits.

– C'est pourquoi, une fois choisi, je remodèlerai l'Église comme un potier à son tour.

Costa eut un ricanement sceptique :

– Mais oui… Avec vos grandes mains qui prennent toujours plus qu'elles ne doivent saisir ! Vous n'avez aucune chance d'être élu !

Piqué au vif, Rodrigo rétorqua :

– Je suis un Borgia. Chez moi, on ne laisse aucune chance à la chance.

La journée du lendemain s'étira interminablement. Là-haut, dans sa chambre secrète, transpirant, tremblant d'impatience, Djem était allongé sur le sol, l'oreille collée au plancher. Il ne comprenait rien : les cardinaux discutaient à n'en plus finir, avec une violence inouïe. Quelqu'un avait utilisé un sifflet pour ramener le calme, sans faire cesser les pourparlers. C'était invraisemblable pour le prince : ces saints hommes auraient dû voter, et de toute évidence ils n'étaient absolument pas résolus à mettre leurs bulletins dans l'urne.

La nuit tomba sur la Sixtine dont le désordre disait bien la discorde, les arrangements pris et rompus, les oppositions et l'impossibilité de trouver un accord avant de voter. Maffeo Gherardo, le seul à ne pas bouger, répétait inlassablement qu'il ne faisait jamais aussi chaud à Venise, Savelli grognait : « On n'en sortira pas… » Costa avait lancé l'idée de nouvelles règles pour restreindre les pouvoirs du pape et le soumettre au contrôle du Sacré Collège. Savelli protestait : ce n'était ni le moment ni le sujet, l'autre s'insurgeait : justement, c'était le seul moment ! Soudain, Della Rovere s'énerva :

– Les rues de Rome sont couvertes de sang !

– … Et le peuple est convaincu que, tant qu'il n'y a pas de pape, il n'y a pas de Dieu. Pendant ce temps, nous ergotons sur « les règles » de Costa, enchaîna Colonna.

Ulcéré, Costa se dressa et se défendit :

– Oui ! Des règles, Colonna. Certains éléments de la sainte Église sont corrompus, la papauté, elle-même, est pourrie jusqu'au cœur. Si nous n'imposons pas de nouvelles règles au prochain pape, l'infection gagnera… Et il serait bon aussi de limiter le nombre des cardinaux : un trop grand nombre ont monnayé leur entrée dans cette chapelle !

Le tumulte, les vociférations qu'il déclencha lui donnaient raison. Hurlant par-dessus le chahut, Rodrigo se voulut apaisant :

– Nous sommes tous d'accord : nous devons changer. Le reste est une question de lois. Je propose que nous rédigions des directives pour le futur pape.

– Il y a dix lois… commença Riario-Sansoni.

– Que très peu respectent, interrompit Costa.

Furieux, Riario le dévisagea.

– Comment osez-vous ? martela-t-il.

– Comment j'ose ? Moi, j'ai mérité ma barrette ! On ne me l'a pas simplement offerte parce que je m'appelais Orsini ou Colonna.

– Fixer des lois humaines à un homme élevé au-dessus de l'humain est absurde, contra Colonna, doyen du Sacré Collège.

Della Rovere possédait autorité sur ses collègues. Il tonna soudain :

– Assez ! À cause de ces chicaneries, nous n'avons pas été capables de voter ! Nous sommes ici pour élire le successeur de Saint-Pierre et pas pour débattre de l'état de l'Église. Je propose d'ajourner la motion de Costa. Qui est d'accord ?

La majorité leva la main, criant « Oui, oui ! ».

– Qui est contre l'ajournement ?

Ils furent quatre : Sforza, de' Medici, Costa et Porta.

– Qui s'abstient ?

Tous les regards se tournèrent vers la seule main levée, celle de Rodrigo Borgia.

– Bien, enchaîna Della Rovere, nous passons au premier tour de scrutin.

Le premier scrutin était empreint d'une certaine solennité. Della Rovere et Gherardo avaient pris place à une table, sur laquelle un calice recouvert d'une assiette d'or tenait lieu d'urne. Les cardinaux avaient écrit à la plume d'oie un nom sur un petit carré de papier blanc. Chacun soulevait la soucoupe d'or, laissait tomber le bulletin dans le calice et la replaçait, sous l'œil attentif du doyen en âge et de celui du Sacré Collège. Puis avait eu lieu le comptage des votes, annoncé par la voix cassée de Gherardo. Ce premier tour avait le mérite de donner des idées à tous les candidats possibles : Della Rovere et Sforza avaient huit voix, Borgia six. À cette annonce, Della Rovere avait glissé à Riario-Sansoni de faire immédiatement une offre à Piccolomini dont il avait surpris le signe de tête en direction de Borgia. Carafa comptait quatre voix et Costa une. Il était ridiculisé et amer.

Burckard ramassa les bulletins, les jeta avec une brassée de paille dans un petit brasero surmonté d'un long tuyau sortant sur le côté de la chapelle. Il entendit des « oh » de déception monter de la place Saint-Pierre : la fumée était noire.

Les cardinaux se retirèrent pour la nuit. Et Borgia fit une ultime tentative pour convaincre Costa, arguant de leur solidarité face aux Italiens.

Le Portugais, qui méprisait celui qu'il tenait pour un bureaucrate corrompu, fut inflexible.

– Je ne suis plus dans la course, fit Costa, faites passer le mot. Je vous sais doué pour distiller les mauvaises nouvelles !

Borgia, excédé, abandonna Costa à sa solitude.

– 9 –

De la chapelle du séminaire de Pise s'échappaient les notes pures d'un cantique grégorien. Un vieil homme en haillons écouta un moment. Il n'osait pas entrer de peur de troubler cette musique angélique. Finalement, il poussa la porte du bas-côté très doucement, se glissa le long de l'allée. Le chœur des étudiants fixait le maître de chant. Lorsque le regard de Cesare rencontra celui du mendiant, celui-ci hocha la tête. Cesare le regarda, incrédule. Le miséreux insista, puis quitta la chapelle.

Cesare jeta un coup d'œil à Alessandro. Celui-ci le vit fermer son missel, s'effacer littéralement du rang, et disparaître. À l'extérieur, Cesare rejoignit le vieux, lui jeta un ducat, et détala en courant comme un fou dans les rues de Pise, sa soutane volant autour de lui. Toute précaution oubliée, bousculant les passants, sautant par-dessus les obstacles, Cesare courait vers Fiametta.

Entré en trombe dans la maison, il se jeta dans la chambre et s'immobilisa : couchée, un peu pâle, la jeune femme tenait dans ses bras un nouveau-né aux grands yeux noirs. L'émotion le terrassa, il les serra tous deux contre lui, incapable de prononcer le moindre mot, dévorant son enfant des yeux. Fiametta demanda doucement :

– Dis une prière pour lui.

Il restait muet, fixant son fils. Alors ce fut la jeune mère qui parla :

– Seigneur Jésus, Notre Père, merci pour cette grâce que vous nous accordez. Puisse notre fils grandir en force et en sagesse dans la foi.

Puis elle ajouta :

– J'ai choisi un nom ! Ce sera Cesare. Comme ça, même quand tu seras loin, tu seras avec moi.

Elle lui sourit, radieuse. Lui restait coi, les yeux humides. Le bonheur le submergeait, il prit son fils dans ses bras.

*

* *

Au deuxième jour du conclave, Della Rovere exhiba une lettre vieille de trente-trois ans, signée du pape Pie II, Aeneas Piccolomini, adressant de sévères remontrances au cardinal Borgia pour avoir assisté à une orgie à Sienne. Rodrigo s'était toujours attendu à voir ressurgir l'affaire et il savait que Della Rovere ne pouvait laisser passer pareille occasion. Mais qui avait pu lui fournir cette lettre ? Apparemment, il s'agissait du neveu de Pie II, le cardinal Piccolomini. « Mon vieil ami ! » pensa Rodrigo plein d'ironie. Si Piccolomini avait fait entrer ce document après le début du conclave, il encourait une peine sévère. Rodrigo réfléchissait à la manière dont il allait organiser sa défense, tout en se hâtant pour prendre sa place dans le chœur. Les cardinaux le regardèrent s'installer, tandis que Piccolomini lisait ce rappel à l'ordre, riche en détails. Durant toute la lecture, Borgia demeura de marbre.

– « Nous avons appris qu'il y a trois jours, fort peu soucieux de ta dignité, tu as passé l'après-midi de une heure à six heures, avec quelques dames siennoises… Il nous a été référé qu'on a dansé fort peu honnêtement, aucune séduction n'a manqué et tu t'es conduit comme un jeune laïque. Il fut interdit d'entrer aux maris, pères, frères et autres parents qui avaient accompagné ces jeunes femmes afin de te laisser plus libre dans les divertissements que tu présidais, ordonnant les danses et y prenant part. Nous te laissons juger par toi-même s'il t'est possible de courtiser des femmes, d'éloigner les maris pour te réserver toute liberté dans le plaisir sans, du même coup, abdiquer ta dignité et la sainteté de ta charge… » Les mots de mon oncle, le pape Pie II, vous accusent…, conclut Piccolomini.

– Le quatorze avril quatorze cent cinquante et un, j'étais en effet à Sienne, admit tranquillement Rodrigo. Oui, j'étais chez Giovanni Bichi pour le baptême de son fils.

– Niez-vous les accusations de Pie II ?

– Je suis désolé, Francesco ! (Rodrigo le regardait droit dans les yeux.) Nous sommes amis depuis plus de trente ans, mais je ne peux plus te protéger.

Il se tourna vers l'assemblée, désignant le document d'une manière théâtrale.

– Ce document est un faux !

– J'étais présent quand mon oncle a écrit cette fichue lettre !

– Alors pourquoi avoir tant attendu ? J'ai déjà été candidat deux fois à l'honneur suprême, tu t'étais enrôlé sans regret sous ma bannière !

Il fit une pause dramatique avant de reprendre :

– Je m'interroge sur les raisons d'un tel changement chez un collègue aussi cher à mon cœur…

Il marqua un temps, de nouveau, s'arrêta sur Della Rovere de manière appuyée, puis revint à Piccolomini.

– J'espère que tu as été bien payé.

Petronio, qui assistait à la scène, était admiratif. Du grand art, cette façon qu'avait son patron de retourner une assemblée montée à ce point contre lui ! Mais le doute était semé dans les esprits et laisserait des traces. En effet, faux ou pas, cette lecture avait causé des dommages. Le deuxième scrutin donnait neuf votes à Della Rovere, huit à Sforza, et quatre à Borgia et à Carafa. Le handicap serait dur à remonter.

Lorsqu'il entendit que la majorité allait à Della Rovere, Djem fut terrorisé. « Certes, une majorité très relative », se rassurait-il, toujours aplati sur son plancher, une pipe à opium à portée de main. Son domestique lui versait de l'eau rafraîchie dans une aiguière d'argent, agitait interminablement un grand éventail en plumes d'autruche, mais rien ne calmait sa tension, l'attente l'angoissait de plus en plus. Si Della Rovere l'emportait, ç'en était fait de lui.

Ce soir-là, Rodrigo tenta une manœuvre : San Severino transpirait beaucoup. Petronio lui apporta une serviette propre. Dans ses plis, le jeune prélat trouva une lettre.

*

* *

Sainte Pétronille n'avait pas opéré de miracle. Lucrezia sombrait dans l'inconscience, délirait, avec parfois de courts moments de lucidité. Sa mère la veillait en compagnie d'Adriana. Cette nuit-là, comme la jeune fille semblait dormir plus tranquillement, les deux femmes prirent un peu de repos. Lucrezia ne vit pas la silhouette d'un moine pénétrant dans sa chambre à pas de loup. Et soudain, au pied de son lit, se dressa Gaspar. Elle ne le reconnut pas immédiatement, le prit pour Cesare. Il lui baisait la main passionnément, lui répétant combien il l'aimait. Comprenant finalement, elle voulut le mettre dehors. Mais Gaspar n'avait pas galopé follement depuis Rome pour rien. Il était amoureux, il voulait l'arracher à la mort.

– Vous allez vivre. Je vais vous sauver, l'amour va vous sauver.

Il se glissa dans son lit et l'étreignit passionnément. Lucrezia, incapable de se défendre, se laissa faire puis répondit à ses caresses, à demi consciente.

Quelques heures plus tard, sa fiancée endormie entre ses bras, Gaspar se dégagea. Si on le surprenait, il aurait maille à partir avec le cardinal Borgia. Il se pencha sur la jeune fille, l'embrassa, essuya délicatement la sueur sur son front, puis sauta dans sa robe de bure. Au moment où il se glissait comme une ombre dans le couloir, Adriana se dirigeait vers la chambre.

Le même soir, à Pise, Cesare, ivre et rayonnant, fêtait la naissance de son fils. Il s'émerveillait auprès d'Alessandro.

– Il ne pleure absolument pas. Pas l'ombre d'un cri. Il est comme un homme adulte.

– Et aussi bien... heu... doté que les Borgia ?

– La sienne est aussi grosse que la tienne, Alessandro, rétorqua l'heureux père. Mon fils est la plus extraordinaire création de Dieu !

Soudain, il s'assombrit, répétant : « Dieu... »

– Laisse Dieu en repos, juste pour ce soir, recommanda Alessandro.

L'entrée précipitée de leur camarade Remolino cassa l'ambiance.

– Des nouvelles de Rome : Della Rovere est en tête !

– Ma faute... constata Cesare tranquillement.

– Cesare ! Tu n'es pas à toi tout seul responsable du destin de Rodrigo Borgia, s'exclama Alessandro, légèrement excédé par les excès de culpabilité de son camarade. Après avoir fait vœu de célibat, il a engendré sept enfants ! Toi, tu n'en as qu'un. Tu n'as pas d'autre solution que de faire comme lui : continue et va de l'avant !

– C'est justement ma hantise : à cause de moi, de mes désirs charnels, nous, les Borgia, ne pouvons aller de l'avant. Et j'imagine le regard furieux de Rodrigo, pire, sa froideur, son indifférence ! Non, non !

Il secoua la tête et se leva, murmurant comme pour lui-même :

– Nous vivons un moment exceptionnel, il exige le sacrifice suprême, le sacrifice ultime ! Prouver à Dieu que nous méritons sa bénédiction… Je dois agir immédiatement et réparer ma faute.

Et avant que les deux autres aient eu le temps de réagir, il quitta la maison.

*
* *

La nouvelle session n'avait pas encore débuté. Certains des cardinaux étaient en prière dans la chapelle, d'autres arrivaient. San Severino allait et venait comme un jeune pur-sang nerveux. Il ne pouvait cacher son impatience. Savelli apparut, soucieux : Gherardo allait mal, se sentait oppressé. Pragmatique, Sforza exprima la crainte de tous : si le prélat vénitien mourait pendant le conclave, ils se retrouveraient vingt-six, d'où un blocage possible. Mais San Severino, sans attendre que tous soient réunis, annonça une nouvelle infiniment plus brûlante :

– Le roi de France aurait versé deux cent mille ducats à l'un d'entre nous pour lui permettre d'acheter son élection.

L'onde de choc fit frémir toutes les robes rouges.

– À qui ? hurla Colonna.

– Au cardinal Della Rovere !

Un grondement horrifié parcourut l'assemblée. Si maintenant une nation étrangère se mêlait de l'élection, le Saint-Siège s'en trouverait menacé.

Pour prouver ses dires, San Severino brandit un document.

– J'ai ici la liste des noms de tous ceux qui ont reçu de l'argent de la part de Della Rovere, y compris le cardinal Piccolomini, payé en monnaie française pour sortir la lettre de Pie II !

– Jamais ! cria l'intéressé. Je méprise le roi de France.

– Qui vous a donné ce document ? intervint Porta.

– Le cardinal Borgia.

– Alors c'est un faux, décréta Riario-Sansoni, comme si cela allait de soi.

– Je veux voir ce document, ordonna Piccolomini.

San Severino le lui tendit puis s'effondra.

– Au début, j'ai failli le détruire, peut-être aurais-je dû ! Peut-être que Dieu a retenu ma main, peut-être aussi que le manque de sommeil et de nourriture m'épuisent…

Le colosse avait, en effet, l'air très atteint. Il s'assit et cacha son visage dans ses mains. Della Rovere agitait vigoureusement la tête en silence, sans toutefois nier les faits dont on l'accusait. Les cardinaux se regardaient les uns les autres, atterrés. Si Della Rovere était vraiment un agent de Charles VIII, il s'agissait d'une grave trahison de l'Italie.

Dans cette ambiance de plomb, Rodrigo fit son entrée, soutenant Gherardo.

– Je leur ai montré la lettre, lui dit San Severino.

Rodrigo n'eut pas le temps de répondre. Parlant maintenant tous à la fois, les cardinaux se retournèrent vers Borgia, l'assaillant de questions, de reproches, de menaces. Une fois de plus, la confusion régnait. Soudain, une voix tonna, dominant la mêlée.

– Charlatans ! hurlait le jeune de' Medici. C'est mon premier conclave. Jusqu'ici j'ai observé et je me suis tu. Je vous ai vus refuser les quelques règles si simples proposées par Costa. En revanche, je vous ai vus passer des lettres d'une cellule à l'autre ou même les faire venir du dehors, je vous ai écoutés discutailler sans fin. Et pendant ce temps, le monde et notre ville nous attendent !

Les prélats se regardèrent, surpris par la véhémence de leur benjamin. Matés aussi. Ils passèrent au vote.

Cette fois, Sforza arrivait en tête avec huit voix, Carafa le suivait avec six. Della Rovere passait de neuf à quatre, se retrouvant à égalité avec Borgia. À la surprise de tous, et plus particulièrement de Rodrigo, Della Porta, le moine qui se targuait de mépriser les honneurs et l'argent, en avait lui aussi quatre.

Rodrigo avait espéré mieux. Or le messager de malheur est souvent puni : les voix perdues par Della Rovere ne se reportaient pas sur le vice-chancelier. La dénonciation diminuait les voix de son adversaire, rien de plus. En allant se coucher, il commentait comme chaque soir les votes avec Savelli. À brûle-pourpoint, celui-ci demanda :

– Cette lettre, c'est un faux, n'est-ce pas ?

Sans ciller, Rodrigo répondit tranquillement :

– Oui pour le parchemin. Mais tous les détails révélés sont exacts.

Puis il revint au scrutin.

– Della Porta m'aurait-il abandonné ? Et d'où viennent ses quatre voix ?

Savelli promit qu'il trouverait l'information avant le prochain tour.

– Ne perdez pas espoir, monseigneur, dit-il.

– Espoir ! s'écria Rodrigo. Imaginez-vous que, lors de mon dernier voyage en Espagne, au retour, une violente tempête a frappé nos navires au large de Pise. Un bâtiment a coulé à pic, noyant deux cents âmes dont trois évêques. Puis, comme si Dieu avait décidé de me punir, nous avons été attaqués par des pirates musulmans. J'ai été battu, on m'a volé trente mille ducats. J'ai survécu. Je ne sais faire que ça : survivre !

*

* *

Le mont Serra est une petite montagne au-dessus de Pise. Le sommet est sec et caillouteux. Les vents marins le balaient et fouettent les buissons de myrte et de romarin inlassablement. Sur le chemin accidenté qui grimpait entre quelques rares arbres, Cesare emportait son nouveau-né. Alessandro et Remolino l'avaient accompagné jusqu'au pied du mont. Là, il avait exigé qu'ils s'arrêtent : il voulait être seul avec son fils. Les deux autres obéirent, sachant qu'il était inutile de contrarier Cesare lorsqu'il était de cette humeur chagrine et coléreuse. Tous deux, assis à l'ombre d'un arbre, attendaient leur ami, un peu inquiets qu'on puisse vouloir promener un nourrisson dans un tel endroit. Après tout, que savaient-ils des bébés ? Rien.

Cesare allait d'un pas vif, serrant contre lui l'enfant endormi. Il l'avait littéralement volé à Fiametta, alors qu'elle venait de le nourrir et qu'il sommeillait dans son berceau. Giflé par le vent, trébuchant sur les cailloux, haletant, Cesare ne s'arrêtait pas. Et tout en progressant, il racontait à la chair de sa chair l'histoire d'Abraham, levé tôt un matin, pour partir en compagnie de deux serviteurs et de son fils, Isaac.

– Au pied de la montagne, racontait Cesare, de plus en plus essoufflé, Abraham dit à ses serviteurs : « Attendez-moi ici. Je vais monter prier Dieu avec mon fils… »

Cesare avait atteint le sommet : un large espace où sifflait la tramontane. Il reprit son souffle, caressa la joue du bébé et continua à mi-voix l'histoire.

– Isaac dit : « Mon père, où est l'agneau pour l'offrande ? » Et Abraham répondit : « Dieu fournira l'agneau pour notre offrande… »

Le bébé n'entendit pas la suite de l'histoire selon laquelle Abraham, prêt à sacrifier son fils à la place de l'agneau, fut arrêté par un ange. Cesare avait ramassé des branches sèches et installait une sorte de couchette. Il posa son précieux fardeau dessus. Il demeura accroupi à côté de lui un long moment. L'enfant reposait en effet telle une offrande à Dieu et Cesare, contemplant le ciel, attendait Sa réponse. Rien ne vint.

Alors Cesare accepta de sacrifier son héritier pour ses péchés. Il se pencha sur lui, déposa un long baiser sur son front, se releva, et partit sans se retourner.

Lorsqu'il arriva au bas de la montagne, Alessandro le voyant seul fut horrifié. Et comme Cesare ne réagissait pas à ses questions, il lui agrippa l'épaule.

– Cesare, réponds-moi ! Qu'as-tu fait de ton fils ?

Devant son silence, Alessandro n'hésita pas et, entraînant Remolino, il commença à grimper. Cesare fut sur lui d'un bond et le jeta à terre.

– Je te tue si tu y vas !

– Cesare ! supplia Alessandro.

– Il y a l'homme, il y a sa parole. L'un et l'autre doivent être identiques.

Puis il attendit qu'Alessandro et Remolino reprennent la route de Pise. Sur leurs visages se lisait la même épouvante. Il les suivit. Son expression était de marbre.

– 10 –

Rome attendait son pape. Sur la place Saint-Pierre, la foule grossissait, se tassait, le tapage montait au fil des heures, des hurlements et des sifflets de déception fusaient à chaque fumée noire. Djem, depuis son poste d'observation, ne se nourrissait plus. Le conclave, à bout de fatigue et d'énervement, marquait le pas.

Le même soir, une fenêtre de la Sixtine clignota, reçut une réponse, clignota de nouveau, encore une réponse, puis ce fut la nuit. Rodrigo s'assit sur sa couchette, soucieux : Lucrezia allait toujours mal et l'idée qu'elle puisse mourir alors qu'il était enfermé le rongeait. Pendant ce temps, les tractations continuaient de cellule en cellule, de couloir en couloir. Petronio rapportait les mots et les chiffres en gloussant. Sforza et Carafa, les deux cardinaux ennemis – Milan et Naples –, tentaient d'arracher ses quatre bulletins à Della Porta. Celui-ci était le moins susceptible d'être corrompu et les deux ne comprenaient pas qu'ils perdaient leur temps. Rodrigo préféra miser sur des ressorts différents, ainsi le désir de restauration et d'intégrité. Mais Porta ne se laissa pas séduire.

– Ah ! Mon cher ami, tenta Rodrigo, se présentant chez lui à la nuit tombée.

– « Ami » ? Nous nous connaissons depuis combien d'années ? Je ne sais plus. Pourtant, ces derniers jours, je vois une désespérance nouvelle chez vous, à moins qu'elle m'ait échappé auparavant. Dans les deux cas, cela vous disqualifie, à mes yeux, pour le trône de Saint-Pierre, répondit Porta avec raideur.

Rodrigo affirma être animé par la passion de la réforme. Il s'attira une réponse cinglante.

– Vous êtes bien le seul à essayer de réformer l'Église par la brigue et l'intrigue !

C'était assez clair : Della Porta ne soutiendrait pas Borgia.

Vannozza, assise au bord du lit de sa fille, la tenait contre elle. Adossée au chambranle de la porte, Adriana les observait, désemparée. Plongée dans un délire religieux, Lucrezia ne reconnaissait plus personne. Les yeux grands ouverts et fixés sur un invisible interlocuteur, elle s'identifiait à sainte Pétronille, la fille du premier pape. Après tout, n'était-elle pas, elle, la nièce supposée de l'éventuel pontife ? Cette similitude dans leur destin expliquait ses divagations. Elle parlait vite, les mots à peine formés se précipitaient sur ses lèvres, sur un ton uniforme, comme une litanie.

Depuis qu'Adriana s'était installée chez les Borgia, elle avait deux maîtres : Dieu et Rodrigo. Le premier lui inspirait une foi aveugle aux limites de la bêtise, le second la terrorisait. Et maintenant, prise entre les deux, elle avait fait un choix l'opposant radicalement à Vannozza : plutôt laisser mourir Lucrezia et sauver son âme. Elle se mit en tête de l'exorciser, estimant sa pupille habitée par le diable. Vannozza ne l'entendait pas du tout de cette oreille. Et sachant quelle forme violente pouvait prendre un exorcisme, elle craignait pour la santé et même la vie de sa fille. Racontars et légendes, l'histoire de sainte Pétronille n'était rien d'autre, et l'exorcisme, une manière de rendre un malade encore plus malade.

Adriana revendiquait la responsabilité de Lucrezia. Sa mère n'avait pas son mot à dire. Elle s'en fut voir le père supérieur. Restée seule, Vannozza réfléchissait désespérément à la manière de sortir sa fille des griffes de cette bigote.

Pendant ce temps, Rodrigo calculait et recalculait. Il était bloqué à quatre votes. Une voix de plus suffirait cependant à bouger les lignes et relancer le mouvement. Dans cette course pour la dignité suprême, le conclave abordait un tournant, et Rodrigo, un moment critique de sa vie et de sa carrière. Il lui fallait de toute urgence faire preuve d'audace et d'imagination, frapper un grand coup pour créer la surprise et retourner suffisamment de cardinaux en sa faveur. Il l'annonça à Savelli :

– Je mise toute ma fortune et ma famille sur ce coup ! Sforza est-il capable d'en faire autant ? Renoncer à Milan ? Abandonner son frère ?

La réponse de Savelli fut une douche froide.

– Sforza m'a fait une offre !

– Plus ou moins que la mienne ?

– Le double !

– Je double cela.

– Et il redoublera ! Bientôt il faudra frapper de nouveaux ducats !

La lutte serait sans fin. Il fallait donc autre chose. Un titre ? Oui, évidemment. Ces hommes étaient tous avides de pouvoir. Et d'argent. Or, dans certains cas, les deux allaient ensemble. Rodrigo proposa à Savelli le prospère diocèse de Pérouse dont il était le légat. Savelli fut séduit :

– Pérouse ! Vous choisiriez sincèrement de vous déposséder d'un tel titre et d'un tel revenu ?

– « Serviteur des serviteurs de Dieu », c'est le titre du souverain pontife. Il suffirait à n'importe quel homme !

Savelli posa sa main sur l'épaule de Rodrigo en signe d'accord : une voix de plus.

Gherardo les interrompit. Les scrutins et les résultats ne l'intéressaient absolument pas. En revanche, il leur annonça un drame : on ne servirait plus qu'un seul repas par jour.

– La canaille s'impatiente, dit-il, vous n'entendez pas les cris ?

Pour lui, la règle d'un seul repas après trois jours de conclave ne pouvait être qu'une idée de voyou. Elle inspira Rodrigo : un seul dîner ? Soit. Il le rendrait mémorable. Ce soir-là, les valets se présentant au guichet reçurent chacun une boîte en bois de bonnes dimensions au nom de leur maître, apportée par Gacet…

*

* *

Incompréhension, doute, terreur, Fiametta ne pouvait se résoudre à admettre que Cesare, parti avec leur enfant, soit revenu sans lui. Et son amant n'offrait aucune réponse à ses questions. Elle était en train de devenir folle de douleur. Elle se mit à crier :

– Cesare. Notre fils ! Cesare, où est-il ? Où est notre fils ?

Elle n'arrivait pas à dire : « Qu'en as-tu fait ? » Cela ouvrait un abîme de suppositions épouvantables qu'elle ne pouvait affronter. Alors elle répétait inlassablement :

– Dis-moi, dis-moi…

Et puis, comme Cesare opposait le silence, elle le gifla, une fois, deux fois. Il leva son visage vers elle, les yeux bouffis de larmes. Elle essaya la gentillesse, et presque tendrement implora :

– Cesare, s'il te plaît, dis-moi !

Il ne bronchait pas. Alors elle le frappa de nouveau à plusieurs reprises, scandant chaque gifle d'un « dis-le-moi, dis-le-moi... » Il ne disait mot, acceptait les coups. Elle finit par le bousculer, il tomba à genoux, le sang coulant de sa bouche. Elle ne s'arrêtait plus, répétant :

– Où est notre fils, Cesare ? Où est notre fils, Cesare ?

– Il est avec Dieu, finit-il par articuler.

Alors elle poussa un grand cri et s'enfuit. Cesare, à terre, regardait son sang couler. En lui, la mort s'était installée.

*

* *

Ce soir-là, dans leurs cellules de la Sixtine, les prélats ouvrirent les boîtes offertes par le cardinal Borgia... et découvrirent des salades, des gâteaux et un poulet rôti. Quelques-uns parmi les plus influents, découpant leur volaille, trouvèrent un parchemin couvert de graisse : un acte de propriété. Et selon les personnalités, il n'avait pas le même goût !

Piccolomini apprécia le palais avec l'église Santa-Maria-Via-Lata. La décoration était magnifique et sa situation sur le Corso représentait une énorme fortune comme le signe d'une certaine influence. Il accepta de voter Borgia. Colonna ne refusa pas Subiaco : le couvent accompagnait vingt-deux places fortes. Il y mit une condition : Cesare avait estropié son neveu Marco-antonio. Il devait être humilié. Rodrigo passa outre : perdre tout son héritage suffisait comme humiliation. Colonna accepta de voter Borgia. Orsini chipota pour autre chose : d'accord, il acceptait Porto, le port et les terres l'accompagnant. Mais son cousin Orsino était marié à Giulia… « La plus belle des fleurs », dit Rodrigo.

– Pour la dignité d'Orsino, cessez de la cueillir… fit le cardinal Orsini.

– Gianbattista, soupira le cardinal Borgia. Je me défais déjà de tous mes biens matériels ! Alors…

Orsini eut un hochement de tête compréhensif : il voterait Borgia.

Carafa, en revanche, fut catégorique : il rendit le poulet et le document qu'il contenait. Pourtant, Rodrigo lui avait offert Bologne, à une heure de Milan, bien pratique en cas de conflit avec le duché !

Le jeune de' Medici priait. Il vit Della Rovere s'agenouiller à côté de lui et lever les yeux vers le plafond où des étoiles d'or scintillaient sur le fond bleu.

– Les étoiles, soupira le cardinal d'Ostie très inspiré. J'aimerais sur ce plafond, au lieu du ciel, l'évocation du Paradis, l'instant même de la création du monde. Le moment est venu d'offrir quelque chose de neuf aux croyants.

– Les paysans ne sont pas autorisés à la Sixtine.

– Exact. L'important est qu'ils connaissent son existence ! Cela rendra cette merveille plus grande encore. Comme les trésors sur les murs du palais de' Medici : peu ont eu l'occasion de les voir mais tout le monde en parle… Je me demande si vous apprécieriez un verre d'un excellent bordeaux ?

– Merci, Éminence. Je vous le dis très respectueusement, le vin italien a ma préférence.

L'allusion était claire et au-delà, Della Rovere comprit que de' Medici ne voterait jamais pour lui et ne suivrait même pas ses consignes. Il tenta un dernier argument contre Borgia en exhibant une bulle papale signée par Sixte IV légitimant les enfants Borgia.

– Avouez-le, Borgia n'est pas digne d'être pape !

Alors de' Medici atteignit le comble de l'exaspération : chacun dénonçait ou achetait l'autre de la même manière. Il répondit brutalement :

– Et vous ? L'êtes-vous ? J'ai rencontré votre fille, Félicité. Très attirante ! Je ne sais pas encore quel sera mon vote. En tout cas, pas pour vous !

Enfin, Rodrigo s'avisa qu'il lui fallait avoir un entretien avec l'héritier des de' Medici. Trop riche, il était incorruptible ; trop jeune, son passé n'offrait aucune prise. Quelles étaient ses faiblesses ? Lorsque le cardinal entra dans sa cellule, Giovanni de' Medici se rafraîchissait à l'eau de sa cuvette, soutane dégrafée, et sa beauté juvénile impressionna le prélat. De' Medici l'attaqua immédiatement sur le festin qu'il avait offert aux cardinaux. Lui n'y avait pas pris part, et n'avait rien reçu.

– J'ai été amené à croire que vous n'aimiez pas le poulet rôti, fit Borgia. Si l'information est fausse, je me ferai une joie de vous en faire porter.

– Quand feu mon père évoquait les hommes du mal au Sacré Collège, je ne pense pas qu'il parlait de vous. La simonie[1] est pourtant un péché grave…

– Non, Giovanni, attendez…

– Ne parlez pas, répondit le jeune homme brutalement. Sa voix monta d'un ton. Je ne veux pas vous écouter, vos lèvres remuent comme des vers sur le marbre.

1. La simonie est, pour les chrétiens, l'achat et la vente de biens spirituels, tout particulièrement d'un sacrement et, par conséquent, d'une charge ecclésiastique.

– Comme vous êtes jeune !

De' Medici, vexé, l'attaqua :

– Quel enfant illégitime avez-vous conçu à Sienne pendant votre orgie ? Juan ? Lucrezia ? Cesare est-il le fils d'une putain siennoise ?

Rodrigo eut une inspiration. Comme souvent lorsqu'il mentait, il regarda son interlocuteur droit dans les yeux.

– Je n'ai pas d'enfant. Si je suis élu, je bannirai Juan, Cesare et Lucrezia de Rome.

– Oh, bien sûr, vous le ferez ! Catalan !

Vaincu, dépité, Rodrigo rompit les lances.

– Décidément, vous n'êtes pas jeune, vous êtes simplement un enfant !

Quelques heures plus tard, et peu avant le vote suivant, Rodrigo se plaignait de l'arrogance du jeune de' Medici à Riario-Sansoni. Celui-ci ne portait pas la famille florentine dans son cœur. Pour lui, c'était une tribu conçue dans un coffre-fort, sur un lit d'or. Les de' Medici avaient ruiné Florence, et il désapprouvait son cousin, Giuliano Della Rovere, de vouer un culte admiratif au jeune prélat. À vrai dire, Riario-Sansoni n'était qu'amertume et envie. Il ne soutenait son cousin, avec lequel il n'était d'accord sur rien, que dans un seul but : si Della Rovere était élu, on lui rendrait son palais de la place Navona, injustement confisqué par Innocent. Rodrigo était prêt à tout : le palais, oui, les revenus afférents oui et, en prime, le diocèse d'Imola – il brandissait le certificat de propriété – à un jour de marche de Florence…

– Donc, résuma Riario, vous me demandez de trahir mon cousin pour… Et il répéta la liste.

– Pensez, dit Rodrigo, à la courte distance entre Imola et le Palazzo Vecchio de Florence… L'autorité de Piero de' Medici étant très discutée depuis la mort de Laurent, il vous suffira d'une légère poussée pour le voir s'écrouler…

Borgia savait ouvrir des horizons riches de possibilités. Riario voterait donc Borgia. Il mit seulement le candidat en garde : ses cousins aussi avaient de l'appétit pour les biens matériels !

Le troisième jour, Della Rovere s'effondra avec trois voix et Borgia en rafla dix. Dans sa cachette, Djem commença à reprendre goût à la vie. Restait à gagner quatre voix et le tour était joué. Mais les ennemis de Rodrigo ne s'avouaient pas vaincus.

*
* *

À Subiaco, Vannozza ne voyait aucune amélioration de l'état de Lucrezia. Adriana persistait dans son projet d'exorcisme et le père supérieur avait donné son accord. La cousine de Rodrigo apporta du lait et du pain à Lucrezia qui refusa le tout. Vannozza pleurait. Elle ne reconnaissait plus sa fille. Adriana en profita.

– Ce n'est plus votre fille, dit-elle. Tant qu'elle n'est pas exorcisée, elle restera dans les ténèbres.

La gouvernante était tellement convaincue du bien-fondé de son projet qu'elle ne s'étonna pas de voir Vannozza accepter l'idée d'un exorcisme qu'elle rejetait quelques heures auparavant. Elle fut même soulagée quand Vannozza lui annonça son départ pour le lendemain, ne voulant pas assister à l'opération. Ravie de cette docilité inattendue, elle accepta de laisser seules, pour la nuit, la mère et la fille. Adriana voyait la possibilité de s'offrir du repos avant une journée éprouvante. Elle se retira donc non sans féliciter Vannozza d'avoir admis la sagesse de son projet et de se conduire en mère croyante.

Le lendemain, lorsque Adriana pénétra dans la chambre de Lucrezia avec le père supérieur pour les ultimes préparatifs de l'exorcisme, le lit était vide. Vannozza s'était enfuie à l'aube, emportant sa fille. Elle ne croyait ni au diable ni aux remèdes de la religion.

*
* *

Le cardinal Carafa avait d'étonnantes manières de s'adresser à Dieu. Il priait agenouillé sur le sol, à quelques centimètres du mur extérieur de la Sixtine, parlant à très forte voix…

– Oh Seigneur, criait-il ce soir-là, sa bouche effleurant presque la pierre, fais-moi entendre de mon roi car j'ai besoin de lui. Ferrante doit conduire son armée de Naples à Rome. Il doit par la force assainir le climat d'indécision dans cette chapelle. Oh Seigneur, m'entends-tu ?

Il entendit le Seigneur, ou un de ses anges, répondre d'une voix très humaine :

– J'entends, inutile de crier si fort. Je transmets.

Et la silhouette d'un prêtre s'éloigna par les rues pavées.

Le lendemain à l'aube, les gardes pontificaux médusés voyaient arriver les premières troupes envoyées par Naples. Une sentinelle lança l'alerte. Une sonnerie de trompette retentit longuement. Lorsque Rodrigo l'entendit, il se précipita à sa fenêtre et commença à envoyer des signaux, gêné par le soleil levant. Il finit malgré tout par comprendre. Alors un sourire se dessina sur son visage. « Carafa ! Espèce d'imbécile », marmonna-t-il ravi. Aussitôt, il entra sans frapper chez Della Porta. Celui-ci, à peine réveillé, à moitié nu, se rafraîchissait, une serviette humide sur la tête. Il reçut Borgia de manière peu amène.

– L'air est trop humide pour que je supporte votre respiration contre mon oreille.

Rodrigo ne se formalisa pas et dit :

– Vous ne voterez pas pour vous-même, disiez-vous ? Ce sera pour Carafa ?

– Si Carafa est une hyène, il est au moins dévot.

– Depuis combien de temps la famille Della Porta vit-elle à Rome ?

La question décontenança le cardinal. Il prit sa serviette et se versa quelques gouttes d'eau dans la bouche en pressant le linge. Il se demandait où Rodrigo voulait en venir.

– Depuis le règne de Cesare Auguste.

– Que penseront vos ancêtres lorsque vous serez contraint de lécher les bottes du roi de Naples ?

Rodrigo alla à la fenêtre, et désigna Rome d'un large geste.

– Les armées de Ferrante ont envahi la ville, ils occupent la Ville éternelle. Vous entendez l'appel aux armes ? Et le gémissement des mères craignant pour la virginité de leurs filles ? Je ne suis pas né Romain, je le suis devenu. Ma loyauté ne va ni aux Français, ni à Milan, ni à Naples, mais à Rome. À l'Église catholique romaine. Vous comprenez ?

Le conclave se poursuivit dans une ambiance de guerre. Les gardes pontificaux et le peuple de la Ville éternelle se battaient contre les Napolitains, au corps à corps, d'une rue à l'autre. On fortifiait hâtivement les palais et les maisons, on faisait bouillir l'huile et on la déversait sur les assaillants. Rome protégeait son territoire et son Église, comme ses cardinaux. Eux-mêmes se révoltaient par la voix de Della Porta, tonnant devant tous réunis :

– Suivons l'exemple des saints martyrs. Depuis l'époque des Cesares, ils ont souffert par le glaive, nous ne céderons pas. Aucun homme, fût-il un roi, ne peut nous éloigner de notre devoir sacré. Seul le génie du Saint-Esprit peut nous guider…

Carafa, que tous accusaient d'être responsable de ce chaos, tenta en vain de se disculper. Son stratagème avait échoué, il n'avait désormais plus aucune chance de l'emporter. L'ambition, la haine des Borgia et une méchanceté viscérale avaient rendu le Napolitain stupide. Maintenant, il voulait soutenir Sforza, cardinal de Milan, l'ennemi irréductible de Naples. En tête à tête, il s'en expliqua avec Rodrigo : il était persuadé que Borgia était un marrane, un juif converti, et il ne voterait donc jamais pour lui. Rodrigo haussa les épaules, une rumeur infondée de plus ! Il devait l'admettre toutefois, celle-ci lui nuirait si elle s'ébruitait : les souverains espagnols ne soutiendraient jamais un pape marrane. Décidément, Carafa était une hyène.

– 11 –

Le conclave se réduisait maintenant à une compétition entre Sforza et Borgia. Pour ce dernier, s'il perdait, la seule solution serait la fuite en Espagne dans une barque de fortune : il s'était dessaisi de tout. Restait une dernière carte. Rodrigo hésitait à s'en servir car, ce faisant, il mettait en danger le fragile équilibre entre Naples et Milan. Il ne réfléchit cependant pas longtemps et demanda à Petronio d'inviter le cardinal Sforza à le rejoindre à l'endroit le plus secret de toute la Sixtine… les latrines ! Pour être tranquille, et occuper les autres prélats, il n'y avait rien de mieux qu'un petit scandale. Savelli en prière dans la Sixtine feignit une inspiration divine tandis que des grondements de tonnerre retentissaient dans la chapelle. Il déclara à Della Rovere que son cousin Riario-Sansoni le trahissait, et votait pour Borgia. Le cardinal eut un coup de sang, attrapa son cousin et le roua de coups. On les sépara à grand-peine. Riario-Sansoni fut soigné tandis qu'un groupe de prélats tentait de ramener Della Rovere à la raison.

– Giuliano, affronte la vérité ! Ton temps n'est pas encore venu. Tu peux passer dans l'Histoire comme un faiseur de pape si tu votes pour Borgia.

L'autre répondit, rageur :

– Je préfère rester un détail de l'Histoire !

Pendant ce temps, aux latrines, Rodrigo s'était assis sur la cuvette, Sforza, amené par Petronio et n'en croyant pas ses yeux, s'installa sur une autre.

Et cul nu, ils commencèrent à parler argent. Il fallait simplement y mettre quelques formes. Qui garderait le trésor du Vatican mis à l'abri par Rodrigo ? Quel profit tirerait le détenteur de ce poste ? En somme, quitte à mécontenter Naples, l'ennemi héréditaire, Borgia proposait au Milanais Sforza d'être vice-chancelier. Cela augmenterait sérieusement la fortune de celui-ci, mais Sforza y voyait tout de même un inconvénient majeur.

– Du coup, vous seriez pape !

Rodrigo serra les dents. On en était à la première manche du combat final. Il avait des armes et ne s'en servirait pas immédiatement. Il attendrait d'y être contraint. La nuit s'annonçait longue.

*

* *

Alessandro Farnese, alcoolique et amateur de prostituées, restait le plus fidèle ami de Cesare. Son attachement pour lui ne connaissait aucune faiblesse. Remolino ne s'était pas remis de ce qu'il appelait « le crime de Cesare ». Tous deux, à la fenêtre de leur villa à Pise, l'observaient, assis sur les marches de la fontaine face à la maison. Il se tenait recroquevillé, la tête entre les genoux. Cette vision serrait le cœur d'Alessandro. Pour Remolino, Cesare avait commis l'indicible.

– Tu comprends, disait-il, nous commettons des fautes et nous en sommes conscients, mais jamais de cette gravité. Lui est persuadé qu'il a bien agi. Je ne peux pas passer là-dessus !

Pour Alessandro, les choses n'étaient pas aussi simples et son ami était au contraire rongé par la culpabilité. Il alla le retrouver. Cesare fut surpris de le voir : il n'avait donc pas tiré un trait sur leur amitié.

– J'attends un mot de Rome, dit Cesare. Je veux savoir si mon enfant est mort en vain ou pas.

– C'est toujours pareil, mon cher, observa Alessandro : tu agis sur le coup d'une impulsion. Ensuite, tu t'infliges une punition sans fin. Dieu peut te pardonner, Fiametta peut te pardonner…

– Pas moi ! Je prie, je prie, je n'arrête pas de prier pour la paix de mon âme…

– Assez de prière, décida Alessandro. Il faut agir. Un acte de contrition par amour, dicté non par toi-même mais par Dieu.

Cesare regarda longuement Alessandro, incertain de comprendre. Puis il se leva.

– À l'aube, j'irai sur le mont Serra. Je veux savoir. S'il est mort, je dois à mon fils une inhumation correcte.

Alors Alessandro serra son ami dans ses bras.

– Aucun homme n'est obligé de supporter une telle épreuve tout seul ! Je suis avec toi.

Cesare abattit sa tête sur l'épaule d'Alessandro. Le chagrin qu'il avait étouffé jusque-là explosa en sanglots.

*
* *

Rodrigo commençait à trouver les latrines peu confortables comme salon de négociations. Il envisageait de regagner soit sa cellule, soit celle de Sforza, lorsque celui-ci lança :

– Je suis à une voix de l'élection. Pourquoi, au nom du Ciel, devrais-je vous céder ?

Rodrigo opta pour une seconde manche politique. Il traça de l'Italie un portrait réaliste :

– Je vis depuis trente-sept ans en Italie, et ce pays reste une énigme pour moi ! Chaque ville se veut indépendante, forte, et se défie de toutes les autres. Avoir affaire à elles, c'est lutter avec un écheveau de serpents : ils s'enroulent les uns avec les autres, se mordent, s'éloignent, mordent à nouveau. En Espagne, l'unité règne. Il y a un seul roi !

– Ici, répliqua Sforza, nous avons un pape.

Rodrigo se demanda si Sforza n'était pas un peu borné. Le pape italien, s'il était milanais, serait ignoré par les Napolitains ; les Florentins, les Vénitiens le haïraient. Sforza se croyait capable de tout réunir sous sa crosse papale et refusait de voir en Della Rovere, légat du pape à Avignon, propriétaire de terres et jouissant de revenus français, totalement inféodé au roi de France, un ennemi acharné de l'unité italienne dès lors qu'elle se réalisait sous la crosse papale. Il ne reculerait devant rien, pas même une invasion des Français. Pas même un meurtre ! Sforza haussa les épaules. Rodrigo conclut :

– Votre famille perdra sa ville. Vous, isolé dans le palais pontifical, vous vous ferez servir un verre de vin. Et tout à coup, vous sentirez la vie vous quitter. Della Rovere connaît admirablement les celliers du Vatican !

– Vous, les Espagnols, vous avez une imagination morbide !

– Si moi, je peux imaginer de tels événements, Giuliano Della Rovere n'en est-il pas aussi capable ?

– Pourquoi ne vous réserverait-il pas le même traitement ?

Ce maudit Milanais avait réponse à tout. Il fallait passer à la phase finale. Le temps filait, on allait finir au pain et à l'eau. Et pire, Rome serait mise à sac définitivement si on traînait encore !

Rodrigo et Sforza quittèrent donc les latrines pour la cellule de Borgia, plus confortable. Petronio montait la garde. Cette fois, Rodrigo tirait ses dernières cartouches. Il prit un document dans son coffre et le tint hors de portée de la curiosité de Sforza.

– Comme le dit Carafa, commença-t-il sur un ton qu'il voulait léger, la famille Sforza est d'ancienne et noble lignée. Est-ce une lignée purement italienne ?

Il considéra son adversaire un court instant et poursuivit :

– Votre peau est plus sombre que celle de la plupart des habitants du Nord. N'y aurait-il pas des origines siciliennes… et peut-être plus au sud ?

Il exhiba le document.

– Quelques gouttes de sang maure ?…

Sforza se leva d'un bond, étouffant un rugissement.

– Mensonges !

Rodrigo le poussa dans ses retranchements. Il évoqua le soulèvement devant de telles révélations, les Milanais pillant le château, les Napolitains, irréductibles ennemis des Maures, partant en guerre…

– Un chien ! Vous êtes un vieux chien ! Ne savez-vous donc rien faire d'autre ?

Chez Sforza, écœurement et rage se mêlaient devant ces calomnies dont il avait entendu parler. De temps à autre, elles ressortaient, mais jamais encore à ce niveau.

– Une fois de plus, tout ceci n'est qu'un mensonge.

Le cynisme de Rodrigo affleura lorsqu'il répondit :

– Un mensonge explosif, outrancier, peut être plus efficace qu'une vérité sans intérêt. Les hommes de peu choisissent toujours de croire le pire à propos des aristocrates. Nos transgressions donnent aux pauvres le sens d'une égalité universelle !

C'était fini. Les deux hommes s'affrontèrent encore un instant du regard, puis Sforza accepta sa défaite.

– Je serai vice-chancelier, dit-il d'un ton sans réplique.
– Accordé.
– Je m'installe dans votre palais.
– Accordé.
– Votre nièce Lucrezia épouse mon cousin Giovanni. Nous serons liés par le sang.
– Elle est déjà fiancée au fils du comte d'Aversa.
– Inconvénient mineur !
– Accordé.
Rodrigo ouvrit une bouteille.
– Un peu de vin ?
– Non, merci. Comme Della Rovere, vous connaissez trop bien les celliers du Vatican…

On était passé au vote et Gherardo dépouillait.
– Della Rovere, deux ; Savelli, deux ; de' Medici, deux ; Fregoso, trois ; Porta, quatre ; Borgia… (Il leva les yeux vers l'assistance.) Borgia, treize !
– Vingt-six votes seulement ? s'étonna Rodrigo.
– Oh ! Oui : un vote blanc.
Della Rovere rugit de rire.
– Il manque toujours une voix au Catalan !
Borgia ne put masquer son énervement. Il s'éloigna à grands pas dans les couloirs. Sforza le rejoignit. Rodrigo bouillait.
– Une voix ! Une seule voix !

Dans un angle, deux hommes s'étreignaient, la main dans la culotte de l'autre. À l'approche des deux cardinaux, ils se désunirent gauchement et se figèrent : Petronio et le valet de Sforza attendirent leurs maîtres et leur emboîtèrent le pas comme si de rien n'était. Rodrigo interrogea Sforza.

– Le vote blanc ? Vous avez une idée ?

– Gherardo ! lança Sforza. Ce matin, en allant voter, il marmonnait qu'il vendait son âme au diable. Il a peur de la damnation.

Rodrigo marqua une imperceptible hésitation, puis fila vers la cellule de Gherardo en sifflant : « Ce vieux con est à moi ! »

Il entra sans frapper. Le Vénitien était assis sur son lit de camp, transpirant, visiblement à bout.

– Vous étiez censé voter pour moi, attaqua Rodrigo.

– Cette nuit, je vous ai entendu dans les latrines, vous discutiez avec Sforza ! Le Saint-Esprit m'a parlé dans mon sommeil…

Rodrigo attrapa le vieillard par le col et le souleva au-dessus de son lit.

– Si le conclave se prolonge, vous allez mourir ici, dans cette cellule ! Vous vous éteindrez sans les derniers sacrements, j'y veillerai. Vous serez promis aux flammes de l'Enfer ! Dans quel cercle de l'Enfer de Dante aimeriez-vous passer l'éternité ? Là où on mange de la merde au lieu des bonbons ?

Gherardo se mit à pleurnicher.

– Je vous en prie, non ! hoquetait-il pitoyablement. J'ai tellement faim, je ne peux pas penser !

Rodrigo le laissa retomber, tira de sa poche un petit paquet enveloppé dans un mouchoir de batiste, et exhiba deux morceaux de pâte d'amande. L'œil de Gherardo s'alluma. Il tendit la main. Rodrigo retint les gâteaux. L'autre hocha la tête. Alors le Catalan les lui donna et ils disparurent instantanément dans sa bouche.

Dans l'encadrement de la porte, Sforza observait.

– Passez le mot, clama-t-il : le trône de Saint-Pierre peut s'obtenir avec deux morceaux de pâte d'amande !

Ce quatrième jour de conclave, un orage brisa enfin la canicule. Le ciel était noir, des éclairs jetaient des lueurs irréelles sur la basilique et les façades. Dans la Sixtine, on apporta des candélabres pour le dernier tour de scrutin. La lumière des bougies dessinait les ombres gigantesques des électeurs sur les murs et créait une ambiance fantastique. Les bulletins furent sortis de l'urne, étalés sur la table et Gherardo n'acheva même pas le décompte.

– Borgia… quatorze !

Un silence de plomb régna. Les cardinaux se regardaient, incrédules. Même Borgia semblait pétrifié. Sforza réagit le premier :

– La volonté de Dieu s'est exprimée. Je vous demande à tous de vous lever en signe d'unanimité !

La plupart obéirent. Carafa et Costa furent plus lents. De' Medici glissa à Della Porta :

– Nous sommes tombés dans la gueule du loup !

Finalement, seul Della Rovere demeura obstinément assis. Comme s'il émergeait de l'inconscience, Rodrigo bondit sur ses pieds et hurla :

– Je suis le pape, je suis le vicaire du Christ !

Cette manifestation les figea un peu plus. Son regard fit le tour de l'assistance. Son enthousiasme et sa joie n'étaient pas de mise. Il se reprit.

– Je vous demande pardon, je suis désolé, pardon, répéta-t-il. Pardon d'avoir autant voulu, pardon de ce désir si fort…

Il leva les yeux et ajouta :

– J'ai confiance en la sagesse du Saint-Esprit.

Piccolomini rappela à Rodrigo qu'il devait refuser deux fois le titre pour l'accepter la troisième fois. Della Rovere, doyen du Sacré Collège, se leva enfin et, face à Borgia, prononça les mots rituels :

– *Acceptasne electionem de te canonice factam in Summum Pontificem ?*

– *Ego renuo,* répondit Rodrigo.

– *Acceptasne electionem de te canonice factam in Summum Pontificem ?* répéta le doyen.

– *Ego renuo,* dit à nouveau Rodrigo.

– *Acceptasne electionem de te canonice factam in Summum Pontificem ?*

– *Ego recipero*, dit enfin Rodrigo.

– *Quo nomine vis vocari ?*

– Je m'appellerai Alexandre, dit Rodrigo abandonnant le latin.

– Comme Alexandre le Grand, chuchota Costa à Della Porta. Il se croit maintenant invincible !

Cette fois, Djem, premier informé, se sentit sauvé : il avait tout suivi, haletant, son cœur battant à chaque scrutin. Rodrigo Borgia, son protecteur, était sur le trône, il n'avait plus rien à craindre. Il se mit debout – il avait passé l'essentiel de ces quatre jours allongé sur le parquet l'oreille collée au sol – et ordonna un repas. Son serviteur remplit sa pipe d'opium. Djem se laissa aller au bonheur, attendant d'être délivré et réinstallé dans ses appartements.

Burckard jeta une botte de paille mouillée dans le brasero. Petronio s'approcha, plein d'onction : de valet de cardinal, il était élevé au rang de valet du pape. Restait à savoir s'il serait conservé à son poste. Il apporta la soutane pontificale blanche avec soin, la déposa devant Rodrigo. Celui-ci ordonna :

– Tu vas prendre autant de petits bulletins que tu pourras et tu les jetteras par la fenêtre. Je veux qu'une neige Borgia tombe sur Rome !

La fumée blanche monta enfin dans le ciel de Rome. La pluie s'arrêta. Les Romains massés sur la place hurlèrent leur joie et leur soulagement. Ils furent couverts de petits papiers blancs. Le nom de Borgia se mit à résonner de la place dans les rues, dans les ruelles, courut dans la ville et tout au long du Corso. Rodrigo glissa l'anneau papal à son annulaire droit. Il passa ensuite dans la salle du Trône où, chacun son tour, attendant l'un derrière l'autre, tous les cardinaux devaient baiser son anneau, son pied, sa bouche, gage de leur obéissance au nouveau pontife. Cependant, des coups sourds ébranlaient la chapelle : on abattait le mur de brique fermant la Sixtine. Giovanni de' Medici ne maîtrisait plus sa colère.

– Vous mesurez ce que vous avez fait ? demanda-t-il à Sforza, tandis qu'ils attendaient pour se prosterner.

– Oh oui ! répondit Sforza, très tranquille.

– Et que direz-vous à votre frère ?

– Borgia règne et je gouverne.

Della Rovere fut le dernier à s'agenouiller devant Borgia. Il le fit lentement en regardant Rodrigo droit dans les yeux. Entre ces deux-là, la haine serait mortelle.

La porte s'ouvrit enfin, les cardinaux et leurs valets, libérés, sortirent. Tous les visages étaient marqués par ces jours de tension. Ils avaient faim, envie de dormir dans leur lit et, surtout, d'oublier pour un moment ces marchandages incessants.

Burckard apparut sur les marches du palais pontifical et prononça l'annonce rituelle :

– *Annuntio vobis gaudium magnum : habemus papam ! Eminentissimum ac reverendissimum dominum, Dominum Rodrigo, Sanctae Romanae Ecclesiae Cardinalem Borgia, qui sibi nomen imposuit Alexandrum VI.*

Derrière lui se montra Rodrigo. Des acclamations retentirent longuement.

Les cloches de Rome sonnaient à toute volée. Vannozza regardait la foule défiler joyeusement sous ses fenêtres. Ce soir, dans ses tavernes, on célébrerait longuement le nouveau pape. Il faudrait mettre des tonneaux en perce. Un soupir derrière elle la fit revenir vers le lit de Lucrezia. Sa fille était torse nu, des pierres chaudes sur la poitrine. Si elle montrait encore une grande faiblesse, son regard, pour la première fois depuis des jours, était clair. Elle toussa un peu.

– Maman, chuchota-t-elle.

Elle avait à peine la force de parler. Elle se redressa, les pierres s'éparpillèrent autour d'elle sur le drap. Vannozza la prit dans ses bras.

– Ma toute petite, tu vas mieux ?

– J'ai soif… Maman.

Enfin Lucrezia reconnaissait sa mère, enfin elle reprenait ses esprits. Vannozza la fit boire délicatement.

– Là, ma chérie. Tu as été très malade. Repose-toi.

– Maman ! répéta la jeune fille, agitée. J'ai eu des visions merveilleuses, l'Archange saint Michel, sainte Pétronille, le Saint-Esprit… Maintenant, je sais…

Vannozza lui caressa le front et l'installa dans les oreillers.

– Tu sais quoi ? Tu devrais te reposer…

– Je sais le but de ma vie. Je veux être nonne !

Vannozza s'affola. Elle posa un doigt sur la bouche de son enfant.

– Ne répète jamais cela. Ne le dis jamais à ton oncle. Ton oncle, c'est le pape. Depuis aujourd'hui.

*

* *

Lorsque Alessandro et Cesare parvinrent en vue du sommet du mont Serra, tous deux firent une pause. Beaucoup plus bas, Pise étalait ses toits roses, des fumées montaient çà et là, mais on ne discernait pas ou peu d'activité. Si ce n'étaient ses étudiants, Pise ne formait qu'un gros bourg endormi. Au loin, la Méditerranée s'ourlait de blanc, quelques voiles glissaient sur l'eau. Le tableau était si paisible qu'Alessandro eut envie de tout oublier : le malheur de Cesare, l'élection du pape. Pourquoi ne pouvait-on vivre simplement, insouciant d'un avenir jamais noir quand on s'appelait Farnese ? Fallait-il vraiment être aussi violents et jaloux les uns avec les autres, comme l'étaient tous les Borgia ? Aussi avides de titres, de gloire et de grandeur ? Cesare se leva, ramenant Alessandro à la réalité du moment. Il sauta sur ses pieds.

– Attends, Cesare ! Je dois te dire. Mon ami ! Réfléchis, quatre jours ont passé depuis... Quatre jours dans ce désert, avec des bêtes carnivores, des oiseaux de proie... Tu comprends ? La vue de ce que tu vas trouver sera trop... horrible ! L'image va se graver dans ton cerveau pour la vie.

– Ce sera ma punition, répondit simplement Cesare.

Et il se remit en route, suivi de son ami. En quelques minutes, ils avaient rejoint l'endroit où Cesare avait laissé son fils. Il regarda partout. Il restait la pierre plate où il avait déposé le nourrisson dans ses langes sur un lit de branchages. Vide ! Des larmes de joie montèrent aux yeux de Cesare. Il cria à pleins poumons :

– Il n'est pas ici ! Tu comprends ? Mon fils n'est plus ici ! L'ange du Seigneur m'a entendu, il l'a enlevé ! Il a sauvé mon enfant !

Les mots se répercutaient en écho. Puis soudain, dans la vallée, toutes les cloches de la ville retentirent. Ils entendirent le galop d'un cheval glissant sur les pierres, le grincement du cuir d'une selle, et le halètement de la bête avant de voir Remolino. Celui-ci apparut, sauta à terre, homme et bête étaient hors d'haleine.

– Les cloches sonnent pour Borgia ! cria Remolino dès qu'il les vit.

Rodrigo Borgia était épuisé. Nerveux, heureux, fier, mais épuisé ! Sous la surveillance de Burckard, des religieux enlevaient la tenue papale et aidaient Rodrigo à se dévêtir, à passer une chemise de nuit. Burckard jeta un regard autour de la chambre. Elle n'avait pas changé depuis la mort d'Innocent, sinon des fleurs et un nouveau lit.

– Demain, j'organise une réunion pour la réfection de cette chambre…

– Non, dit Rodrigo, je veux des appartements entièrement nouveaux.

– *Nous* voulons des appartements entièrement nouveaux, corrigea Burckard.

– Vous et moi ?

– Non. Vous êtes « nous » maintenant !

– Ah, oui, soupira Rodrigo. Dorénavant je parle au nom de l'âme humaine dans son ensemble ! Merci, monsieur Burckard, ce sera tout !

Les religieux sortirent avec l'Allemand. Rodrigo s'agenouilla à son prie-Dieu. Prier calmerait l'énervement. Il était parvenu au sommet ! Il avait envie de célébrer ça avec Giulia, en buvant. Dorénavant, « nous » serait seul !

Toutefois, une vague de reconnaissance monta dans son cœur. Après tout, Dieu avait bien voulu qu'il fût élu. Alors il pria :

– Et maintenant, qu'il Vous plaise de nous bénir, moi et ma famille, que notre dynastie puisse se prolonger à jamais devant Vous. Car lorsque Vous accordez Votre grâce à Votre serviteur, Ô seigneur, c'est un bienfait éternel…

Puis il se frotta les yeux, se leva et se dirigea vers son lit.

– 12 –

Burckard vivait son heure de gloire : le couronnement d'Alexandre VI. Le chambellan avait tout supervisé : le déroulement de la cérémonie, les immenses bouquets de fleurs, les milliers de cierges sur les candélabres et les lustres, la musique, les textes.

La liste des invités et leurs places l'avaient occupé jour et nuit : préséance, inimitiés, alliances possibles, amants et maîtresses, il avait étudié et pesé chaque détail. Tout ce qui comptait à Rome – des familles patriciennes aux ambassadeurs européens et des États de la Péninsule, en passant par la curie et les militaires de haut rang, ainsi que les hauts fonctionnaires de la ville – se pressait dans la nef. La plèbe romaine, les pèlerins, les curieux s'étaient massés comme ils le pouvaient sur la place Saint-Pierre, pour assister aux entrées et apercevoir les personnalités. Ils attendaient maintenant la fin de la cérémonie, la musique et les chants leur parvenaient assourdis.

Les charpentes à claire-voie de la basilique Saint-Pierre laissaient voir un ciel bleu marine. Entre les poutres, des oiseaux passaient en flèche, descendaient en piqué au-dessus du maître-autel et du chœur, attirés par les couleurs et le miroitement des habits sacerdotaux.

Francesco Piccolomini éleva la tiare au-dessus de Rodrigo agenouillé devant lui, engoncé dans une chasuble d'or, ses mains gantées de blanc jointes en prière. Le silence se fit. La lourde tiare argent et or, sur laquelle étaient montés trois rangs de pierres précieuses, terminée par une sphère surmontée d'une croix symbolisait le pouvoir religieux et temporel du pape. Il la posa sur la tête de Rodrigo en prononçant les paroles sacrées :

– Reçois cette tiare ornée d'une triple couronne et sache que tu es le père, le prince, le roi, le recteur de la terre et le vicaire de Notre-Seigneur Jésus-Christ.

Piccolomini n'avait pas voté pour le pape en dépit de l'acte de propriété trouvé dans son poulet rôti, et il voyait une certaine ironie à remettre lui-même la tiare à ce Catalan parvenu, assoiffé d'or et de pouvoir.

Les ambassadeurs vinrent s'incliner devant le nouveau pontife, puis les cardinaux. Avec leurs chasubles chamarrées en soie brillante, incrustées de gemmes, brodées de motifs religieux, leurs mitres précieuses sur la tête et leurs crosses d'or dans la main droite, ils avaient trop chaud et attendaient tous avec impatience que l'on en termine avec un événement qu'ils mettraient longtemps à assumer. Le conclave laissait des souvenirs cuisants.

Rodrigo se releva et annonça sa première décision papale :

– Nous jurons sur l'âme de feu notre oncle Calixte et sur notre propre vie que bientôt nous abattrons et reconstruirons cette basilique. Comme nous reconstruirons et réformerons notre sainte mère l'Église.

Puis la tension nerveuse, la chaleur eurent raison de lui et il s'évanouit. La foule eut un mouvement de stupeur, on vit chez certains le vain espoir de voir s'achever une brève carrière. Gacet se rua à ses pieds, Riario-Sansoni s'agenouilla prestement et le gifla. Le pontife ouvrit les yeux, San Severino, le seul athlète parmi les cardinaux, le prit dans ses bras et le transporta sur le trône.

Il restait à accomplir une formalité, inscrite dans le protocole du couronnement depuis la papesse Jeanne : il fallait que deux témoins vérifient « *de tactu* » que le pape était bien un homme complet. Pour s'acquitter de cette tâche, Costa et Sforza passèrent sous le trône, par la crypte. Costa ouvrit une trappe, passa sa main et attrapa les testicules du pape. Les deux cardinaux n'ignoraient rien de la vie sexuelle d'Alexandre VI. Le Portugais passé dans le camp des ennemis dut maîtriser son irrésistible envie de broyer les attributs papaux. Il se contenta de les tenir fermement. Le geste fut malgré tout ressenti par Rodrigo comme une humiliation inutile. Costa dit à Sforza :

– Il est correctement pourvu, c'est un homme.

La formule rituelle n'apprenait rien à personne.

Après le couronnement, il fallait se montrer au bon peuple. Le pape se rendit à Saint-Jean-de-Latran : le trajet exigea plusieurs heures. Des compagnies d'hommes en armes ouvraient le cortège. Puis suivaient tous ceux qui appartenaient de près ou de loin à la curie, ensuite les grands seigneurs accompagnés de leur suite – en l'occurrence écuyers, pages et hommes d'armes, tous portant les oriflammes de leur maison. Enfin apparurent les cardinaux montés sur des chevaux harnachés de blanc, eux-mêmes revêtus d'une cape et d'une tiare immaculées. Chacun était escorté de douze écuyers vêtus à leurs couleurs respectives. Puis arriva, portée par le vicomte Antonio Della Mirandola, une gigantesque oriflamme : les armoiries du nouveau pape. Cette vision provoqua une immense surprise, tant la symbolique en était forte. Au centre de la bannière se tenait une bête massive, énorme, tête droite, cornes aiguisées, sabot antérieur levé, prête à charger :

un taureau. Légèrement de biais, comme mesurant la bataille à mener. Ruse, cruauté, fierté, force, intelligence, toute la personnalité de Rodrigo Borgia se résumait dans cet animal. On pouvait ajouter passion et sexualité comme l'annonçaient les organes génitaux bien en vue et sa robe, non pas noire mais écarlate. Tous, manants et seigneurs, virent dans cet emblème la meilleure image du pape Borgia, ses origines terriennes espagnoles, son désir de puissance et sa volonté enracinée de défendre son domaine et sa tribu. Nul ne s'y trompa et la foule murmurait au passage de ce gigantesque taureau, une bête impie surmontée de la tiare et des clefs de Saint-Pierre, au cœur d'un cortège sacré. Immédiatement après venaient, comme par contraste, les prélats portant le saint sacrement.

Enfin, sous les vivats, apparut le Saint-Père, monté sur une jument recouverte d'un drap blanc brodé, protégé du soleil par un dais jaune et noir. Les rues par lesquelles passait le cortège avaient été richement décorées de tentures et de tapis, des arcs de triomphe fleuris avaient été dressés et, tout au long du défilé, on distribuait de la monnaie. Les spectateurs se bousculaient pour l'attraper au vol, acclamant un souverain si généreux. Les canons du château Saint-Ange tiraient des salves et des musiciens jouaient à chaque coin de rue. De toute la ville montait une assourdissante rumeur de fête. Elle se prolongea jusqu'à l'aube. De mémoire de Romain, jamais un pape n'avait été couronné avec un tel déploiement de faste qu'Alexandre VI.

*
* *

Carlo Canale, directeur de la prison de Terranova, avait à ce titre assisté à toute la cérémonie. Dans la soirée, il revint à la maison de la place Pizzo-di-Merlo où l'attendait Vannozza. Mère des enfants du pape, maîtresse délaissée et mariée, elle s'était vu signifier qu'elle ne devrait désormais apparaître nulle part. Rodrigo semblait l'avoir rayée de sa vie et elle en était amère. De même, ses enfants devaient demeurer à l'écart. Ainsi, lorsque Carlo rentra, Vannozza brodait en écoutant Lucrezia jouer de la flûte. Son visage s'éclaira à la vue de son mari. Carlo les embrassa, ils s'assirent tous les trois dans le jardin et il raconta la journée. Lucrezia l'écoutait, émerveillée. Puis elle demanda quand elle verrait le pape. La question la taraudait depuis qu'elle avait recouvré sa santé.

– Tu ne pourras le voir que lorsqu'il te convoquera, répondit Canale.

Vannozza leva la tête et, posant sa broderie, avertit sa fille :

– Rappelle-toi, tu ne lui parleras sous aucun prétexte de tes visions lorsque tu étais en plein délire.

Elle espérait qu'il suffirait d'un peu de temps pour que Lucrezia finisse d'elle-même par tout oublier : elle était encore si jeune. Si le pape venait à apprendre cette nouvelle vocation, sa colère se déchaînerait contre Vannozza. Toutefois, celle-ci ne put très longtemps exercer un contrôle sur sa fille : quelques jours après son élection, le pape ordonna que Lucrezia aille s'installer sans délai au palais de Santa-Maria-in-Portico, à côté du Vatican. Elle y retrouverait la tutelle d'Adriana.

Rodrigo avait aussi éloigné son fils aîné. Comme sa mère, Cesare remâchait sa rancune en chevauchant en vue de Spolète où le pape l'avait envoyé pour une durée qu'il n'avait pas précisée. Il était cependant bien accompagné. Son escorte luxueuse – valets, hommes d'armes, écuyers, chevaux de rechange et bêtes de bât – était celle d'un prince. Sur la route vint à leur rencontre un homme d'une quarantaine d'années, lui-même avec escorte. Son élégance, son allure, tout disait en lui l'homme raffiné, le haut dignitaire. Il s'arrêta à la hauteur de Cesare, le salua et lui souhaita la bienvenue à Spolète. « Bienvenue au purgatoire, oui », pensa Cesare, toujours de mauvaise humeur.

– Qui êtes-vous donc ? demanda-t-il, abrupt, au nouveau venu.

– Agapito Geraldini, Sa Sainteté m'envoie pour être votre secrétaire…

– Pour revenir à Rome ?

– Non, Excellence, nous sommes censés demeurer à Spolète.

Ils entrèrent dans la ville, sous les yeux admiratifs des habitants : le cortège en imposait. Cesare était vêtu comme toujours d'un pourpoint de velours noir, un béret assorti rehaussé d'un filet d'or. Il se dégageait de l'aîné des Borgia une ambiguïté troublante. Sa moustache légère, ses cheveux sombres bouclés encadrant son visage mince séduisaient le regard, tout comme sa jeunesse élégante, un rien désinvolte. Et puis, si on l'observait mieux, on voyait la dureté de son regard, la minceur de ses lèvres serrées, sa figure creusée que soulignaient déjà quelques rides. La cruauté peu à peu cheminait vers le cœur de ce jeune homme. Bientôt elle l'habiterait tout entier.

Agapito Geraldini avait entendu parler de Cesare : on le disait homme d'esprit, capable de gaieté et de charme. Ce silence ombrageux le surprit. Il ignorait à quel point Cesare se sentait en exil. Arrivés au Palazzo Vigili, ils mirent pied à terre. Tandis que les domestiques emportaient les bagages, ils montèrent dans un des salons. Devant l'humeur sombre de Cesare, Alessandro, qui avait tenu à suivre son ami, adoptait la sérénité. Il n'y avait rien à faire sinon attendre. Il alla vers une table où étaient posés des rafraîchissements et se servit un verre de frascati. Agapito se retira discrètement. Cesare entonna ses plaintes :

– Est-ce que tu réalises que j'ai abandonné tout ce que je chérissais au monde pour assurer l'élection de Rodrigo ? J'aurais dû être à ses côtés pour son sacre. Au lieu de cela, il m'envoie m'enfermer dans ces montagnes, loin de tout !

– Spolète est à peine à trente lieues de Rome. De plus, je pense que ton père compte sur toi pour surveiller la région et y faire régner le calme.

Cesare ignora la remarque et s'exclama avec amertume :

– Ah ! Tu verras que la distance entre Rome et l'Espagne est moins grande ! Je sens que mon frère Juan a déjà été appelé à Rome. Quand moi, je ne peux même pas retourner à Pise !

– Si Spolète est ton purgatoire, Pise serait ton enfer. Ne crois-tu pas qu'il vaut mieux être ici, espérant un soulagement de ton chagrin, au lieu de là-bas, sans cesse confronté à tes tourments ?

– Mon enfant est à Pise ! Mes hommes, en ce moment même, fouillent le mont Serra pour le retrouver. Et ils réussiront !

Alessandro eut envie de secouer son ami. Il n'imaginait aucun moyen de le faire renoncer à cette chimère.

*

* *

Ce même soir, dans le palais de Santa-Maria-in-Portico, Rodrigo régalait son monde. Assis au bout d'une longue table, sur un siège surélevé, un verre de vin à la main, il savourait de se voir enfin le mâle dominant, ce souverain doté d'infinis pouvoirs. Autour de lui, la plupart de ses invités étaient des cardinaux. De gré ou de force, ils l'avaient fait pontife. Et, comme l'écrivait ironiquement Burckard dans son journal, Borgia allait « donner beaucoup aux pauvres », c'est-à-dire accorder les promotions et les terres et donner des monceaux de ducats. En somme, tenir ses promesses. Ses hôtes étaient ses créanciers, et ce dîner, le repas des fauves. Sforza, à côté de lui, rappela au nouveau pontife son engagement de renoncer à Giulia Farnese. Le seul qui ne s'accompagnât pas d'argent, et malgré tout le plus coûteux…

– La Bella hors de votre lit, votre famille hors de Rome, disait Sforza. La réforme de l'Église commence par vous-même. Montrez à vos détracteurs que vous avez changé.

Rodrigo estimait que Sforza poussait un peu trop loin la réforme, il l'apostropha, un sourire ironique aux lèvres :

– Ah oui ! En oubliant ceux que j'aime ?

Le cardinal Sforza répliqua avec véhémence, en insistant lourdement sur le titre du souverain pontife :

– Ceux qu'aimait Rodrigo Borgia, *Très Saint-Père*. Cet homme-là n'existe plus. La chrétienté entière est votre famille maintenant.

– Oui, je suis Alexandre. Un homme neuf, tous mes péchés ont été effacés.

– Tss-tss : vous oubliez toujours le « nous » pontifical !

– Nous sommes un homme neuf…

À l'autre bout de la table, Costa et Orsini partageaient le même point de vue : la volonté de réforme du nouveau pape n'était pas crédible. Orsini fulminait.

– Quant à sa volonté de détruire la basilique Saint-Pierre pour la reconstruire, pas question ! Ce serait un sacrilège.

De l'autre côté, Colonna, Riario et Piccolomini avaient eux aussi un aparté. Ils se demandaient où était passé Della Rovere, que l'on n'avait pas revu depuis le couronnement. À Ostie ? En France, déjà en train de comploter pour éliminer le nouveau pontife ?

Le palais de Santa-Maria-in-Portico présentait un avantage majeur : il était contigu au Vatican. Par une petite chapelle privée, on avait accès à la Sixtine et, de là, aux appartements pontificaux. Giulia Farnese, que Rodrigo avait renvoyée chez son mari pendant le conclave, s'y était installée, immédiatement après l'élection, avec Adriana De Mila.

Après le dîner, ses hôtes enfin partis, Rodrigo se prépara pour la nuit, se brossant les dents avec de la chaux. Il lui sembla entendre un bruit. Il entrebâilla la porte de sa chambre, ne vit rien. Prudent, il prit une dague qu'il conservait sous son oreiller et ouvrit une petite porte dérobée dans un angle de la chambre. Devant lui, vêtue d'une robe de gaze largement dégrafée, une bouteille de vin à la main, se tenait Giulia Farnese. La tentation du diable ! Alexandre VI entama une bataille perdue d'avance.

– Giulia, commença-t-il, j'ai fait une promesse à ta belle-famille. Il ne doit plus rien y avoir entre nous. J'ai… Nous avons fait un vœu sacré…

Giulia, sûre d'elle, le repoussa vers l'intérieur et ferma la porte.

– Tu es le souverain pontife, tu as tous les pouvoirs pour annuler ces vœux.

Rodrigo reculait, au propre comme au figuré. Le « nous » dans sa bouche devenait ridicule.

– Nous forgeons une Église nouvelle, pure et honnête. Nos actes doivent être en cohérence avec nos idéaux. Le pape Innocent nous a légué une ville croulante, agitée, corrompue.

Giulia inclina la bouteille au-dessus de ses lèvres et murmura tout contre lui :

– Bois, mon amour…

Un peu de vin coula sur le menton de Rodrigo. Elle lécha son visage, tout en le poussant pour l'obliger à s'asseoir sur le lit. Elle lui souriait avec une tendresse conquérante, le sachant vaincu. Maintenant, elle prenait son temps et le laissait parler tout en dégrafant sa robe.

– Rome devrait abriter autant d'étudiants, de savants et d'artistes que Florence. Comment rendre cette ville attirante pour les lettrés et les créateurs, alors que ses murs ruissellent de sang et que son air empeste ?

Il cherchait ses mots, la regardait s'effeuiller de façon provocante, et sentit un irrépressible désir se dresser sous sa chemise.

– Nous allons créer un tribunal pour faire appliquer la loi, nous diviserons la ville en quatre districts, avec un juge à la tête de chacun.

Elle était nue et, tenant le visage du nouveau pape entre ses mains, le forçait à la fixer dans les yeux.

– … Et chaque semaine, nous recueillerons nous-même les plaintes… continuait Borgia d'une voix faible.

D'une dernière pression, elle le contraignit à s'allonger. Et, comme si elle parlait à un enfant :

– « Nous »… Oui, oui ! Tu ne peux accomplir toutes ces transformations tout seul, Rodrigo ! Tu n'es qu'un homme. Mon Rodrigo !

Puis, introduisant doucement sa main sous la chemise du pape, remontant entre ses cuisses, elle en caressa la preuve plus gentiment que ne l'avait fait, une douzaine d'heures plus tôt, le cardinal Costa. Et elle dit, cette fois avec sérieux :

– Tu dois protéger le trône avec tes proches les plus fiables.

Elle ne perdait pas sa lucidité. Son amant, au contraire, avait rendu les armes et la prenait dans ses bras.

– Ma famille… bafouilla-t-il.

– Tes amis…

Elle suggéra en douceur :

– Si mon frère, Alessandro, était nommé cardinal…

Elle le chevauchait et l'introduisait en elle…

– … il te servirait loyalement !

– Ô Dieu ! répondit Alexandre VI.

C'en était fait de la cohérence entre ses actes et ses idéaux…

Quelques jours plus tard, le sens de l'amitié d'Alessandro Farnese fut mis à rude épreuve. Il venait de recevoir sa nomination de cardinal et sa convocation à Rome. Toute la journée passa sans qu'il trouve le courage de l'avouer à Cesare. Finalement, le soir arrivant, il lâcha la nouvelle. Cesare pâlit, puis d'une voix joyeuse lui lança :

– Bravo ! Félicitations, de tout cœur !

– Écoute, cette nomination va enfin sortir ma famille de décennies de pauvreté.

Cesare avala un verre de vin d'une gorgée et réfléchit à voix haute :

– Pendant que je serai ici, faisant le bien, toi, à Rome, tu seras mes oreilles et mes yeux. Mon espion !

– Ton espion ? Si on me découvre, je suis perdu !

– Tu m'enverras des lettres codées.

Et Cesare éclata de rire.

Gacet ne quittait jamais le pape. Il se chuchotait beaucoup de ragots sur Francesc Gacet : il était le dépositaire de tous les secrets de Borgia, c'était exact. Il était son espion, exact encore. Il était son âme damnée et son conseiller, exact toujours. Rodrigo avait besoin de parler avec Francesc pour élaborer ses plans. Les cardinaux avaient admis qu'il siège au consistoire, à gauche du trône pontifical, au grand dam de Burckard. Gacet était plus rusé que le chambellan. Celui-ci, imbattable sur toutes les règles protocolaires du Vatican, en détenait les grands et les petits secrets, certes. Gacet en savait moins que lui dans ce domaine et, habilement, manifestait beaucoup de déférence à cet Allemand engoncé dans son rôle d'homme indispensable. La question s'était posée de lui retirer son poste, mais Borgia avait opté pour le maintien plutôt que de s'en faire un ennemi. Burckard siégeait donc à droite du trône.

Ainsi encadré, Alexandre VI ouvrit son premier consistoire avec une mesure destinée à choquer tout le Sacré Collège.

Il agita un document et annonça :

– Vous avez tous devant vous une liste de fonctionnaires du Vatican que nous savons corrompus. Leur charge leur est retirée à partir de maintenant.

Parcourant cette liste, les cardinaux découvrirent des noms qu'ils connaissaient. Des exclamations outrées, des dénégations et des protestations fusèrent.

Orsini demanda la parole. Burckard s'avança pour demander son accord au pontife. Celui-ci hocha la tête et l'Allemand s'apprêta à prononcer la sempiternelle formule :

– Le suprême pontife entendra…

Mais le pape lui coupa la parole :

– Merci, monsieur Burckard. À partir de maintenant, nous vous dispensons d'annoncer le nom de chaque cardinal. Nous connaissons nos frères. Je vois Gianbattista Orsini demander la parole.

Burckard, horrifié, ne manifesta rien. Il fit un pas en arrière. Un de ses petits privilèges venait de disparaître.

– Votre Sainteté, dit Orsini, l'époux de ma nièce figure sur cette liste. Pendant dix ans, il a excellé comme maître d'œuvre de la voirie et des bâtiments en surveillant la préservation de la plupart des monuments historiques de Rome…

Le pontife rétorqua et son ton était sans appel :

– Il a excellé uniquement dans son pillage systématique. Il a dépouillé les édifices antiques de tous leurs marbres précieux. Et ce qu'il n'a pas vendu, il vous l'a donné pour décorer votre palais. Qu'il s'en aille !

Dans son coin, Giovanni Colonna eut un demi-sourire.

– Je vous déconseille ce sourire, Giovanni, dit doucement le pape. Je démets officiellement votre frère Fabrizio de son poste de préfet de Rome.

Puis il s'adressa à tous.

– Un irrespect désinvolte vis-à-vis de toute loi a marqué la vie du Vatican depuis le règne de Nicolas V. Nous y mettons fin aujourd'hui même. C'est pour cela que nous avons choisi, comme vice-chancelier, Ascanio Sforza. Le cardinal partage notre zèle pour la réforme.

La nomination provoqua des murmures et même des grognements furieux. Ils enflèrent en voyant s'élargir le sourire de Sforza.

– Il partage également notre volonté de restaurer la suprématie de Rome dans le monde. Quelqu'un a-t-il des arguments à faire valoir contre notre décision ?

Un silence glacé lui fit écho. Sforza prit la parole à son tour :

– Pour commencer, chacun de vous paiera une dîme annuelle pour financer la reconstruction de la basilique Saint-Pierre.

Les grognements firent place à un chahut de protestations, que Rodrigo ignora souverainement.

– Je vous remercie mes frères ! lança le Saint-Père.

Il se leva et sortit, suivi de Sforza et de Gacet. Le consistoire éclata en petits groupes. Chacun se plaignait du manque de tact et de loyauté de Borgia, et de la prise de pouvoir de Sforza.

Colonna était le plus agacé. Il avait le sentiment qu'ils avaient tous été dupés.

– Ces réformes sont pure hypocrisie. Borgia a nommé la majorité des employés de la curie. Maintenant, il les renvoie au prétexte de corruption. Va-t-il rendre les ducats qu'ils lui ont versés pour obtenir les postes ?

Mais ce fut Riario qui traduisit l'état d'esprit général après ce consistoire :

– Que croyez-vous ? Rome est une boutique de porcelaines délicates. Nous y avons lâché un taureau écumant. Moi, je file à Ostie rejoindre mon cousin Della Rovere.

Jugements et châtiments furent rondement menés. Il fallait des exemples. Le chanoine Francesco Maldente et un jeune moine, Domenico Gentile, fils du médecin d'Innocent VIII, comparurent devant le souverain pontife. Ces dernières années, sous le règne d'Innocent, ils avaient fabriqué et vendu plus d'une cinquantaine de fausses bulles papales accordant des dispenses diverses, essentiellement pour annuler des mariages et permettre des secondes noces. Ils ne pouvaient le nier : ils avaient reçu entre cent et deux mille ducats pour leurs fausses écritures. Les gardes les emmenèrent.

Lorsque Domenico Gentile protesta une dernière fois, le chanoine et lui se trouvaient déjà sur une estrade au centre du Campo dei Fiori, entourés par la foule, les poignets ligotés posés sur un billot de bois.

– Mon père était médecin du pape, j'avais des garanties papales !

Le jeune Gentile était en larmes et suppliait de toutes ses forces.

– Incompétent ! Innocent est mort, rétorqua le pape qui assistait en personne au supplice.

Virginio Orsini, capitaine général des gardes pontificaux inclina la tête, les deux bourreaux levèrent leurs haches et tranchèrent les mains des coupables.

La voix de Rodrigo s'éleva, glacée :

– Vous ne volerez plus.

– 13 –

À peine arrivé à Rome, Alessandro Farnese fut reçu par le pape en audience privée. Giulia, sa sœur, se tenait à côté du pontife. Après s'être enquis de la santé de son « neveu bien-aimé », Rodrigo dit à Alessandro de se lever et en vint au cœur du sujet :

– À qui es-tu loyal ?

– Mais, Votre Sainteté, à vous bien entendu !

– Un homme peut-il être loyal à deux personnes à la fois ? s'enquit Rodrigo, en posant sur lui un regard inquisiteur.

Alessandro s'embarrassa, bredouilla, commença une phrase et fut interrompu par sa sœur qui dit sur un ton tranchant :

– Il ne peut pas.

On lui dictait sa conduite. Le jeune homme comprit le message : ce qu'il entendrait et verrait entre les murs du Vatican n'en sortirait jamais et surtout n'atteindrait jamais Spolète. Il jura solennellement. Alors Rodrigo se leva à son tour.

– Approchez-vous, je veux vous embrasser. Non comme un cardinal mais comme un membre de ma famille.

Rodrigo attira Alessandro à lui et, le prenant par la nuque, il l'embrassa sur les deux joues. Alessandro se sentit littéralement happé. Ce baiser n'avait rien d'affectueux. Par ce signe, désormais il appartenait – au sens le plus pur du terme – à la famille Borgia, il lui devait allégeance et, en retour, elle le protégerait. Toute défaillance serait sanctionnée de manière exemplaire. C'était le baiser d'un chef sans pitié.

Rodrigo Borgia se sentait une âme de bâtisseur. Il voulait une nouvelle basilique Saint-Pierre digne de lui et du tombeau de saint Pierre sur lequel le monument avait été édifié. Il souhaitait aussi faire bâtir une tour adossée au Vatican. Elle protégerait les appartements qu'elle prolongerait et représenterait une trace impressionnante de l'ère Borgia. Les appartements, de ce fait, seraient agrandis et rénovés. Dès le lendemain de son élection, il commanda des plans pour tous ces projets, se montra passionné, exigeant d'en voir les progrès quotidiennement, discutant pas à pas leur évolution.

Au pied du maître-autel de Saint-Pierre, Rodrigo, en compagnie de Giulia et d'Alessandro, étudiait des plans avec l'équipe des architectes. Sa vision était grandiose : une basilique, deux fois la taille de celle-ci, un dôme montant jusqu'au ciel, visible à des lieues à la ronde ! Giulia et Alessandro admiraient cette nouvelle ambition. Comme ils s'extasiaient sur les dessins, Lucrezia surgit et se jeta dans les bras du Saint-Père.

– Mon oncle ! cria-t-elle en l'embrassant.

Adriana, toujours sur les talons de sa protégée, se précipita, toute à son entreprise éducative.

– Lucrezia, on ne salue pas le pape de cette manière.

Mais Rodrigo était enchanté de retrouver sa fille. Il fit taire la gouvernante :

– Adriana ! Un pape a besoin d'affection comme n'importe quel homme !

Il tint Lucrezia à bout de bras, ravi de lui voir une si bonne mine après s'être tant inquiété de sa santé. Lucrezia n'eut pas le temps de lui parler de sa vocation : il l'emmena visiter ses nouveaux appartements pour lesquels il avait engagé le meilleur artiste d'Europe. Elle allait poser pour lui en sainte Catherine !

– Moi, une sainte ! Oh oui ! Très Saint-Père, vous me comprenez si bien ! dit Lucrezia au pape.

Burckard ne décolérait pas mais n'en laissait rien paraître. Ce pape, contrairement à Innocent VIII, ne l'écoutait pas. Il avait beau lui expliquer le protocole, lui indiquer l'ordonnancement des cortèges, quand et pourquoi il fallait ou ne fallait pas une bénédiction, le pape n'en faisait qu'à sa tête. Jusqu'au consistoire, où Burckard était censé gérer la parole de chacun, tâche qu'on lui avait retirée d'une phrase ! Il nourrissait de vagues inquiétudes : son savoir immense en matière de droit canon et d'usages en avait fait un rouage essentiel de la grande machinerie du Vatican. Or, ce pape, sans prévenir, pouvait vous estimer superflu ou incompétent, selon des critères personnels. Burckard n'ignorait pas le destin des âmes inutiles aux Borgia : elles étaient renvoyées au Père éternel par tous les moyens. Il se gardait bien de confier ce genre de soucis à quiconque, même à son journal car, malgré ses efforts pour le cacher, Borgia s'en faisait régulièrement donner lecture. Il en était convaincu. Néanmoins, il consignait les moindres événements, y compris processions, messes et réceptions d'ambassadeurs et autres dignitaires. Il notait aussi des faits divers, des incidents dignes d'intérêt. Ainsi Falcone de Sinibaldi était-il mort de chagrin après l'élection d'Alexandre VI : il avait aspiré au cardinalat mais la nomination d'Ascanio Sforza comme vice-chancelier ne lui avait laissé aucun espoir. La déception l'avait tué. Et puis, pendant l'interrègne, on avait compté deux cent vingt décès de mort violente dans la Ville éternelle.

Ce chiffre impressionna le pape lorsque le capitaine général, Virginio Orsini, et son lieutenant, Galeotto Sclafenatus, vinrent lui rendre compte dans la salle du Trône. Où était donc la garde pontificale pendant tout ce temps ? Orsini avait à charge la protection des cardinaux, c'était l'objectif numéro un. Le pape n'en croyait pas ses oreilles : toutes les troupes étaient donc mobilisées pour le conclave, alors que le Sacré Collège, enfermé derrière de hauts murs, les portes closes de briques, ne risquait pas grand-chose !

– Les Napolitains ont tenté de nous attaquer, ne l'oubliez pas, objecta Orsini.

– Et ils ont été repoussés par les citoyens de la ville. On m'en a informé, rétorqua le pape. Des pèlerins arrivent quotidiennement de toute l'Europe pour prier devant le tombeau de saint Pierre, nous leur devons la sécurité. De plus, c'est une source de revenus non négligeable.

– Votre Sainteté ! Aucun pèlerin n'a souffert pendant cette période.

Rodrigo s'agaçait. Ces deux-là avaient réponse à tout. Et Rome avait la réputation d'une cité dangereuse. La semaine précédente, des Silésiens passant par Florence, de retour de Rome, avaient raconté avoir vu des chiens se disputer une tête humaine dans un quartier de la Ville éternelle ! Cette histoire se propagerait dans toute l'Europe et humilierait le pape. Il exigea qu'on trouve le responsable. Orsini ne voyait pas comment. Alessandro, jusque-là silencieux, intervint :

– C’est pourtant simple : identifiez la tête et trouvez ses ennemis.

– Cette tête… heu… avait beaucoup d’ennemis, fit Virginio.

– Choisissez-en deux, ordonna Rodrigo. N’importe quels fauteurs de troubles. Je veux un exemple pour frapper les esprits et démontrer qu’Alexandre VI ne souffrira aucun débordement. Une exécution spectaculaire, et vite !

Virginio suivit les ordres de son pape à la lettre. Il ramassa deux voyous dans les bas-fonds. Sur le Campo dei Fiori, on dressa un échafaud avec deux potences. Les hommes furent suspendus, nus, par les chevilles, jambes écartées. Et la foule fascinée, hurlante, monstrueuse, palpitant d’une soif de sang, assista jusqu’au bout au supplice : quatre bourreaux scièrent, de l’entrejambe au cou, les deux voleurs… Mais ce fut long. Et, peu à peu, les plus endurcis finirent par se taire, figés sur place. Le travail des bourreaux s’acheva dans un silence de plomb. L’ère Borgia, les manants l’avaient compris, signifiait désormais ordre et travail.

Très vite, les troupes pontificales représentèrent une force d’action considérable. Or elles étaient contrôlées par Virginio Orsini, et Rodrigo se faisait peu d’illusions sur la loyauté de cette famille. Sforza lui apprit de quoi renforcer sa suspicion : le fils d’Innocent VIII, Franceschetto Cibo, avait vendu au capitaine général les quatre terres pontificales léguées par son père.

– Ces territoires pontificaux, expliqua le Milanais, représentent la voie la plus directe de Naples à Milan. Les Orsini ont un accord avec le roi Ferrante de Naples dont l’intention d’attaquer est de plus en plus flagrante…

– Pendant le conclave, nous avons promis la neutralité pour tous les États italiens, se plaignit Rodrigo.

Le ton de Sforza se chargea d'ironie :

– Vous avez promis aux Orsini de quitter La Bella. Vous avez promis aux Colonna d'éloigner votre famille de Rome. Votre campagne électorale vous a amené à trop promettre…

Rodrigo le vit venir.

– Et vous alliez me demander autre chose, n'est-ce pas, vice-chancelier ?

– Oui ! Annoncez sans délai les fiançailles de mon neveu Giovanni avec Lucrezia. En liant le nom des Borgia au mien, nous empêcherons les agressions de Naples et de Della Rovere contre Milan.

Le contrat fut signé secrètement devant notaire entre les deux parties, Rodrigo et Sforza représentant les fiancés, Alessandro, Burckard et Gacet étant les témoins.

*
* *

Bernardino Di Betto avait gagné son surnom de Pinturicchio pour la splendeur de ses couleurs et de ses ors. On disait qu'il surpassait son maître, le Pérugin. Les deux venaient de Pérouse, et les peintures réalisées dans la Sixtine avaient valu la gloire au Pérugin dont Pinturicchio avait ensuite bénéficié.

Alexandre VI offrit à l'artiste l'occasion dont rêve tout peintre de talent : décorer entièrement ses nouveaux appartements. Il y en avait pour près d'un an. Pinturicchio disposait de tous les moyens nécessaires plus une petite fortune. Il accepta sans se faire prier. Ses ouvriers préparaient les murs, il commença une de ses œuvres maîtresses, *La Dispute de sainte Catherine*. La scène représentait un épisode de la vie de la sainte : mise au défi par l'empereur Maxence de démontrer la fausseté des croyances païennes, elle faisait face aux contradicteurs. À la demande de Rodrigo, ses enfants figuraient dans le tableau. L'empereur sur le trône avait les traits de Cesare, dans le fond, Juan, vêtu à la turque, semblait sur le point de partir à la chasse avec ses chiens, Djem se tenait à côté du trône. Et au centre, sainte Catherine était incarnée par Lucrezia.

La jeune fille se montra un modèle docile : elle voulait être une sainte. Commencer par en jouer une lui paraissait de bon augure. Pinturicchio n'avait qu'un problème : Giulia. La maîtresse du pape, qui devait donner son visage à la Sainte Vierge dans une autre fresque, rendait constamment visite à Lucrezia. Malgré les consignes de silence de Vannozza, l'adolescente brûlait de raconter à La Bella ses visions et ses désirs de sainteté. Elle finit donc par avouer qu'elle comptait entrer au couvent en dépit de ses fiançailles avec Gaspar de Procida. La perspective d'éloigner Lucrezia de Rodrigo par la même occasion enchanta Giulia. Elle encouragea la jeune fille à parler au pape de ce projet. Ceci l'irriterait, elle le savait.

– Imite-moi, Lucrezia chérie, et tu peux toujours livrer à Rodrigo le fond de ton cœur !

Pinturicchio n'en croyait pas ses oreilles. Une Borgia au couvent !

*
* *

Cesare avait eu un juste pressentiment : son père avait convoqué Juan à Rome. Lorsque celui-ci se présenta dans la salle du Trône, le pontife le serra dans ses bras en se disant un homme béni de Dieu : Lucrezia avait survécu aux fièvres, Juan avait voyagé sur les mers sans encombre. Il avait, comme prévu, conquis le cœur de la nièce du roi d'Espagne, Maria Enriquez de Luna, même si Isabelle la Catholique voyait leurs fiançailles d'un mauvais œil. Mais Juan expliqua d'un air entendu :

– Bien sûr, c'était avant votre élection !

Rodrigo approuva :

– La reine d'Espagne va changer d'avis.

Et, avec le regard du chat devant la souris, il fixa Virginio Orsini qui se tenait dans un coin en compagnie de son lieutenant, Galeotto. L'occasion était trop belle de se débarrasser d'Orsini tout en offrant un cadeau à son fils cadet.

S'adressant à Juan, il annonça d'une voix forte et solennelle :

– Je te nomme capitaine général des gardes pontificaux.

Il y eut un silence. Virginio avait pâli, et Galeotto était bouche bée. Juan lui-même ne masqua pas sa surprise. Virginio Orsini, qui occupait ce poste depuis dix ans, protesta : Rodrigo donnait une responsabilité énorme à un amateur. Mais le pape ne s'en émut pas : il voulait du sang neuf !

Humilié, furieux, mais impuissant, Orsini fit retraite vers la porte. Rodrigo n'en avait pourtant pas fini avec lui. Il prit un ton cassant pour exiger la restitution des territoires pontificaux que Franceschetto Cibo venait de lui vendre. Orsini comprit alors la raison de sa disgrâce. Il ricana : la vente était légale. Il avait versé quarante mille ducats à une banque florentine. Le pape pouvait toujours essayer d'annuler la vente. S'il voulait récupérer ces terres, pourquoi ne pas envoyer le nouveau capitaine général les prendre par la force ? Cette fois, il sortit et personne ne s'y opposa.

Comme Galeotto le suivait, Juan le rappela d'un geste désignant les insignes de sa nouvelle charge. L'autre les tendit sans un mot. Et Rodrigo plaça le collier autour du cou de Juan.

Cesare trouva une nouvelle source d'amertume dans la promotion de son frère, d'autant plus qu'il le savait peu courageux et incompétent dans le domaine militaire. « Je serais meilleur à ce poste ! » pensa-t-il. Il ne comprenait plus l'indifférence et le silence de Rodrigo à son égard. Il fuyait ces noires pensées en galopant à travers la campagne, des heures durant. Il épuisait ses chevaux et inquiétait Agapito…

Puis un soir, ses hommes revinrent de Pise. Ils apportaient une couverture et de minuscules ossements : les restes de son fils. Il prit le paquet, s'enfuit dans sa chambre et sanglota en le serrant contre son cœur, accroupi par terre, consumé par une souffrance de bête blessée. Il resta ainsi de longues heures. Agapito tenta plusieurs fois de lui parler mais Cesare le chassa avec des hurlements.

Au milieu de la nuit, l'épuisement avait eu raison de ses larmes. Hébété, le regard fixe, il serrait toujours contre lui la couverture en paquet. Des idées sans suite, s'effilochant comme des nuages, glissaient dans son cerveau. Au bout d'un moment, il se releva et se rendit dans la chapelle. Il ne croisa âme qui vive. Le château, les communs, tout était endormi. Il s'agenouilla devant l'autel sur lequel il posa les restes de son enfant et parla à Dieu :

– Jour après jour, je pleure et T'implore sans réponse. Ma faute est immense et mon remords encore plus grand. Tu combles mon frère de bienfaits alors qu'il ne se soucie pas de Toi. Et moi, je me suis consacré à Toi et je n'ai plus d'espoir de Te rencontrer au royaume des cieux. Tu m'as abandonné, je n'ai pas d'autre choix que de brûler ici.

Et tandis qu'il parlait, il alluma tous les cierges et mit le feu dans différents endroits de la chapelle qui commença à brûler. Les flammes se propagèrent vite. Cesare tomba asphyxié avant même de s'en rendre compte.

Au-dehors, Agapito veillait discrètement. Il vit les flammes et donna l'alerte. Il se jeta courageusement à l'intérieur de la chapelle et tâtonna. Au moment où il pensait mourir étouffé, il heurta le corps de Cesare. Il trouva la force de le jeter sur son dos et, se faufilant à travers les flammes, évitant les bois du toit qui s'effondrait, il parvint au seuil de l'édifice religieux et s'abattit sur le sol avec son fardeau.

Alessandro se doutait que les restes et la couverture seraient un jour retrouvés et que le chagrin terrasserait Cesare. Une seule chose apaiserait alors un peu son ami : son retour à Rome. En attendant, il le tenait informé, au moins partiellement, du cours des événements, tremblant d'être découvert. Giulia s'avisa de la nervosité de son frère et décida d'en avoir le cœur net. Elle l'invita dans ses nouveaux appartements de Santa-Maria-in-Portico où elle tenait salon, et avant que n'arrivent les premiers invités, elle s'enquit des états d'âme de son frère. Il laissa entendre que sa fidélité au pape ne pouvait entamer celle qu'il devait à son meilleur ami. Giulia le rassura avec sa duplicité habituelle :

– Tu ne dois te faire aucun souci aussi longtemps que chacun des deux est persuadé que ta loyauté lui appartient !

L'honnête Alessandro la dévisagea, surpris. Mais sa sœur poursuivit :

– Eh oui ! Tu n'es pas le seul Farnese à faire des cachotteries à un Borgia.

– Au père et au fils, précisa Alessandro.

Un délicieux sourire se dessina sur le visage de Giulia.

– Eh bien, tu deviens un vrai Farnese, il était temps !

On annonça Djem. Il fit son entrée, escortant une ravissante créature, une longue brune au regard immense qui se déplaçait avec l'élégance d'un cygne. Silvia Ruffini était une amie de Giulia, une aristocrate romaine qu'Alessandro n'avait jamais rencontrée. Djem lui avait fait les honneurs du palais et des appartements. Elle semblait ravie et avait apprécié sa compagnie. Lui était manifestement sous le charme. Quant à Alessandro, il eut un coup de foudre. Il lança un regard de connivence à sa sœur, elle comprit immédiatement.

– Alessandro, je te présente dame Silvia, de la famille Ruffini. Nous ne nous sommes pas vues depuis une éternité. Elle vient de rentrer à Rome.

Alessandro s'inclina et baisa la main de Silvia. Djem était éclipsé et l'acceptait avec bonhomie. Alessandro offrit à la belle son plus gracieux sourire et déclara avec humour :

– Madame, si vous avez besoin d'un guide plus chrétien dans la Ville éternelle, je serais très honoré…

Silvia n'était pas seulement belle, elle était intelligente et se targuait d'être directe dans ses relations avec les gens. Elle souleva donc une difficulté :

– N'êtes-vous pas prêtre ?

– Pas encore. Je fais des progrès dans la hiérarchie de l'Église, mais je n'ai pas encore la prêtrise.

Silvia eut un large sourire. Cet Alessandro lui plaisait.

– Quoi qu'il en soit, ma pureté ne sera pas en danger avec vous à mes côtés, n'est-ce pas ?

Ils échangèrent une œillade complice. « Ces deux-là se plaisent. Silvia saura rendre toute sa gaieté à mon frère », pensa Giulia, satisfaite.

*
* *

Son désir de sainteté ne rendait pas Lucrezia plus docile. Au palais Santa-Maria-in-Portico, les domestiques ne s'étonnaient plus de voir la jeune fille, sourcils froncés, récriminant, poursuivie par Adriana. La gouvernante parvenait de moins en moins à faire respecter son autorité. Quand elle annonça à Lucrezia qu'on allait la fiancer à Giovanni Sforza, comte de Pesaro, la jeune fille refusa tout net. D'abord, elle était déjà engagée vis-à-vis de Gaspar de Procida, ensuite, elle ne voulait plus se marier.

Elle fila comme une flèche par l'escalier menant à la chapelle, Adriana à sa suite. La matrone s'essoufflait à vouloir la rattraper, ramassant ses jupons, ralentie par la peur de chuter. Elle se voulut persuasive :

– Ton oncle était vice-chancelier quand l'accord avec les Procida a été conclu. Maintenant, il est pape. Il veut pour toi un statut plus élevé !

Lucrezia s'arrêta net quelques marches plus bas et leva le nez.

– Un statut ?

Adriana en profita pour souffler et ajouta :

– La famille Sforza est une des plus anciennes d'Italie et Giovanni est très bel homme !

– Quel âge ?

– Vingt-huit ans.

– Presque deux fois mon âge ! s'indigna Lucrezia.

– Sa première épouse est morte en couches avec leur enfant. Il est encore sous le coup du chagrin mais…

Lucrezia la regardait avec une ironie massacrante. Adriana, hors d'haleine, tenta de rassembler les restes de sa dignité.

– Tu finiras par accepter et même apprécier Giovanni Sforza. Moi je n'ai pas rencontré mon mari avant le jour de mon mariage.

Lucrezia tourna les talons et détala. Elle s'en alla prier sainte Pétronille à la Sixtine. Elle lui demanda de lui faire signe rapidement. Malheureusement, la seule à se manifester fut Adriana.

– 14 –

Rodrigo souffrait d'insomnies et passait de longues heures, la nuit, les yeux ouverts dans le noir. Parfois, il se jetait sur Giulia et lui faisait l'amour à la va-vite, espérant se rendormir ensuite. Elle s'éveillait à peine, se laissait faire en grognant. Le plus souvent, il se levait et allait contempler les jardins du Belvédère. Quand la lune était pleine, il aimait les silhouettes noires des buissons et des statues dont les ombres s'étiraient sur le sable pâle des allées. Le paysage immobile le fascinait. Les yeux fixés sur le jardin nocturne, il réfléchissait, remâchait des idées.

Et puis il pensait à ses deux fils. La nuit le rendait lucide. Oui, Juan était violent, lâche, menteur et cruel. Les réticences de la reine Isabelle sur son mariage étaient fondées : Juan, au lieu de passer ses nuits avec sa femme, courait les bordels ; au lieu de gérer ses biens, il dépensait sans compter. Il ne respectait personne et n'était, de ce fait, respecté par aucun. Il ne serait pas à la hauteur du poste de capitaine général, il lui faudrait des adjoints solides. Alors pourquoi Rodrigo avait-il toutes les faiblesses pour son cadet ? Parce qu'il était brillant et charmeur, qu'il lui rappelait lui-même… Non, lui Rodrigo, au même âge, était plus mûr et moins superficiel. Arrivé à ce point de sa réflexion, Rodrigo hésitait.

Cesare était plus intelligent, plus fin et sans doute le plus fiable des deux. Il incarnait son double sombre, secret, cruel et tortueux. Il y avait dans son fils aîné des profondeurs cachées qu'il entrevoyait parfois. Cela l'effrayait comme une malédiction qu'il lui aurait transmise. L'amour de Cesare pour lui, si fort, si sincère, lui pesait presque. Cesare devait appartenir à Dieu. Rodrigo avait renoncé à son fils aîné et misait donc sur le cadet, quoi qu'il arrive. Dieu seul, pour l'instant, pouvait maîtriser l'avenir de Cesare. Il ignorait pour combien de temps. Il savait qu'un jour Cesare prendrait son envol. « Et alors, Dieu m'en préserve, pensait Rodrigo, son pouvoir me débordera ! »

Le jour pointait et Rodrigo oubliait tout, retrouvait intacte « son aberrante passion pour Juan », selon une formule de Gacet qui avait failli mettre un terme à leur amitié.

Comme le pape l'avait pressenti, Juan se rendit vite odieux et ses troupes se mirent à le détester. Sa conduite vaniteuse confinait à la bêtise. Depuis son élévation au grade de capitaine général, il avait trouvé une formule qu'il servait à chacun : « Le pontife est Jupiter, je suis le dieu Mars. Le dieu de la guerre ! » Il s'amusait à menacer de mort ses adjoints en leur mettant un couteau sous la gorge et, dès les premières manœuvres, n'y connaissant rien, avait décrété que les troupes « se montraient d'une incapacité embarrassante ». Juan abusait du pouvoir de manière obscène. Si Rodrigo, ce père comblé, avait été moins aveugle, il aurait craint qu'il arrive un jour malheur au jeune capitaine général.

*
* *

La première rencontre entre Giovanni Sforza et Lucrezia eut lieu dans la magnifique salle des Sibylles, à peine achevée. Ce devait être une rencontre officielle, toutefois, elle se déroula en présence de la seule Adriana. Celle-ci, assise devant une fenêtre, feignait de broder, en écoutant la conversation.

Giovanni n'avait jamais vu Lucrezia et n'avait pas imaginé sa beauté. Elle portait une longue robe de velours bleu foncé dont le corsage décolleté jusqu'à la naissance des seins était brodé de perles. La couleur mettait en valeur ses yeux et la douceur de son teint. Ses cheveux retenus en chignon étaient emprisonnés dans une résille d'or. Elle avait le visage fin et allongé des Borgia, des yeux d'un bleu très pâle et des cheveux blonds dont des boucles rebelles s'échappaient du chignon. Ils s'installèrent tous deux dans de larges fauteuils rembourrés de coussins. Elle se tenait raide, sur le bord de son siège, les yeux baissés, et Giovanni eut soudain le sentiment de se trouver face à une petite fille perdue. Il en fut ému. Beau et grand, c'était un homme encore jeune, mûri par les événements. Il décida de se montrer naturel et demanda à Lucrezia ce qu'elle savait de lui.

– Vous êtes vieux, triste, m'a-t-on dit, et votre femme est morte à la naissance de votre enfant.

– Notre enfant est mort aussi. Et c'est vrai, j'ai été très triste. Cela dit, je conteste le terme de « vieux », ajouta-t-il en plaisantant.

Ceci amena un léger sourire sur le visage de Lucrezia, et l'atmosphère s'allégea. Puis il parla de lui :

– Ma mère était la nièce du roi Ferrante de Sicile, mon père, un Sforza. Je suis le rejeton illégitime de deux familles ennemies. Ma vie serait un bon sujet pour une pièce de théâtre ; dans la réalité, c'est moins divertissant.

– Votre femme vous manque-t-elle toujours ? s'inquiéta Lucrezia.

– Oui, répondit-il avec une franchise émouvante. Elle était ma moitié. La peine et la solitude s'atténuent avec les jours. La tristesse a modifié mon être sans toutefois me laisser handicapé. Je pourrais aimer à nouveau.

Lucrezia sentit s'adoucir son cœur. Pour la première fois de sa vie, quelqu'un lui parlait de sentiments avec sincérité. Sainte Pétronille ne pouvait rivaliser avec ça ! Giovanni avait un visage ouvert. Il poursuivit sans rien cacher :

– Votre oncle m'a offert un contrat pour recruter des gardes pontificaux, votre dot se monte à trente mille ducats : notre mariage améliore ma situation très sensiblement. Je ne suis pas en position de refuser, même si vous me le demandiez. J'espère qu'avec le temps nous pourrons nous aimer. Je ferai l'impossible pour vous rendre heureuse. Si vous me le permettez…

Lucrezia, totalement bouleversée, leva les yeux sur Giovanni. Elle était séduite.

*
* *

Le feu n'avait pas seulement détruit la chapelle du château de Spolète. Il avait effacé les restes de l'enfant de Cesare et consumé le cœur du jeune père. Agapito commença à s'inquiéter de sa prostration. Même les nouvelles de Rome ne le sortaient pas de son inertie. Alessandro lui avait adressé une lettre codée lui annonçant le mariage de Lucrezia, la promotion de Juan et ses déboires : les hommes de troupe le méprisaient et les officiers se moquaient ouvertement de ses ordres. Mais Cesare semblait s'en désintéresser.

Plus tard, une lettre de sa mère le fit réagir : dans les tavernes courait le bruit d'un complot contre Rodrigo ourdi par les familles Orsini, Della Rovere et le roi de Naples. Les informations colportées par Marcoantonio

Colonna étaient trop précises pour n'être qu'une vague rumeur. Malgré son inquiétude pour son père, Cesare ne trouva pas la force de bouger. Sa dépression créait l'indécision. Il était paralysé.

*
* *

Pour Rodrigo, le mariage de Lucrezia serait une alliance et un investissement solides. Il ne lésina pas : colliers de perles et chaînes incrustées de pierreries, bracelets d'or, broches. Pour ses noces, Giulia et Adriana parèrent Lucrezia comme une idole. Le pape lui avait offert, outre tout son trousseau de jeune fille, des tenues diverses composées des plus belles soies de Chine et des fourrures, plus, disait-on, une robe brodée de pierreries d'une valeur de quinze mille ducats.

La jeune fille se voulait belle et surtout désirable. Adriana, en l'entendant, faillit s'étouffer. Lorsque Lucrezia fut prête, Giulia fit sortir tout le monde, y compris sa belle-mère qu'elle traitait de plus en plus comme un paquet encombrant. Elle regarda Lucrezia pensivement.

– Tu as un port de reine !

– Oh, Giulia, je suis déchirée : je voudrais passer mes jours comme épouse du Christ et mes nuits comme femme de Giovanni Sforza !

Par moments, Giulia hésitait : Lucrezia était tout sauf stupide, elle était donc encore très jeune, très immature ou bien folle. Elle se contenta d'une réflexion :

– Tu dois choisir, personne ne peut avoir ces deux choses.

– Je sais ! Je choisis Dieu.

Giulia répondit tranquillement :

– Parfait. Alors, le moment est venu de dire à Sa Sainteté la réalité de ta vocation. Quand tu t'agenouilleras devant l'autel, lève les yeux vers le pape et dis-lui la vérité.

Après un scandale pareil, Rodrigo, exaspéré, expédierait sa fille dans un couvent, et bon débarras ! Giulia sourit à son avenir.

Le grand chambellan avait raté sa vocation : il aurait dû se faire chroniqueur mondain. Dans son journal, il détaillait minutieusement – avec une totale liberté de parole – fêtes, dîners et potins. Le mariage de Lucrezia fut une occasion mémorable : d'un côté, toute l'organisation et le protocole (jamais respecté !), et de l'autre, les mondanités. Le soir même, il racontait dans son journal : « Don Juan Borgia, duc de Gandie, fils du pape et frère de Lucrezia, marchait à gauche de sa sœur. Celle-ci, vêtue d'une robe à traîne que portait une jeune fille noire, était suivie de Battistina, fille de Téodorina, elle-même fille du pape Innocent VIII de bonne mémoire. La robe de Battistina était composée, elle aussi, d'une traîne que portait une autre jeune fille noire. Après elle venait Giulia Farnese, concubine du pape, que suivaient force dames romaines, au nombre de cent cinquante environ. Le pape était assis sur un siège profond préparé pour lui. En passant devant lui, aucune de ces dames ne fit, malgré mon avertissement, la génuflexion, sauf sa fille et quelques-unes proches d'elle. Le pape était en brochet et camail de satin cramoisi. Les dix cardinaux présents étaient en cape[1]… »

Juan portait la tenue de prince turc dans laquelle Pinturicchio l'avait peint, aux côtés de Lucrezia, dans *La Dispute de sainte Catherine* : « Une tunique blanche brodée de motifs tissés d'or, un collier de rubis et de perles, sur

1. In Johannes Burckard, *Dans le secret des Borgia, 1492-1503*, sous la direction d'Ivan Cloulas et Vito Castiglione Minischetti, Tallandier, 2003.

les épaules une étole mordorée, et sur la tête un turban orné d'un joyau[1]. » Il n'était pas le seul d'ailleurs ; beaucoup de jeunes aristocrates, y compris le marié, Giovanni Sforza, avaient ajouté, sacrifiant à la mode, une touche de turquerie à leurs pourpoints, et cette foule colorée et brillante contrastait avec le violet des cardinaux. Aux habitués des grands événements romains s'ajoutaient des Espagnols de haute lignée, la famille Sforza, et les ambassadeurs de France, d'Allemagne, d'Autriche…

Les fiancés agenouillés devant lui, Rodrigo, se disant *in petto* qu'il avait une fille magnifique, prononça la phrase usuelle :

– Si quelqu'un croit pouvoir s'opposer à l'union de cet homme et de cette femme, qu'il parle maintenant ou se taise à jamais.

C'était le moment où Lucrezia aurait dû se lever et évoquer sainte Pétronille. Giulia claqua légèrement des talons, espérant la faire réagir. Or Lucrezia tourna son visage vers son mari, et leurs regards se fondirent l'un dans l'autre. Son cœur bascula, sainte Pétronille sombra dans les oubliettes. Alors Juan tint une épée nue au-dessus des deux époux tandis qu'ils échangeaient leurs vœux et les anneaux.

Ensuite, raconta Burckard : « On offrit une collation composée de dragées, de massepain, de fruits confits de diverses espèces. Le tout fut présenté sur quelque deux cents assiettes et tasses par autant de chambellans et d'écuyers qui, une serviette blanche sur l'épaule, servirent successivement le pape et les cardinaux, puis l'époux et l'épouse, leurs familles, puis les autres invités. À la fin, ils jetèrent au peuple des dragées en telle quantité qu'il y en eut, je crois, près de cent livres écrasées et piétinées[2]. »

1. In Ivan Cloulas, *Les Borgia*, Fayard, 1987.

2. In Johannes Burckard, *op. cit.*

Burckard était peut-être déjà parti lorsque Juan, par jeu, lança une dragée dans le décolleté d'une dame, puis une autre dans un autre décolleté, et ainsi de suite, bientôt imité par tous les hommes présents. On rit beaucoup lorsqu'il fallut aider les dames à extraire ces bonbons de leurs corsages…

Le soir, dans le palais de Santa-Maria-in-Portico, Alexandre VI offrait un dîner plus intime à quelques invités triés sur le volet, l'époux et sa famille, Lucrezia et Juan. Le dîner était somptueux et les innombrables serviteurs s'affairaient pour servir les plats dans lesquels chacun piquait. Les appétits s'étaient aiguisés et les hommes dévoraient, mentons et mains pleins de graisse et de sauce. Les domestiques proposaient de l'eau tiède dans une cuvette d'argent et un linge pour se nettoyer, repassaient le vin, et encore des plats, dans un brouhaha incessant de conversations et de vaisselle. Rodrigo en profita pour avoir un aparté avec l'ambassadeur de France, Peron de Basche, et Djem. Il s'inquiétait de la menace arabe du côté de la Turquie. Djem, redoutant toujours de retomber entre les mains du sultan Bajazet, se montrait alarmiste.

– Mon frère, disait-il, est impitoyable. D'ici peu, il se retournera contre l'Italie.

– Vous voyez, monsieur l'ambassadeur ! Plaidez pour nous auprès de votre roi pour qu'il lance une croisade. Tout comme son ancêtre le roi Saint Louis était parti sauver la foi chrétienne.

– Une croisade !

L'ambassadeur n'était pas venu pour ça. Les croisades coûtaient cher et ne rapportaient que misère. Elles occupaient les bons à rien, c'était tout. Le roi Saint Louis y avait laissé sa vie ! Le pape croyait-il la fortune du roi de France inépuisable ? De Basche souleva tous les problèmes d'une telle entreprise : il fallait transporter des troupes à travers la moitié de l'Europe ; le voyage par mer était impossible vu l'absence de port pour les escales de ravitaillement. Sauf si Naples… Mais Naples et le roi Ferrante n'accueilleraient pas les Français, même pour une croisade. Le Saint-Père ne l'ignorait pas. Le pape eut un sourire indéchiffrable et lâcha :

– C'est vrai… À moins qu'à ce moment-là il ne soit plus roi de Naples…

Les deux hommes échangèrent un regard entendu. Cela suffisait pour l'instant, aussi Peron de Basche se tourna-t-il vers Lucrezia, la seule femme présente. Assise entre Giovanni et le cardinal Piccolomini, elle écoutait patiemment celui-ci égrener ses souvenirs…

– Votre nièce est une bien belle mariée… confia l'ambassadeur à son hôte.

– Elle est plus belle chaque jour. Elle attire le regard…

Lucrezia entendit les remarques de Rodrigo et sourit, flattée, lorsque, levant les yeux, elle vit entrer Giulia et saisit le regard ébloui de Rodrigo. Giulia Farnese était à l'apogée de sa beauté et elle le savait. Elle possédait l'art de se mettre en valeur. Tout, dans sa robe à peine moulante, son décolleté suggestif légèrement voilé d'une gaze, ses cheveux soigneusement nattés et relevés, ses bijoux comme son maquillage simple, était conçu dans un seul but : rendre le pape fou d'elle, et elle y parvenait. Burckard se précipita sur Rodrigo. Le chambellan était probablement le seul à être insensible au charme de Giulia.

– Très Saint-Père, la tradition l'exige : la mariée et aucune autre présence féminine. Les femmes doivent rester séparées des hommes.

Rodrigo lui répondit sans le voir, les yeux rivés sur Giulia :

– Mon cher *Gutmensch*, laissons le passé derrière nous. Nous sommes les témoins d'une ère nouvelle, nous saluons l'aube d'une renaissance !

Il alla ouvrir la porte du salon des dames et, grand seigneur, fit un large geste d'invite.

– Venez nous rejoindre, mesdames !

Parmi elles se trouvaient Adriana et Silvia Ruffini. Toutes applaudirent et se précipitèrent en cortège étincelant et bruyant. Le visage de Lucrezia se referma. Giovanni prit la main de sa jeune épouse et s'inquiéta de cette soudaine tristesse.

– Ma mère, dit la jeune fille, j'aurais tellement aimé qu'elle soit invitée…

*
* *

Un chahut de vaisselle cassée et de coups de feu alerta toute la maisonnée au Palazzo Vigili. Les domestiques, les servantes et Agapito se ruèrent dans la grande salle du palais de Spolète. Le jeune Borgia reprenait goût à la vie. Une vie tournée vers la guerre et pas la religion : Cesare s'entraînait au tir à l'arquebuse, il avait aligné sur une console tous les vases de porcelaine fine décorant les lieux et s'en servait comme cibles. Il grogna :

– Ah merde ! Je dois améliorer mon tir !

Il rechargea son arme, visa et déclara :

– J'ai pris ma décision !

Il tira, un vase éclata. Cesare se tourna vers Agapito, un sourire aux lèvres comme celui-ci ne lui en avait jamais vu.

– Je pars pour Rome demain.

*
* *

Alessandro avait trop bu avant l'irruption des dames dans la salle du banquet, et maintenant, il le regrettait.

L'alcool compromettait la maladroite entreprise de séduction qu'il opérait auprès de Silvia. À l'abri d'une encoignure de fenêtre, il lui tenait un discours confus d'où il ressortait qu'il maîtrisait assez bien l'art du débat philosophique et théologique. Elle l'écoutait gentiment, un brin d'ironie au coin des yeux. Lui, de plus en plus amoureux, avait envie de se livrer, et ses circonlocutions l'égaraient autant qu'elle.

En vérité, l'alcool avait pour effet chez Alessandro de le rendre bavard, avec un désir énorme de se confier. Ce soir-là, il désirait raconter l'histoire de Cesare à Silvia, et la nécessité de la garder secrète cédait peu à peu. Toutefois, il lui dévoila peu de choses : un de ses amis avait failli tuer son bébé, il l'en avait empêché et le bébé était sauvé. Silvia crut qu'il s'agissait de lui, il la détrompa et… tenta de l'embrasser. Elle s'écarta. Il revint à son sujet et dit :

– Enfin, le bébé est en sûreté, et le père, mon ami, ne le sait pas. Voilà tout.

Silvia sentit qu'il lui disait la vérité. Cette mystérieuse histoire pesait sur le cœur d'Alessandro, il voulait partager ce qu'il pouvait avec elle. Elle lui sourit et lui abandonna sa main. Il avait éveillé sa curiosité. Elle se promit de savoir le fin mot de l'affaire.

Pour l'heure, le petit héros de cette histoire avait retrouvé les bras de Fiametta. Il dormait paisiblement dans son berceau et sa mère le veillait en cousant. Elle ne voulait plus jamais revoir son amant, pas même entendre parler de lui. « C'est un monstre », pensait-elle. Remolino lui avait ramené le bébé, et ne lui avait pas raconté le déroulement des événements.

Après le banquet, un divertissement d'un genre nouveau très en vogue était offert. De jeunes comédiens amateurs interprétèrent une comédie de Plaute. Les situations, les familles et le monde décrits par l'auteur latin ressemblaient à s'y méprendre à ceux de l'époque. Rodrigo s'amusait beaucoup à voir des comédiens en toge ou peaux de bêtes jouer des personnages qu'il croisait dans la vie réelle : maîtresses câlines et intéressées, maris dupés, pères bernés, marchands escroqués, débauchés et parasites, domestiques rusés et entremetteurs. Deux espèces s'affrontaient : les gagnants et les perdants. Lui, Rodrigo, appartenait à la première. Plaute pouvait le faire rire.

Certains, trop ivres pour y prêter attention, d'autres, trop occupés avec une ou deux dames, ne s'aperçurent pas de la fin du spectacle. On commençait à se retirer. Rodrigo s'avisa de la disparition de sa fille et de son époux. Cela le contraria. Leur nuit de noces n'entrait pas dans ses plans. Il commença à les chercher en compagnie de Sforza, les trouva enlacés dans le vestibule. Il s'interposa, à sa manière… brutale. À la stupéfaction de Lucrezia, il la prit par la main et l'entraîna, invoquant sa jeunesse. Son mari lui rendrait visite le lendemain, avait-il ajouté d'un ton sans réplique. Lucrezia n'en croyait pas ses oreilles : sa nuit de noces lui était refusée ! L'attitude de Rodrigo ne souffrait pas de discussion. Elle finit par obéir, laissant son mari médusé puis furieux. Il demanda son avis à son oncle Ascanio :

– Vous, le maître en stratégie, avez-vous une idée sur l'attitude de Sa Sainteté ?

Giulia arrivait dans le vestibule, Sforza répondit :

– Simple : aussi longtemps que le lit conjugal est vide, le mariage peut être dissous à tout instant. Rodrigo attend. Au cas où un autre projet de mariage se révélerait plus intéressant pour lui.

Et, comme Giulia s'approchait, il ajouta à haute et intelligible voix :

– À moins que le Saint-Père n'ait envie de baiser sa propre fille.

Giulia ne pouvait manquer de l'entendre, elle passa à côté d'eux, tête haute, puis se retourna vers Sforza et lui jeta un regard de haine. Sforza, pourtant endurci, en frissonna.

– 15 –

L'audience de l'ambassadeur d'Espagne, Diego Lopez de Haro, apporta à Rodrigo Borgia de quoi nourrir son imagination, et ce sentiment persistant qu'il avait d'être le souverain tout-puissant d'un monde en mutation dans une époque fertile en inventions et en trouvailles dans tous les domaines. De Haro arrivait de son pays avec de passionnantes nouvelles : le retour de Christophe Colomb après son long voyage d'exploration, et la découverte de terres et de richesses sans fin à l'autre bout de l'océan. Il en rapportait quelques preuves tangibles : or, argent, perles… La conquête de cette *terra incognita* ne faisait que commencer. Colomb avait rencontré les indigènes et massacré une grande quantité d'entre eux. Les autres, nombreux, devaient être colonisés.

De Haro déroula un parchemin sur lequel la route tracée menait vers une côte dessinant grossièrement les îles du bassin des Caraïbes. Le roi d'Espagne demandait au pape de lui conférer toute légitimité pour l'exploitation de ces terres.

Le cardinal portugais, Costa, s'éleva contre ce qu'il estimait du vol pur et simple.

– N'oublions pas, je vous prie, dit-il, qu'un accord strict a été signé entre l'Espagne et le Portugal pour définir les intérêts communs sur tous les nouveaux territoires. Le roi Joao devra-t-il se rendre à Rome pour le faire respecter ?

– Un traité obsolète, certainement ! répliqua de Haro sûr de lui.

Le vice-chancelier Sforza souleva le vrai problème :

– Monsieur l'ambassadeur de Haro, on ne peut tenir compte du Portugal uniquement, il y a tous les autres royaumes d'Europe…

Le moment venait pour le souverain pontife d'intervenir. Il fallait gagner du temps :

– Oui, le vice-chancelier a raison. Si nous, de sang espagnol, nous favorisons la cause de l'Espagne, qu'avons-nous à gagner sinon une hostilité générale à travers toute l'Europe ?

Burckard, qui avait capté un regard du souverain pontife, annonça :

– Sa Sainteté souhaite se retirer quelques instants. La séance est suspendue.

Le pontife se dirigea vers ses appartements avec Gacet. D'un geste, il écarta Sforza. « Comme d'habitude ! pensa celui-ci. Il va discuter avec ce cloporte de Gacet, et me mettra devant le fait accompli ! »

Cesare, une cape sur sa soutane d'évêque et la tête encapuchonnée, montait discrètement le grand escalier du palais pontifical lorsqu'il reconnut une voix. Se retournant nerveusement, il vit Alessandro et ne put s'empêcher de l'apostropher :

– Oh ! Comment allez-vous, Éminence, monseigneur le cardinal ? dit-il sur un ton moqueur.

– Attends, je ne suis pas encore officiellement cardinal. Et au Vatican « pas encore » peut signifier « peut-être jamais ». Quel bon vent t'amène ?

Cesare baissa la voix.

– J'ai des nouvelles : Della Rovere conspire avec les Orsini, les Colonna et Naples pour attaquer Rome. Marcoantonio Colonna, dès qu'il a bu, répand l'information dans les tavernes. Quand on voit le nombre de désertions causées par l'incompétence de Juan depuis qu'il est à la tête des armées pontificales ! Notre pape est en danger !

– Débarquer à Rome sans être convoqué te met en plus grand péril.

– Je n'ai pas peur. Où est le pape ?

– En consistoire…

– Je veux rester invisible dans l'attente de lui parler seul à seul. Tu ne m'as pas vu.

Les deux amis se séparèrent et Alessandro lança en guise d'adieu :

– Une apparition seulement !

Une fois dans son bureau, Rodrigo s'assit et regarda son homme de confiance. Gacet exposa quelques idées. Elles concernaient essentiellement la famille et les intérêts Borgia : on donnait légitimité à l'Espagne sur les nouveaux territoires ; en échange, le roi Ferdinand approuvait le mariage de Juan avec Maria Enriquez de Luna. On ajoutait au duché de Gandie le marquisat de Dénia à Valence et la suzeraineté sur le royaume de Grenade. « Le début d'une dynastie ! » conclut Gacet. Le Saint-Père jouait avec une petite dague, l'air agacé.

– Un souci, Votre Sainteté ?

– « Légitimité », je hais ce mot !

– Celle de l'Espagne sur le Nouveau Monde ?

– Celle de Juan sur le trône d'Espagne. Son mariage le place, lui ou ses descendants, en ligne pour la succession.

La reine Isabelle utilisera son illégitimité contre nous, comme elle l'a déjà fait pour les fiançailles.

Gacet voulut rassurer le pontife, il n'y réussit qu'à moitié :

– Ferdinand ne s'y opposera pas, lui ! Si vous lui donnez ce qu'il désire si fort.

Rodrigo connaissait la vraie nature du roi d'Espagne : un ambitieux, assoiffé de pouvoir et de richesse comme lui. Il encourageait Naples contre Milan pour asseoir sa propre influence face aux Français. Les Espagnols, puissants en Italie, prenaient la France en tenaille. Visionnaire, il imaginait les ressources du Nouveau Monde et se les arrogerait sans jamais perdre de vue l'Italie. On ne pouvait tout céder à Ferdinand… Le souverain pontife soupira.

– Nous devons trouver une solution équitable pour un partage entre l'Espagne et le Portugal. Enfin, une solution avec toutes les apparences de l'équité.

La suspension de séance s'acheva. Ils revinrent dans la salle du Trône. Cardinaux et ambassadeurs s'assemblèrent autour de la large table, au centre de la pièce, et on déroula les cartes du monde. Le pape prit un compas, plaça la pointe sur Rome et l'ouvrit largement. Il traça un arc de l'Afrique à l'Amérique.

– Les territoires à l'ouest de cette ligne vont à l'Espagne, à l'est, au Portugal.

On voyait que la part de l'Amérique destinée à l'Espagne était clairement plus importante. Cela n'échappa nullement à Costa. Il tenta une manœuvre dilatoire.

– Votre Sainteté, un tel accord ne peut être pris sans l'avis de nos souverains respectifs, et sans en avoir délibéré !

– Délibération égale retard, trancha Rodrigo. Encore une occasion de mettre cette solution de côté. Nous sommes le vicaire du Christ. Qui ne tient pas compte de nos paroles sera frappé d'excommunication.

Il fit un signe de croix, bénit la carte.

– Au nom de Notre-Seigneur Jésus-Christ, puissent l'Espagne et le Portugal porter l'Évangile aux païens. Nous en attendons d'innombrables conversions.

À la vérité, cet accord ne satisfaisait pas le pape. Il restait sceptique sur l'avenir : Isabelle la Catholique persisterait à tenir Juan pour un bâtard, les Espagnols ne demeureraient pas tournés vers l'ouest et conserveraient leurs ambitions italiennes… Quant à l'or, l'argent et les perles, ce serait peut-être une compensation…

L'idée des colonies lointaines, l'Eldorado, inspira la bulle papale rédigée quelques jours plus tard. Elle devait encourager et contenir les appétits des deux rivaux. Elle précisait le trait de compas : « Dans ces terres inconnues où Christophe Colomb a abordé, vit, nu et végétarien, un peuple qui croit en un seul Dieu et ne demande qu'à être instruit dans la foi de Jésus-Christ. Toutes ces terres et toutes ces îles regorgeant d'épices, d'or et de trésors, situées à l'ouest et au sud d'une ligne du pôle Nord au pôle Sud à cent lieues à l'ouest des îles des Açores et du Cap-Vert, sont attribuées aux Rois Catholiques[1]… » Aux Portugais, il restait l'Afrique…

*

* *

Assis devant son miroir, drapé dans une serviette blanche, Rodrigo s'abandonnait, les yeux fermés, entre

1. In Ivan Cloulas, *Les Borgia*, *op. cit.*

les mains de son barbier. Il goûtait cet instant de paix. Un coup léger fut frappé à la porte, et le Saint-Père aperçut dans le miroir le reflet de Cesare. Il ne broncha pas.

– Ferme la porte, dit-il.

Et il tendit la main. Cesare baisa l'anneau et se posta à côté de son père.

– Derrière moi, ordonna celui-ci. Je veux te voir.

Cesare obéit. Il s'aperçut dans la glace derrière Rodrigo. Son accueil le glaçait, la présence du barbier le gênait. Celui-ci se hâta de finir et fut congédié. Le Saint-Père demeurait silencieux, pas un muscle de son visage ne bougeait, dans son regard brillaient des reflets d'acier… Leur face-à-face fut bref et laissa Cesare décontenancé. Il voulut avertir le pape du danger, mais celui-ci ne le laissa pas parler : il savait tout. Sa voix claqua comme un coup de fouet :

– Et même si nos tripes et notre instinct ne nous avertissaient pas, une chose nous convaincrait du danger. Le refus d'obéir d'un membre de la famille ! Nous pouvons maîtriser les cardinaux quand ils tentent de nous poignarder dans le dos, pas des neveux irrespectueux.

Cesare fut dos au mur. Il voulait seulement…

– Je sais, oui, m'aider. Nous ne voulons pas de ton aide. Nous voulons de ta loyauté. Et maintenant, va-t'en.

Cesare ne fut pas simplement démonté par la dureté du pape, elle l'effraya.

– Où dois-je aller ? Je rentre à Spolète ?

– Non. Va à la maison de ta mère. Et débrouille-toi pour ne pas t'en éloigner.

De minuscules éraflures signalées par quelques gouttes de sang marquaient le cou de Rodrigo. Cesare eut peur de lui, et pour lui. Mais lorsqu'il rencontra les yeux de son père, il n'y lut ni crainte ni affection, seulement une froide détermination.

Le pape décida d'accélérer le cours des événements. Il envoya Juan en Espagne avec une mission : épouser Maria Enriquez de Luna, l'engrosser et ainsi greffer la famille Borgia aux maisons d'Aragon et de Castille. Connaissant son fils et sachant l'intolérance de la reine Isabelle à la moindre incartade, il lui fit des recommandations compréhensibles pour un jeune homme dont l'intelligence ne comptait pas parmi ses plus grandes qualités.

– Tu dois être une pomme ! Brillante, simple et saine. La bonne tenue rapporte de bonnes récompenses : seigneur de Grenade, marquis de Dénia.

Rodrigo fit mettre dans les bagages de son fils des bijoux et des parures pour la jeune fiancée, des cassettes pleines d'or et de ducats ainsi qu'une lettre ouvrant à Juan un crédit quasi illimité à la banque Spannocchi en Catalogne[1]. Muni de ce viatique, Juan s'embarqua. Une fois de plus, Sforza n'en fut pas informé.

Le même jour, celui-ci débarqua en hâte dans le bureau du pape. Le pontife s'étonna qu'il ne se fût même pas annoncé. Une affaire urgente amenait Sforza : le prince Alfonso de Naples faisait voile sur Ostie ! Il rejoignait Della Rovere qui organisait le blocus d'Ostie et Porto. Rome se trouvait privée d'accès à la mer et, sous peu, coupée de ses sources d'approvisionnement. Le pape écouta et ne parut pas soucieux. Il se leva ensuite et demanda une petite escorte.

– Vous partez où ? s'inquiéta Sforza.

– Vous le saurez lorsque je vous le dirai !

1. *Ibid.*

Cet après-midi-là, sortant de la chambre à coucher du pape, Giulia se trouva face à Orsino Orsini Migliorati. Appuyé contre le mur, il l'attendait ostensiblement, avec toujours ce tic disgracieux dans l'œil. Il se mit en travers de sa route.

– Salut Giulia ! Tu manques d'air dans la chambre à baiser du pape ?

– J'avais bien senti une odeur de pourriture…

Migliorati ne se laissait pas démonter, il allongea la main comme pour lui caresser la joue. Elle répondit par une gifle. Il l'attrapa par les cheveux, lui renversant la tête en arrière, approchant son visage contre le sien, suffoquant de rage.

– Tu ne sais plus où est ta place, putain ?… Je peux te le dire, salope ! Tu pourrais sucer saint Pierre, je m'en foutrais.

– Voilà de courageuses paroles de cocu, hoqueta Giulia, folle de colère.

Il lui agrippa l'entrecuisse, elle haleta de douleur.

– Ton Borgia peut bien labourer ton sillon usagé, c'est sur mon terrain. J'étais là avant lui et je serai là encore après lui. Ne l'oublie pas !

Dans un ultime réflexe, Giulia lui asséna un vigoureux coup de genou entre les jambes. Migliorati se plia en deux en grognant, asphyxié par la violence de l'attaque.

– Tu oses lever la main sur moi encore une fois, siffla la jeune femme, je te fais couper les couilles et les donnerai aux chiens !

*
* *

Après le conclave, Ardicino Della Porta avait regagné son couvent de Camaldoli, enfilé sa robe de bure et retrouvé le silence. Della Porta, prince de l'Église de noble famille, bel homme, riche de biens et de savoirs, disposait de tout pour accéder au pouvoir suprême. Il y avait renoncé pour le dépouillement et la prière. Cela fascinait Rodrigo. Lui, que la soif de pouvoir et la cupidité dévoraient, voyait en Della Porta une force de caractère et une volonté infiniment supérieures aux siennes. Il lui fallait absolument avoir un dernier entretien avec le seul homme qu'il respectait. Lorsqu'on l'introduisit dans la cellule, Della Porta agonisait.

Son visage livide luisait de sueur et une odeur de mort empoisonnait l'atmosphère. Le prélat, encore conscient, se plaignait d'avoir aussi froid qu'un « petit garçon tombé dans une rivière glacée ». Rodrigo lui tint la main.

– Ardicino, lui dit-il. Il me faut votre aide pour réformer l'Église.

– Je sens le souffle de Dieu dans mon oreille… Mon chemin est tracé…

Puis il eut une violente quinte de toux. Rodrigo essuya sa bouche ; sur le linge blanc, des gouttelettes de sang s'imprimèrent.

– Je vous ai toujours considéré comme un parangon de vertu. Jour et nuit, je m'efforce d'élever le Vatican à sa vraie valeur. Face à moi, il y a ces personnages, avides de gagner le pouvoir en me discréditant…

– Della Rovere… commença Della Porta.

– Oui. Il conspire avec Orsini, les Colonna et Naples, tous prêts à boire le venin qu'il distille. Je corromps mes ennemis avec des terres pour mieux les soumettre. Comment puis-je utiliser de telles méthodes quand mon but premier est précisément d'éradiquer cette corruption ?

Les mots se bousculaient sur ses lèvres et le souffle du mourant se faisait plus incertain. Rodrigo supplia :

– Ardicino, ne partez pas ! Dites-moi comment je peux changer. Comment rendre meilleur un pape élu grâce à la corruption ? Vos dernières paroles, ô mon cher ami, de grâce, inspirez-moi…

Della Porta tenta quelques mots. Rodrigo approcha son oreille contre sa bouche. Il ne comprit rien. Soudain, le prélat eut un râle profond et rendit l'âme. Rodrigo le fixa longuement, incapable de bouger. Puis il se signa et lui ferma les yeux. Un désespoir le saisit alors et il s'effondra, la tête sur le lit, contre le mort. Une solitude immense l'enveloppait.

Le lendemain, dans la salle du Trône, le consistoire prenait l'intensité d'un conseil de guerre : tous les cardinaux italiens étaient présents, à l'exception de celui de Florence. L'objet de la réunion fut exposé par Sforza :

– Si Naples attaque Rome et dépose le pape, les Français prendront prétexte pour entrer en Italie. Alors Mantoue, Venise, Sienne, Ferrare, tous les duchés tomberont les uns après les autres. Nous sommes tous menacés.

– Et Florence ? demanda Piccolomini. Pourquoi le cardinal de' Medici n'est-il pas avec nous ?

– Les de' Medici ne sont concernés que par leur propre protection. Ils font cavalier seul.

– Que proposez-vous, Votre Sainteté ?

– Une défense mutuelle, la coalition de toutes les cités, une Sainte Ligue, l'union sacrée contre Naples, Della Rovere et ses alliés. Au nom du Christ, Notre Sauveur.

Tous approuvèrent sans restriction. L'autorité de Rodrigo se retrouvait renforcée. Il se gardait cependant de toute illusion sur la solidité d'une telle alliance : elle durerait si Naples restait tranquille, et les Français contenus dans leurs frontières. Face à ces derniers, les forces militaires réunies ne feraient pas le poids. Il fallait continuer à négocier.

Le pape quitta la salle du Trône. Il recevait Alfonso d'Aragon, fils de Ferrante, le roi de Naples. L'avenir de la paix se jouerait probablement avec lui. Le pape décida de le voir dans son bureau et invita Alessandro Farnese à se joindre à eux. La partie s'engageait délicatement : le prince Alfonso arrivait d'Ostie. Ses troupes, associées à celle de Della Rovere, tenaient Rome à la gorge. Pour l'heure, les adversaires se faisaient face. Les armes étaient encore rangées, et l'ambiance, chargée de vibrations agressives.

En entrant dans le bureau du pape, le prince, fringant quadragénaire, se donnait des allures conquérantes. Rodrigo affecta un air benoît. On l'aurait cru un homme mûr, sans illusion sur le cours de la vie et désireux de paix et d'harmonie à tout prix. Rien d'un combattant. Or Alfonso espérait marier sa fille Sancia à Juan. La réaction de Borgia le surprit, car le pape dit d'un ton léger :

– Eh bien, il y aura d'autres hommes ! Juan est promis à Maria Enriquez de Luna.

Alfonso voulait un Borgia, personne d'autre. Restait Cesare. Alessandro comme Rodrigo comprirent l'insistance de l'héritier de Naples : il y avait cette ligue, une surprise pour lui. Or son père allait bientôt mourir, il voulait régner sur Naples sans conflit. Misant, jusque-là, sur Della Rovere, il s'apercevait maintenant qu'il s'était fourvoyé. Derrière le cardinal d'Ostie se profilaient les Français et leur roi réclamait Naples. Alfonso avait commis une erreur à Ostie, il venait demander pardon, faire allégeance et obtenir le soutien du pape. Un mariage en plus ne gâterait rien !...

– Sancia apporte une dot conséquente, les terres fertiles de Squillace…

– Et le fardeau de son illégitimité ! soupira le pape.

– Un fardeau partagé avec Cesare, me semble-t-il, rétorqua le prince.

Rodrigo s'enflamma. Alfonso d'Aragon comprit qu'il allait trop loin. Il pouvait tout perdre pour une question sans intérêt.

– Votre Sainteté, pardonnez-moi !

– Demandez-vous aussi pardon pour votre association à Ostie avec les ennemis de l'Église ?

Alessandro fut témoin ce jour-là d'une reddition quasi complète. Alfonso admit tout ce qu'on voulait, tout en reprochant à Rome sa préférence pour Milan ; la preuve : un Sforza était le vice-chancelier du pape ! Le pontife décida de calmer le jeu. Bien entendu, il y aurait mariage ; l'ennui venait de la vocation de Cesare pour la prêtrise.

– Alors, conclut Alfonso, votre neveu, en vrai serviteur de Dieu, acceptera volontiers de renoncer à son vœu de chasteté pour une bonne cause !

Sa Sainteté eut un sourire énigmatique. Alfonso le quitta, après avoir baisé l'anneau pontifical, persuadé qu'il avait atteint son objectif.

Comme le pape entrait avec Alessandro dans la Sixtine, celui-ci observa :

– Sommes-nous vraiment dans un besoin désespéré de gagner Naples à notre cause ? On ne l'aurait pas dit, à vous voir.

– Il a besoin de nous et nous de lui. Nous devons lui faire croire qu'il nous a convaincus ! Il doit travailler à nos côtés, c'est le seul moyen de briser la cabale de Rovere !

– Et les vœux de Cesare ?

– Je ne permettrai jamais une telle rupture.

Et le Saint-Père alla s'agenouiller. Ses pensées auraient fait hurler le Sacré Collège : « Nous adorons un messie à la paternité douteuse, dont la mère enceinte aurait été lapidée si Joseph ne l'avait pas épousée. » Et puis il se demandait pourquoi toutes les églises devaient être centrées autour d'un crucifix, comme si la souffrance et la mort du Christ comptaient plus pour nous que sa résurrection.

– 16 –

Se pliant aux ordres du pape, Cesare gagna la maison de sa mère. Vannozza lui trouva une mine épouvantable. Une maigreur à faire peur. Avec ça, nerveux, triste et amer. Elle commença par le nourrir. Il finissait un plat de côtelettes d'agneau lorsqu'elle lui apporta des olives avec du fromage. Il soupira : elle donnait toujours trop à manger. Elle répondit que sa future prêtrise ne valait rien pour sa santé.

– La religion, observa son fils aîné, n'a pas exactement fait maigrir mon père, n'est-ce pas ?

Vannozza détourna immédiatement la conversation :

– Alors, Spolète ?

– Une maigre récolte, des troupeaux malades, la chapelle a brûlé… La volonté de Dieu est sévère. Juan est reparti en Espagne pour son mariage royal, je l'ai entendu dire…

Le mariage rendrait-il Juan plus sage, plus mûr ? Elle en doutait. Elle regarda son aîné. Il lui inspirait amour, fierté et confiance. Elle ne se livrait qu'à lui. Ils discutèrent longuement de choses et d'autres, de la famille, de l'Espagne, et ils en vinrent à parler de Pedro Luis. Vannozza s'interrogeait sur les circonstances de sa mort. Cet assassinat par des Arabes lui semblait invraisemblable, mais si ce n'étaient eux, qui donc était responsable ? Comme se parlant à lui-même, Cesare demanda à voix basse :

– À qui a profité ce crime ?

Il s'arrêta de manger. Lentement, il retira un noyau d'olive de sa bouche, prenant le temps de réfléchir. Soudain, la réponse lui parut évidente.

– C'est Juan, n'est-ce pas ? souffla-t-il.

Avant que Vannozza ait pu réagir à ce terrible soupçon, leur conversation fut interrompue par l'entrée tonitruante d'un jeune garçon, aux yeux clairs, au visage volontaire. Goffredo, déguisé en croisé, se précipita vers son frère, hurlant et brandissant son épée de bois.

– Meurs, infidèle !

Cesare fit mine de s'effondrer.

– Goffredo, pas dans la maison ! cria sa mère.

Le gamin repartit aussitôt, cavalant comme s'il chevauchait une monture, son épée en l'air.

Vannozza et Cesare évitèrent de reprendre les spéculations sur la mort de Pedro Luis. Un secret de plus chez les Borgia ! Cesare préféra aborder la question qui l'obsédait continuellement : pourquoi ni sa mère ni Rodrigo ne voulaient-ils admettre sa filiation, de même que celle de Juan, Lucrezia et Goffredo ? Et, comme toujours, Vannozza respecta la promesse faite à son ancien amant de se taire éternellement sur ce sujet. Elle s'assit à côté de son fils, posa tendrement sa main sur son épaule.

– Fils de Rodrigo ou pas, il t'aime, il veut le meilleur pour toi…

Elle touchait là une des secrètes blessures de Cesare.

– Arrête, dit-il. Pour Sa Sainteté, je ne sers à rien…

– C'est un homme complexe, plaida-t-elle. Ses pensées, ses sentiments sont parfois enfouis très profondément.

– Tu le défends ? protesta l'aîné des Borgia, d'une voix vibrante. Il refuse ma vraie place dans le monde ! M'a-t-il jamais offert une réelle justification de moi-même ?

Il se tut. Ses chagrins, ses frustrations, ses remords montaient en lui comme une tempête.

– Tout ce que j'ai commis… pour lui, commença-t-il.

La pensée de son bébé, de ce crime absurde lui fit venir des larmes. Il s'essuya le visage et se leva. Parfois sa souffrance devenait trop violente, il lui fallait bouger. Il sortit dans la cour.

Vannozza ressentait si fort la peine de son fils qu'elle en tremblait. Elle appela une servante :

– Apporte-moi du parchemin et de l'encre, demanda-t-elle.

Vannozza adressa une lettre à Gacet. Lui seul pouvait lui obtenir un rendez-vous. Quelques jours plus tard, elle se trouvait, à la tombée du jour, dans le passage discret entre le palais pontifical et le château Saint-Ange. Drapée dans une grande cape de velours noir dont le capuchon retombait presque entièrement sur son visage, elle tenait une lanterne sourde. Une silhouette tout aussi sombre s'approcha, suivie à distance par deux autres : le pape et ses deux gardes du corps. Elle ne l'avait pas revu depuis la mort de son prédécesseur. La papauté devait être une bien lourde charge. Elle le trouva grossi, les yeux cernés, le visage marqué. Il lui avait accordé cette entrevue à contrecœur et le lui fit sentir sur un ton d'impatience :

– Alors, vous n'avez pas de problème d'argent. Vos tavernes, vos vignes, vos terres prospèrent…

Elle l'interrompit. Il s'agissait de Cesare et Goffredo. Il les négligeait alors qu'il comblait Juan. Pourquoi n'élevait-il pas leur aîné au cardinalat ? Rodrigo s'agaça. Ses projets pour Cesare concernaient lui et son fils, personne d'autre. Déjà nommé cardinal *in pectore*, Cesare se verrait remettre la barrette officiellement le moment venu.

Vannozza le jugea cruel, le lui dit, et cela lui déplut au point qu'il voulut mettre fin à leur entretien. Vannozza le retint, elle voulait parler de Goffredo. Les doutes sur sa paternité demeuraient vifs chez son ancien amant, et il n'en fit pas mystère. Du coup, Vannozza vida son cœur :

– Vous m'avez gratifiée de plusieurs maris : je n'ai jamais rencontré le premier, Domenico d'Arignano. Giorgio Della Croce, le deuxième, ce sénile, ne savait plus se servir de sa verge. Pensiez-vous honnêtement ce gâteux capable de faire un enfant ?

– Vous ne semblez pas avoir ce problème avec votre mari actuel… ironisa Rodrigo.

– De quoi s'agit-il ? Jalousie ? Vous m'avez obligée à me marier ! Vous m'avez délaissée !

– Neuf mois avant la naissance de Goffredo !

– Neuf mois, pas dix !

Le pape eut une hésitation :

– Nous voudrions vous croire…

La nuit obscure les rapprochait ; une brève seconde flottèrent entre eux les souvenirs du passé, un instant de tendresse. Vannozza y vit une ouverture.

– La vie reprendrait un sens pour Cesare si vous admettiez ce qu'il sait déjà. Dites-lui qui vous êtes. Juste une fois. En secret. Il pourrait mourir pour vous. Mais il a besoin de mourir en étant votre fils.

Rodrigo la regarda, le visage fermé, puis exigea une première chose : le secret. Pas un mot sur cet entretien.

– Le secret, une seconde nature chez les Borgia, soupira Vannozza.

Le pontife eut ensuite une autre exigence : s'il cédait à tout ce qu'elle demandait, elle, en retour, acceptait de ne plus voir Lucrezia. Plus jamais. Vannozza s'inclina. Le pape s'éloigna sans un mot, mais Vannozza le connaissait assez pour savoir qu'elle l'avait touché.

Alessandro vint rendre visite à son ami chez sa mère. Assis tous deux sur la terrasse, sirotant du vin, ils savouraient une paix qu'ils n'avaient pas connue depuis longtemps. Alessandro parla d'abord de son service auprès du pape, puis, hésitant, finit par avouer son vrai souci. Il était amoureux de Silvia Ruffini. Contrairement à Cesare, charmeur et séducteur lorsqu'il voulait, Alessandro préférait les prostituées. Au moins avec elles, on simplifiait les relations. À présent, ce timide craignait d'être repoussé, pire, moqué.

– L'amour, quel qu'il soit, exige du courage, mon ami, dit Cesare.

Il pensait à Fiametta ou à son amour pour son père. Ils demeurèrent un moment silencieux. Alessandro buvait à petites gorgées, attendant les conseils de son ami. Les deux contemplaient la ville et ses lumières tremblotantes.

Soudain, Cesare sauta sur ses pieds, tout sourires :

– Allons, viens ! Nous allons rendre visite à Silvia Ruffini. Je prends mon arc, ma flèche, je serai ton Cupidon !

– Non ! Tu as oublié ? Tu es consigné ici.

– Je vais me déguiser, je serai invisible dans le noir de la nuit. Ma mère est sortie. Personne ne le saura. Allons, viens !

Ils sortirent en riant. Deux amis, deux frères heureux d'être ensemble.

Un peu plus tard, Cesare, ayant parfaitement joué son rôle et laissé Alessandro entre les mains très tendres de Silvia Ruffini, rentra discrètement par les rues sombres. Il rencontra la seule personne capable de le reconnaître : Marcoantonio, en balade avec ses hommes de main. Ainsi accompagné, il se montra comme d'habitude fanfaron et agressif. Exhibant sa main amputée d'un doigt, il lança :

– Un jour, mon oncle sera de nouveau préfet de Rome ! Mon oncle sera pape. Un jour viendra, Naples débarquera, alors…

Cesare le regardait, gouailleur, nullement impressionné. Il lui dit calmement :

– Dis-moi, Marcoantonio, comment fais-tu pour pisser ? Tu arrives à la tenir avec quatre doigts ou bien tes oncles la tiennent pour toi ?

*
* *

Alfonso d'Aragon revint à la charge rapidement : le pape accepterait-il de libérer Cesare de ses vœux ? Le souverain pontife demeura inflexible. Toutefois, il avait un troisième fils, Goffredo ! Alfonso ne cacha pas sa surprise. Mais sa bonne humeur était mitigée : le dernier-né du pape n'était encore qu'un enfant ! Rodrigo avait réponse à tout.

– Ne sous-estimez pas la précocité des Borgia en matière de sexe. Il a onze ans. Et Sancia ?

– Quatorze ans !

– Il la maintiendra jeune quand elle avancera en âge…

Dans les couloirs du palais, ils croisèrent Sforza. La conversation s'interrompit. Le Napolitain et le Milanais échangèrent un regard hostile. Sforza ignorait la présence à Rome du fils de Ferrante, n'en ayant pas été averti. Évidemment, il s'offusqua. Le pape haussa les épaules. Le pouvoir lui appartenait. À lui seul.

– Milan, nargua Alfonso, veut se garder les Borgia, j'imagine !

Puis il se tourna vers son hôte, sans attendre la réponse de Sforza qui s'éloigna en grommelant.

– Je soumettrai votre proposition au roi Ferrante.

– Faites vite, insista le Saint-Père. Lorsque nous verrons Sforza, le Milanais, votre éternel adversaire, il nous rappellera l'existence d'une fille du roi de France en âge de se marier…

Alfonso salua le pontife et prit congé. Il avait à peine disparu que Gacet débarquait, apportant de mauvaises nouvelles : le roi d'Espagne refusait le marquisat de Dénia et la souveraineté de Grenade à Juan.

– À travers Juan, c'est moi qu'on atteint ! Rodrigo ou Alexandre VI, c'est le nom de Borgia que des cardinaux, des rois même, tentent d'éliminer.

Aux yeux de Gacet, la responsabilité incombait essentiellement à Juan. Un sujet tabou entre le pape et lui. Il préféra parler d'autre chose : les Orsini demandaient audience. Le Saint-Père en devina la raison :

– Nous sommes sur le point de faire la paix avec Naples. Eux-mêmes sont traditionnellement ses alliés. Dès lors, ils nous jugeront moins isolés, donc moins fragiles, et craindront notre autorité. Ils n'ont toujours pas renoncé à nous éliminer. Et Della Rovere est en embuscade pour les attirer à lui.

– Dois-je refuser, Votre Sainteté ?

– Au contraire, invite-les à dîner ! Dans le vin, la vérité… Dans beaucoup de vin, des occasions…

Borgia se retira, satisfait. Il savait que la fidélité des familles romaines changeait d'un jour à l'autre, d'un pouvoir à l'autre. Le seul dont l'inimitié demeurait solide était Della Rovere. Un à un, il tirait les fils dont se tissait la traîtrise de celui-ci. « Ce marchand de poissons génois, pensa-t-il, ce Della Rovere va voir, ils vont tous voir ce dont nous sommes capables ! » Il dit à voix haute :

– Quand je dis « nous », ce n'est pas le pape, c'est nous : la famille Borgia !

Vannozza accepta l'accord : elle ne verrait plus Lucrezia, Cesare serait cardinal… peut-être le fils du pape, officiellement. Dans les termes de ce pacte, elle voyait la patte d'Adriana. Craignant d'être évincée par Giulia et de perdre sa position confortable de « maîtresse de maison » du pape, celle-ci savait que la garde de Lucrezia justifiait sa présence dans le luxueux palais de Santa-Maria-in-Portico. Et c'était vrai, Giulia détestait sa belle-mère comme jamais. C'est pourquoi Vannozza, passant sur leur rivalité ancienne, invita la maîtresse du pape chez elle. Leur haine commune d'Adriana formait un ciment solide. Giulia se retrouva dans la grande cuisine de Vannozza, en vérité son salon préféré, savourant le vin de sa vigne.

– Soyons honnêtes, dit Vannozza, je ne vous ai pas demandé de venir pour échanger des commérages. Nous sommes toutes les deux liées intimement à la famille Borgia. Nous avons, de ce fait, un problème en commun : Adriana De Mila.

– Pourquoi Adriana me poserait-elle un problème ? Je lui suis très supérieure.

– J'ai dit « soyons honnêtes » ! Votre mari est revenu à Rome, la situation de sa mère lui permet de venir rôder dans le palais pontifical : où va Adriana, là va le Borgne !

Giulia ne pouvait nier cette évidence : elle se souvenait douloureusement de sa dernière rencontre avec son mari et redoutait la prochaine. Elle préféra cependant aborder le sujet d'Adriana autrement :

– Qu'a-t-elle fait contre vous ?

Vannozza remplit le verre de Giulia. Maintenant, ses yeux étaient gonflés de larmes.

– J'ai perdu ma fille ! Elle m'a pris mon unique fille. Elle, Adriana, est seule responsable… Mon unique fille, vous comprenez ?

Puis Vannozza sécha ses larmes. Sa voix durcit.

– Débarrassez-vous d'Adriana ! Qu'elle soit embarquée vers l'Espagne ou noyée dans le Tibre m'est égal. Comme je l'ai dit…

– Oui, j'ai compris : là où va Adriana, là va le Borgne. Je vous aiderai. Vous ne l'oublierez pas ?

– Bienfaits ou vengeance, ma mémoire est longue !

Cette fois, Vannozza remplit un verre pour elle aussi. Les deux femmes portèrent un toast silencieux avec un sourire complice.

– Ainsi les Orsini souhaitaient voir le pape ! Et pourquoi donc ?

Rodrigo était parfait dans le rôle de l'hôte légèrement ivre. Il allongea le bras et servit lui-même ses invités, affichant une jovialité feinte. Les deux frères vaguement inquiets s'interrogeaient sur les vrais motifs d'un tel accueil. Gianbattista, le cardinal, se redressa et s'éclaircit la gorge. Rodrigo leva la main.

– Non, attendez… Je sais ! Nous avons gagné votre confiance lors du conclave, puis nous l'avons galvaudée en persistant à coucher avec la femme de votre cousin ! Je me trompe ?

– Par dame Adriana, il est aussi *votre* cousin, Votre Sainteté, fit Gianbattista.

– Or dans notre famille, rétorqua le maître de maison avec un rire gras, nous partageons tout !

Les deux frères n'attachaient pas une importance capitale aux déboires conjugaux de leur cousin. Il n'en valait pas la peine. Ils avaient beaucoup plus à négocier : les terres pontificales vendues par Franceschetto Cibo. À leur immense surprise, le souverain pontife ne les leur réclamait plus, il en offrait même d'autres : Rota avec les forteresses de Cerveteri, Monterano et Viano.

Les deux frères se regardèrent, interloqués. Borgia ne serait-il pas vraiment saoul ?

– J'y mets deux petites conditions, déclara Sa Sainteté, parfaitement lucide. Un, vous me payez les quarante mille ducats promis à Cibo. Deux, ces terres reviendront à la papauté à votre mort, Virginio. Si vous survivez à votre épicurien de frère ici présent !

Virginio quêta l'approbation de Gianbattista.

– D'accord, dit celui-ci.

Devant une victoire aussi facile, les Orsini tentèrent de pousser leur avantage : Virginio voulait reprendre son titre de capitaine général de la garde pontificale.

– Non ! Ce serait une insulte pour Juan !

Le ton monta d'un cran : on touchait à la famille du pape.

– Et toutes ces désertions, Votre Sainteté ? Ne sont-elles pas autant d'insultes pour vous-même ?

Là encore, leur hôte opposa une résistance de pure forme avant de céder presque aussitôt.

– Allons, dit-il avec bonhomie, Juan poursuit l'œuvre de Dieu en Espagne ! Nous allons réinstaller Virginio dans sa charge. Cette fois, nous verrons bien quelle figure feront les Colonna.

Le trio leva ses verres à un avenir prospère et paisible. Les deux Orsini n'avaient pas escompté une victoire aussi facile. Ils se demandaient maintenant quel but poursuivait le pontife.

*

* *

L'attaque fut d'autant plus imprévisible qu'elle eut lieu dans le chœur de la Sixtine où Giulia et Alessandro Farnese faisaient leurs dévotions. Deux hommes surgirent, armés, l'un d'un coutelas, l'autre d'un gourdin. Leurs intentions ne laissaient aucun doute. En s'approchant, ils dérangèrent des pèlerins dont les chuchotements alertèrent Alessandro. Il se retourna, les vit foncer sur lui.

– Giulia, file ! rugit Alessandro en attrapant un lourd chandelier d'une main, et poussant Giulia pour la protéger de l'autre.

Le premier des attaquants se lança en avant : son couteau glissa sur la soutane de soie d'Alessandro et la déchira ; l'autre l'assomma d'un coup de gourdin. Giulia descendit la nef en hurlant à l'aide. Les assaillants se lancèrent à sa poursuite, elle fila sur les bas-côtés. Les gardes pénétrèrent dans l'église et réussirent à rattraper l'un des assassins. Le second poursuivit Giulia jusque derrière le maître-autel. Il la saisit, balança son bras : elle évita le coup mortel, mais la lame dévia et lui déchira la joue. Terrifiée, luttant pour sa vie, Giulia lui envoya un coup de pied dans l'entrejambe et put s'enfuir. Les gardes accoururent ; en quelques secondes, ils formèrent un cercle autour de l'homme encore plié en deux, épées au clair, arbalètes armées. Alessandro, lui aussi blessé, le front ouvert, se releva et rejoignit Giulia. Une large estafilade barrait la joue de sa sœur, couverte de sang.

Comme folle, elle traversa les couloirs en appelant son amant à l'aide, hurlant jusque dans l'antichambre de la salle du Trône où le pape recevait Alfonso d'Aragon de retour de Naples. Ses cris résonnaient à l'intérieur, dérangeant la solennité de l'entretien. Sommé de ramener le calme, Gacet se rua dans l'antichambre et découvrit Giulia et Alessandro, qui l'avait suivie, dans un état impressionnant. On n'interrompait pas une audience officielle du pape, même pour une tentative d'assassinat sur sa maîtresse. Gacet essaya de raisonner Giulia, puis retourna dans la salle où le Saint-Père, bien qu'il comprît qu'un problème sérieux se posait, indiqua néanmoins d'un signe qu'il ne fallait pas troubler l'entrevue. Gacet ressortit, tenta de nouveau d'apaiser la furie.

Giulia hurla :

– Attendre ? Moi ! Attendre ?

La douleur aidant, elle devint violente :

– Rodrigo, bon Dieu de merde, tu vas sortir d'ici ! On ne me fait pas renvoyer par un laquais !

Alessandro la retenait. Gacet allait et venait d'une pièce à l'autre, tandis qu'une négociation délicate se jouait : le roi de Naples acceptait de marier sa petite-fille Sancia à Goffredo. Son accord s'assortissait d'une autre exigence : priver Sforza de son poste de vice-chancelier… Le souverain pontife soupira, fatigué de cette perpétuelle balance entre Naples et Milan. Accordait-on une chose à l'un, l'autre en voulait plus… Pas question de se défaire de Sforza, ce serait aussitôt Milan debout contre Rome, les Français avec le duché !

– Je vous suggère autre chose : pourquoi ne nommerions-nous pas Son Éminence le cardinal Carafa comme camerlingue du clergé romain ? C'est un poste élevé… presque…

Dehors les hurlements, les coups sur la porte laissaient imaginer la fureur de Giulia. Rodrigo essayait de se concentrer et Alfonso d'Aragon, partagé entre sourire et effarement, jetait des coups d'œil discrets vers l'huis, redoutant probablement qu'il s'ouvre sur une tornade.

– Non, pas Carafa, dit-il. Mon père préfère le cardinal Della Rovere.

– Le cardinal Della Rovere a constamment trahi et affaibli l'Église. Un autre moins charitable l'aurait déjà condamné, exécuté, à tout le moins excommunié, déclara Rodrigo d'un ton cassant.

Il eut un silence, le temps de laisser s'installer l'effet de sa déclaration. Puis il fit volte-face avec un sourire.

– Ah bah ! Le passé est le passé ! Au nom du Prince de la Paix, nous convoquerons ici Della Rovere, nous oublierons ses machinations et le replacerons doyen du Sacré Collège des cardinaux. Ainsi Della Rovere et Sforza seront égaux à nos yeux…

Alfonso d'Aragon, aussi surpris que les Orsini quelques jours auparavant, se demanda simplement si le pape cédait aux cris venus du dehors ou si ses intentions étaient bien réelles.

– 17 –

Rodrigo Borgia souleva le couvercle d'une petite jarre d'albâtre que lui tendait Burckard. Il huma un exquis parfum de lavande. L'ambassadeur de France, Peron de Basche, prit le ton d'un bon vendeur :

– Directement de nos cultures de Provence ! Un symbole de la bonne volonté du roi Charles VIII, de l'huile de lavande, bien connue pour ses propriétés apaisantes !

– Nous pensions les Français plus intéressés par les aphrodisiaques que par les émollients ! observa Rodrigo.

Le bon mot fit rire les cardinaux présents : le vice-chancelier Sforza, le doyen du Sacré Collège, Della Rovere et le légat de Naples, Carafa. Il fallait détendre l'atmosphère : le roi de France persistait dans ses vues sur Naples. L'audience de l'ambassadeur ne prévoyant pas de discussion sur les herbes aromatiques, Rodrigo passa directement à l'essentiel :

– Monsieur l'ambassadeur, apprenez-nous ce que votre roi a en tête !

– Sa Majesté le roi Charles VIII demande l'autorisation d'envahir l'Empire ottoman.

Si la nouvelle fut diversement appréciée, aucun des prélats ne manifesta plus qu'un intérêt souriant.

L'ambassadeur y vit un encouragement et expliqua que son roi voulait partir en croisade, reprendre Constantinople, Jérusalem et toute la Palestine. Le Saint-Père sembla approuver sans réserve. L'armée française embarquerait à Ancône. En chemin, Charles VIII souhaitait s'arrêter à Rome. Rodrigo n'eut pas le mauvais esprit de lui signaler que cette visite représentait un sérieux détour. Au contraire, il prit le ton le plus chaleureux.

– Rome lui ouvrira les bras, comme une mère à son fils, répondit Rodrigo.

Il avait neigé à Rome et les jardins du Vatican étaient entièrement blancs. Quelques heures après cette visite, le pape et son vice-chancelier, enveloppés dans de grandes capes – blanche pour le premier, rouge pour le second –, marchaient dans les allées parfaitement vierges. Des gardes les entouraient de torches pour les réchauffer. « Étrange ambiance », pensa Rodrigo. Pas un bruit ne montait de la ville, pas un chant d'oiseau ne s'échappait des arbres, seuls s'entendaient leurs pas crissant sur la neige et le grésillement des torches. Les deux hommes méditaient le prix à payer pour cette croisade : Rome et les États pontificaux n'étaient pas sur la route d'Ancône mais bien sur celle de Naples. Charles VIII attendait la mort du roi Ferrante de Naples pour reconquérir le petit royaume. Sforza, jamais à court de reproches envers Borgia, justifia la démarche du roi de France.

– Votre projet de mariage entre Goffredo et la petite-fille de Ferrante a fait naître cette tempête. La jalousie de la France grandit devant votre nouvelle affection pour Naples. Je pense…

– Nous savons ce que vous pensez ! En tant que souverain pontife, nous devons tout faire pour empêcher Charles d'entrer en Italie…

Rome se trouvait prise dans un étau entre les Français et les Napolitains. Et la situation devenait plus délicate chaque jour.

*
* *

Rodrigo respecta toutes les promesses faites à la mère de ses enfants. La consécration des cardinaux était un événement assez rare pour remplir intégralement la basilique Saint-Pierre de tous les hauts dignitaires de la curie romaine, des membres des grandes familles et tous les notables de Rome. Adriana, Giulia, un peu en retrait Lucrezia, toutes trois vêtues de noir, une mantille sur la tête descendant sur le visage, s'étaient installées dans une loggia grillagée au-dessus de la nef.

Devant le maître-autel, Rodrigo, assis sur son siège pontifical, faisait face à Alessandro. Il plaça sur sa tête la barrette, puis à son doigt l'anneau cardinalice, un saphir cerclé d'or, en lui disant : « Alessandro, cardinal Farnese, archevêque d'Orvieto, reçois cette pourpre en signe de la dignité et de l'office de cardinal… » Puis ce fut le tour de Cesare. « Archevêque de Valence… » Les deux rejoignirent ensuite les autres nouveaux cardinaux. Tous se prosternèrent devant le pape.

Rodrigo contempla la foule des visages tournée vers lui. « À qui se fier ? » Il ne voyait que des traîtres : Della Rovere, Orsini, Sforza. « À qui se fier ? » se répétait-il, tandis que les diacres passaient autour des jeunes cardinaux prosternés, balançant des encensoirs d'argent, et que le *Veni Creator* retentissait sous les voûtes de bois et de pierre. « À qui se fier ? » Il lui revint à la mémoire le regard de Cesare lorsque, arrivé de Spolète, il avait bravé ses consignes, tremblant à l'idée d'être rejeté, animé du brûlant désir de le protéger. Oui, Cesare, son fils, l'aimait. Une vague d'émotion l'envahit : « Oui, pensa-t-il. Mon fils ! Je peux me fier à lui, c'est celui-ci, personne d'autre. » Alors que résonnaient les dernières notes du cantique, il se leva. Sa haute stature dominait le chœur et imposa le silence à toute la basilique.

– Mes frères, mes sœurs dans le Christ ! Nous aimons le cardinal Borgia comme notre fils spirituel… Oui, j'aime Cesare Borgia comme mon propre fils, car il est la chair de ma chair !

Au silence succéda un murmure qui gonfla dans toute l'église. Cesare leva les yeux vers son père.

– … Comme sont la chair de ma chair (la voix de Rodrigo dominait les murmures et les commentaires) ses frères, Juan, Goffredo, et sa sœur, Lucrezia. Je proclame avec tout l'amour d'un père que tous les quatre sont mes enfants légitimes.

Cesare se releva. Son père lui tendit les bras pour le serrer contre lui à la face du monde entier. Dans la loggia, Giulia fit une grimace de frustration. Dans les rangs des cardinaux, stupeur, admiration pour cet aveu comme un défi au monde, satisfaction de voir avoué ce qu'ils avaient toujours su, fureur d'avoir été dupés, les robes pourpres s'agitaient ; un hourvari de clameurs qui n'avait plus rien à voir avec la cérémonie avait gagné la basilique.

Cesare, désormais cardinal et officiellement fils du pape, s'ennuyait. On lui avait affecté la paroisse de Santa-Maria-Nuova, qui lui offrait par la même occasion un logement somptueux, mais cela ne suffisait pas à satisfaire Cesare dont la charge consistait à signer des indulgences achetées par les pécheurs pour s'assurer le Paradis – chose qu'il réprouvait –, à célébrer des mariages de notables, à bénir des corporations de marchands de légumes ou de soieries. Il s'était vu au cœur du système, travaillant aux côtés de son père… Ruminant sa déception, il reçut enfin une convocation au Vatican, pour son premier consistoire.

Il s'assit, rayonnant de fierté, parmi la vingtaine de ses collègues, de chaque côté du siège du souverain pontife. Tous se levèrent à l'entrée du pape, puis la séance s'ouvrit avec la déclaration protocolaire de Burckard :

– *Verbum incarnatum.* Sa Sainteté Alexandre VI…

– Nous n'avons pas le temps de nous soumettre aux formalités, Burckard. Commençons.

Plutôt qu'une assemblée de prélats, il s'agissait d'un conseil de guerre : le roi Ferrante venait de mourir. Sa succession bouleversait l'échiquier politique en Italie. Naples, représentée par Carafa, espérait le soutien de Rodrigo pour le fils de Ferrante : Alfonso. Della Rovere – qui jouait pour la France – s'y opposa bruyamment. Or l'Espagne aussi avait choisi Alfonso.

– Notre faveur irait plutôt envers Alfonso, déclara le pontife.

Della Rovere s'avança au centre de la pièce. Sa robe s'agitait comme une voile de bateau secouée par le vent.

– Évidemment que votre faveur suit l'Espagne ! Elle suit surtout votre intérêt et celui de vos quatre enfants : une fille mariée à Milan, un fils à l'Espagne et bientôt un autre sera uni à la famille de Naples…

Il se tourna vers Cesare et ajouta, furieux :

– Et celui-ci finira bien par exiger les États pontificaux ! Vous n'êtes plus intéressé par les diocèses, vous voulez gouverner un empire !

Cesare sauta sur ses pieds et s'approcha tout près de Della Rovere pour l'affronter :

– Vous osez accuser le Saint-Père de se conduire comme un roi séculier ? Vous osez lui reprocher de placer l'ambition avant la volonté de Dieu ?

– Cesare ! Tais-toi, commanda Rodrigo d'une voix ferme.

Les deux se rassirent avec, dans les yeux, le même éclat malveillant. Après avoir laissé passer quelques secondes pour clore l'incident, le souverain pontife, avec la sereine majesté qui convenait à sa fonction, poursuivit :

– Notre choix se base sur la loi et le droit divin. Nous recevrons ici les preuves, les témoignages, les documents de Charles et Alfonso, justifiant leurs prétentions au trône. Nous les étudierons. Puis nous, et seulement nous, rendrons un verdict.

Cela ne pouvait satisfaire Della Rovere. Il se leva à nouveau. Il affichait son vrai visage de cardinal guerrier, têtu et cabochard.

– Peu importe votre décision, Charles passera les Alpes. Il vous reste à choisir la façon dont il entrera dans Rome : en vous baisant l'anneau ou en vous fourrant le doigt dans le cul !

Puis, sans attendre, il prit la porte, laissant le Sacré Collège médusé. Rodrigo fit un signe à Burckard.

– Le consistoire est terminé. *Verbum incarnatum*, annonça celui-ci.

Cesare s'approcha de Rodrigo et proposa :

– Père, Della Rovere bafoue votre autorité. Il doit être mis aux arrêts.

Inutile, selon Rodrigo. Della Rovere allait filer en France. Il y chercherait les faveurs du roi.

*

* *

Un besoin viscéral d'être entouré de ses enfants tenait le pape. Dès que Juan fut marié à Maria Enriquez de Luna, il le convoqua à Rome. Juan ramena avec lui sa femme, une ravissante princesse à l'allure racée. Âgée d'à peine à dix-huit ans, elle masquait sa timidité sous sa bonne éducation. Elle charma toute la cour du souverain pontife, lui compris, lorsqu'elle lui fut présentée un soir de réception à la salle des Sibylles.

Pendant ce temps, Juan se trouvait dans le quartier juif où il besognait une brune aux longs cheveux noirs et aux seins lourds répondant au nom de Maacah. Tandis qu'il ahanait, ses chausses sur les genoux, la fille regardait au plafond, attendant qu'il ait terminé et lui paie ses deux ducats. Il termina la séance bruyamment et, dans un grand soupir de contentement, s'affala sur le dos en grognant :

– Pas de doute, vous, les tueurs du Christ, vous êtes un peuple élu.

Maacah se redressa sur un coude.

– Si nous sommes le peuple élu, tu pourrais demander à ton père de baisser nos impôts !

– Parce que tu crois, dit Juan en soulevant son bassin pour se rajuster, que vous, les Juifs, vous êtes les seuls à vous plaindre de vos impôts ?

– Payer une taxe sur le sel est une chose, payer pour avoir le droit de prier selon notre religion en est une autre.

À ce moment, on cogna à la porte et la voix de Cesare retentit :

– Juan ! Il veut te voir !

Juan leva la tête et soupira d'un air excédé. Il sauta sur ses pieds, tira de sa poche deux pièces qu'il jeta sur la table et disparut.

Lucrezia n'appréciait pas son changement de statut : fille du pape et mariée, elle avait interdiction de consommer son union et demeurait sous la houlette d'Adriana comme avant. Elle vint voir son père et lui déclara sans ambages qu'elle désirait faire l'amour avec son mari. Si surpris fût-il de voir sa fille, son bébé, parler ainsi, Rodrigo demeura ferme dans sa décision, sans lui en expliquer les raisons. Ceci eut le don de mettre Lucrezia hors d'elle.

– As-tu foi en moi ? demanda Rodrigo.

– Comment le pourrais-je quand vous m'avez fait croire depuis toujours que vous étiez mon oncle ?

Rodrigo encaissa la rebuffade sans esquisser la moindre défense. Il voulut offrir à Lucrezia un somptueux collier de perles et de rubis pour l'amadouer. Elle refusa tout net :

– Je ne suis plus une petite fille, *père*, dit-elle en insistant sur le mot avec ironie. On ne peut plus m'acheter avec des babioles.

Elle sortit en claquant la porte, retenant des larmes de rage. Un peu plus loin, elle croisa Ascanio Sforza. À la sollicitude qu'il exprima, s'étonnant de ses yeux rougis, elle opposa une réponse vague sur les pleurs sans propos des jeunes filles. Curieux, Sforza joua les bons oncles : après tout, elle avait épousé son neveu, on pouvait tout se dire en famille… Lucrezia hésita. La vérité représentait un danger politique pour Rodrigo, elle le savait. Mais sa colère l'emporta et elle avoua l'interdiction de son père. Si l'information intéressa Sforza au plus haut point, il n'en laissa rien paraître et pesa ses mots :

– Il ne m'appartient pas de contredire votre père. Je parle en tant que prêtre : aux yeux de notre sainte mère l'Église, le mariage unit un homme, une femme et Dieu… Personne d'autre.

– Que faire si Giovanni voit les choses autrement ? La peur des représailles a éteint son ardeur !

– Alors, faites ce que font toutes les femmes pour sauver leur mariage : dire au mari ce qu'il veut entendre…

Il lui sourit, reprit son chemin en jetant par-dessus son épaule :

– … que ce soit la vérité ou non !

« C'est le jour des enfants », pensa Rodrigo en voyant peu après Juan entrer en coup de vent dans son bureau où il conférait avec Gacet et Cesare. Le fils chéri venait d'apprendre qu'il avait perdu son titre de capitaine général et voulait des explications. Juan restait un enfant gâté et mal élevé.

– D'accord, tu resteras capitaine général, dit Rodrigo. Virginio Orsini sera préfet de Rome.

– Donc, mon supérieur ! nasilla Juan.

– Et je suis le sien ! Tu vas récupérer ton armée, sois satisfait.

Juan, enchanté, baisa l'anneau papal et s'en fut.

Cesare avait assisté à l'entretien, adossé au chambranle de la porte, l'air sombre. Il eut envie d'intervenir, puis renonça et demanda plutôt d'un ton désinvolte :

– Je voulais votre permission pour aller rendre visite à Alessandro à Orvieto.

– Permission accordée. File.

Gacet déplorait la faiblesse de Rodrigo vis-à-vis de Juan. En Espagne, ses bêtises ne prêtaient pas à conséquences. Ici, chef des troupes pontificales, il représentait un véritable danger. Rodrigo prenait le risque de se mettre à dos Virginio Orsini en lui collant Juan comme capitaine général, notoirement incompétent, responsable de dizaines de désertions. Rodrigo ignora ses objurgations. On lui adjoindrait Guidobaldo de Montefeltro, duc d'Urbino, un soldat expérimenté et aguerri, et tout irait bien.

– Quant à Orsini, conclut Rodrigo, il n'a toujours pas arrêté le commanditaire de l'attaque menée contre Giulia. Et comme tous les Orsini, il a des arrière-pensées !

La forteresse de l'Albornoz à Orvieto, fief des Farnese, était un château de pierres sombres juché au sommet d'une colline. Il s'appuyait sur des rochers et dominait un paysage aux courbes arrondies, couvertes d'épaisses forêts, d'où s'élevaient des sommets arides et bruns. La forteresse elle-même ressemblait à ces montagnes : pauvre, irrégulièrement construite, qui s'éboulait là où des pans de murs s'étaient effondrés. L'intérieur ne payait pas plus de mine et Alessandro, accompagnant Cesare dans un tour du propriétaire, se sentait désespéré : au regard d'un étranger, son château croulait sous la misère ! Pourtant, la présence de son ami ramenait la gaieté dans son cœur. Quant à Cesare, la tension qu'il éprouvait à Rome, due tout à la fois à son sentiment d'impuissance et aux craintes pour le trône et la vie de son père, s'atténuait en compagnie d'Alessandro… Il lui expliqua la situation. La sécurité du Saint-Père et de tout le Vatican dépendait de Juan.

– La seule chose dont Juan soit capable est de coucher avec des filles. La veille de son mariage, à Barcelone, il a passé la nuit dans des bordels. Quand la reine Isabelle a appris ses turpitudes, elle a refusé d'assister à la cérémonie !

– Est-ce que ton père le sait ?

– J'ai failli le lui dire…

Cesare haussa les épaules et frissonna. Il faisait froid et des vents coulis hurlaient sous les portes.

– Pas très chaleureuse, ta résidence !

– L'Albornoz a été construite il y a trois siècles par ma famille pour protéger Rome. Nous pourrions encore le faire contre les Français : j'en ai la volonté, les troupes…

– … mais pas l'argent, compléta Cesare. Je vais en parler à mon père !

– Inutile, dit Alessandro, j'ai écrit à ma sœur. Elle saura convaincre le pape !

Les deux sourirent. Giulia avait des arguments imparables et Rodrigo lui refusait rarement quelque chose. Alessandro ouvrit une bouteille et ils s'installèrent au coin du feu.

*
* *

Rodrigo ne pouvait se défaire de sa haine pour Della Rovere. Sa dernière alagarade au consistoire l'avait condamné. Il décida de dépouiller le cardinal de son diocèse d'Ostie. Prendre le port et le château, mettre celui-ci à sac fut la première mission qu'il confia à Juan comme capitaine général et à son second, Guidobaldo de Montefeltro. L'affaire fut promptement réglée : Della Rovere avait emmené avec lui en France une partie de ses hommes, laissant le château à court de troupes. De retour victorieux, Juan fit une entrée triomphale dans la salle du Trône, proclamant :

– Ostie est à vous !

Rodrigo, qui s'apprêtait à le féliciter, fut interrompu par Sforza :

– Cette attaque ne fait que compliquer un peu plus nos relations avec le roi de France !

– Parce que Della Rovere s'est enfui chez lui ? Vous le saviez déjà, Éminence ! Quelle sorte d'allégeance avez-vous à Rome, à la sainte Église, pour comploter avec Della Rovere et envisager de faire flotter le drapeau à fleurs de lys sur le Vatican ?

Cela suffit à mettre le vice-chancelier hors de lui. Il lâcha ce qu'il avait vraiment sur le cœur :

– Mon cousin n'a pas encore pu consommer son mariage ! Me prenez-vous pour un imbécile ? Croyez-vous que je ne puisse deviner ce que cela signifie ? Vous avez l'intention de vous retirer de notre alliance !

Rodrigo nia. Sforza savait à quoi s'en tenir. Entre lui et Borgia, les relations avaient toujours été faussées. Le pape était convaincu que les Sforza préféreraient toujours leur duché de Milan à Rome, et le soutien des Français à la protection du Vatican. Sforza déclara qu'il repartait pour Milan.

Et cette fois, il disparut. Juan s'empressa :

– Dois-je l'arrêter, père ? L'enfermer dans le donjon de Saint-Ange ?

– Non, prévint Rodrigo. Emprisonner un cardinal peut amener à emprisonner aussi bien le pape…

– 18 –

Mis à part le jour de la cérémonie, le mariage de Lucrezia alternait frustrations et humiliations. Tacitement encouragée par Ascanio Sforza, elle avait mis son mari dans son lit. Encore une déception ! En dépit de tous leurs efforts, son membre resta flaccide. Giovanni jura n'avoir jamais connu pareille mésaventure. Il donna le motif de son impuissance : l'impression de voir Rodrigo à la place de sa femme. Lucrezia finit par le mettre dehors en le griffant sauvagement. Enfoncée dans ses oreillers de dentelles, nue et seule, Lucrezia se demandait si le destin ou Dieu ne se moquaient pas d'elle. Puis la phrase de Giulia lui revint en mémoire : « Crois-tu que le mariage t'empêchera de faire ce que tu veux ? » Elle se promit, dorénavant, de n'écouter que ses désirs et ses fantaisies.

Rodrigo ne se doutait pas des déboires conjugaux de sa fille. Dans la salle des Sibylles régnait une atmosphère presque familiale : Juan dévorait un dîner pantagruélique, Djem tenait compagnie à son ami en grignotant. Rodrigo, à l'autre bout de la grande table, avait repoussé le repas qu'on lui avait servi et étudiait des documents, un verre de vin à la main. Deux gardes se tenaient devant la porte et Gacet, adossé au mur, bras croisés, veillait sur la famille. Seuls le froissement des papiers et les claquements de mâchoires de Juan troublaient le calme. Finalement, Rodrigo leva la tête et, l'air perplexe, dit :

– Selon tous les documents que j'ai examinés, Charles a bien l'air d'être le légitime prétendant au trône de Naples…

– Allez-vous refuser la couronne à Alfonso ? demanda Djem que la politique européenne intéressait dans la mesure où son sort en dépendait.

Cesare, de retour d'Orvieto, entra, baisa l'anneau papal et s'assit à l'invitation de son père. On lui apporta son dîner et du vin, mais il s'adressa d'emblée à Rodrigo :

– La valeur militaire d'Orvieto est énorme. Voici un rapport détaillé de tous les avantages qu'elle présente. Nous serions bien avisés de mettre Orvieto au service de Rome.

– Farnese ferait mieux de dépenser son propre argent quand il s'agit de satisfaire sa propre vanité, commenta Juan.

Rodrigo ne releva pas la remarque et étudia le document. Sa lecture achevée, il ordonna à Cesare :

– Retourne immédiatement à Orvieto, dis à Alessandro que nous financerons cette entreprise.

En devenant pape, Rodrigo Borgia s'était engagé à recueillir lui-même les plaintes des Romains en leur accordant audience régulièrement. Et il s'y tenait. Chaque semaine, devant la salle du Trône, des plaignants faisaient la queue pour accéder au souverain pontife ; lequel, tel un juge d'instance, disait le droit et le juste. C'est ainsi que se présenta Alfreda Zongha. Elle s'agenouilla devant lui. Burckard commença à lire la plainte :

– Madame Zongha dépose par-devant le tribunal pontifical une plainte relative à un incident intervenu hier dans une taverne de la Via dell'Orso...

Le récit de la plaignante était simple : son mari, un voyou elle le reconnaissait, avait passé accord avec cet homme qui cligne de l'œil perpétuellement pour assassiner dame Giulia Farnese. Il l'avait attaquée mais pas tuée. Madame Zongha l'admettait : le travail n'avait été fait qu'à moitié. Mais était-ce une raison pour tuer son mari et ne pas le payer ? Car c'est bien ce qu'avait fait Virginio Orsini, le cousin du Borgne. Et Madame Zongha réclamait la moitié de la somme promise en dédommagement. Rodrigo demanda le nom du commanditaire : « Orsino Orsini Migliorati, je sais qu'on l'appelle le Borgne », précisa Alfreda Zongha.

Le visage de Rodrigo se figea. Puis il attira Gacet près de lui :

– Je veux cette merde louchonne d'Orsini ici tout de suite. Vivant !

Debout devant son miroir, Lucrezia creusait son ventre autant qu'elle pouvait. Adriana serrait les lacets de son corselet à l'étouffer. À voir la tête d'Adriana, on aurait pu croire à de telles intentions. Elle maugréa :

– Hier, vous vous êtes comportée comme une effrontée avec Alfonso d'Este, et sous le regard de Notre Seigneur, de votre nouvelle belle-sœur et de votre mari !

La veille, alors que Lucrezia assistait à la présentation du voile de sainte Véronique et s'ennuyait ferme, un joli garçon avait littéralement surgi à côté d'elle pour lui chuchoter son nom : Alfonso d'Este, fils du duc de Ferrare, venu à Rome pour admirer les beautés de la Ville éternelle. Il la trouvait nettement plus belle que le Panthéon. Elle avait souri, et prétendu s'offusquer.

Il s'était effacé en promettant de la revoir. Tout cela sous les yeux furibonds de Giovanni.

– Aïe, cria Lucrezia, vous serrez trop ! Vous…

Elle ne put finir sa phrase. Migliorati entra en coup de vent, s'agrippa à sa mère. Terrifié, il gémissait :

– Maman ! Maman, je suis foutu ! Le pape sait tout !

Adriana ne perdit pas une seconde.

– Allons tout de suite chez ton oncle. Il t'aidera à quitter la ville.

En partant, elle se tourna vers Lucrezia :

– Pas un mot ! Pas un mot à qui que ce soit !

Juan vit dans la culpabilité de Migliorati celle de son oncle Virginio Orsini. Et dans celle de Virginio Orsini, sa chance de devenir préfet de Rome. Il le fit mander dans ses quartiers de capitaine général et, contenant à peine sa satisfaction, lui annonça qu'il l'avait démasqué : il avait dissimulé le crime de Migliorati.

– J'ai mené une enquête solide et Migliorati a juré de son innocence sur la Bible, déclara hautement Orsini.

Comme tout le monde, il voyait en Juan un freluquet protégé par son père.

– Vous mentez !

– Je ne mens pas !

– Menteur ou pas, vous avez échoué, trancha Juan. Le pape Alexandre vous décharge de votre mission de préfet de Rome. C'est moi, désormais, qui l'assumerai.

Virginio n'en croyait pas ses oreilles : le pape le faisait renvoyer par son fils et celui-ci allait le remplacer.

– Vous ?

– Oui. Moi. Je suis le nouveau préfet.

Juan ne mesura pas la haine mortelle s'emparant d'Orsini tandis qu'il retirait la chaîne, insigne de sa charge.

– J'avais des soupçons sur l'implication de mon neveu, dit Orsini. J'ai interrogé des suspects plus brutalement. Maintenant, le sachant coupable, je l'aurais arrêté, oublieux de nos liens familiaux.

Il laissa tomber la chaîne sur la table et ajouta :

– Je ne suis plus préfet. Et le nouveau préfet ne le trouvera jamais.

Et il sortit.

Rodrigo ne pouvait admettre que le Borgne ait réussi à s'échapper. Giulia excitait sa colère en soulignant que les Orsini les ridiculisaient, lui et son fils, capitaine général. Une seule chose à faire : aller les attaquer dans leur fief, à Bracciano.

– Nous devons d'abord nous assurer que le Borgne est bien là-bas, avertit Gacet.

Giulia réclamait vengeance. Elle n'avait cure des alliances politiques. Ou plutôt, elle les arrangeait à sa manière, sachant les points faibles de Rodrigo :

– Agissez, Rodrigo ! Plus vous traînez, plus vous vous affaiblissez aux yeux de Della Rovere, de la France, et de l'Espagne. Débarrassez-vous de ces Orsini une fois pour toutes…

La voix de Gacet s'éleva. Il tenta de raisonner à la fois Rodrigo et Giulia :

– Attaquer les Orsini est une folie. Ils sont alliés de Naples comme nous le sommes, Votre Sainteté.

Les intérêts de Juan coïncidaient avec ceux de Giulia. Il voulait encore une bataille pour démontrer sa bravoure.

– Nous pouvons prendre Bracciano, assura-t-il.

Gacet fit un effort pour garder son sang-froid : ces deux va-t-en-guerre menaçaient de déclencher un conflit généralisé par pure vanité ou esprit de revanche.

– Bracciano est inexpugnable. Ils ont des soldats expérimentés. Une victoire serait un miracle de Dieu !

Puis Gacet lâcha la vérité toute crue à Rodrigo :

– Doit-on envisager cette action comme une nécessité politique ou une vendetta personnelle ?

Rodrigo botta en touche et se tourna vers Montefeltro, le lieutenant de Juan :

– Montefeltro, votre avis ?

Celui-ci, pris entre les ardeurs du fils et de la maîtresse du pape et la sagesse de son conseiller, ne savait où se trouvait son intérêt. Il hasarda :

– Avec une stratégie appropriée, oui, nous pouvons prendre Bracciano.

Rodrigo se laissa donc convaincre :

– Voilà une occasion de faire coïncider les bons motifs et la vengeance !

*

* *

De loin, la forteresse de l'Albornoz demeurait cette masse sombre, à peine discernable des rochers qui la soutenaient. De près, visiblement, l'or des Borgia avait été bien employé : des ouvriers travaillaient à remonter les murs éboulés, le chemin de ronde n'avait plus de ces trous qu'il fallait enjamber au péril de sa vie pour le parcourir et, dans la cour, les soldats fraîchement engagés par Alessandro déchargeaient des chariots d'armes et de munitions.

Dans l'armurerie, Alessandro comptait épées et poignards. Cesare faisait apporter des mousquets et des arquebuses flambant neufs.

– De l'armement moderne ! Oublie les lances et les épées d'autrefois ! lança Cesare.

Puis il sortit superviser l'installation d'une catapulte pointée vers le sud pour couvrir le Tibre.

Lorsque Rodrigo vint inspecter l'ensemble, il fut impressionné : des rangs de soldats visiblement formés et prêts au combat, fusil au pied, des canons, des armes de réserve et des chevaux ainsi que des catapultes… Cesare, surtout, l'étonna. Il mesurait enfin la valeur et l'intelligence de son fils. Sur le point de partir, il l'attira près de lui.

– Cesare, nous sommes fiers de toi. Nous te nommons gouverneur d'Orvieto.

Alessandro l'entendit et blêmit. Cesare, radieux, ne mesura pas ce que cette nomination pouvait avoir d'insultant pour son ami : Orvieto était une terre Farnese. Ils avaient beau être amis d'enfance et s'aimer, la brouille fut instantanée. Après le départ du pape, il dit son fait à Cesare :

– Tu m'as utilisé pour gagner de l'influence auprès de ton père, pour ton propre bénéfice. Tu resteras toujours ce que tu es : un bâtard égoïste. Nous deux, c'est terminé.

Et Alessandro disparut, laissant Cesare effondré.

*
* *

À Bracciano, une catastrophe s'était abattue sur les troupes pontificales. Seul responsable : Juan ! En s'installant devant la petite cité fortifiée, bien à l'abri derrière ses hauts murs et son château fort, Juan avait discuté stratégie avec Montefeltro, privilégiant un assaut direct comme à Ostie. Mieux valait un siège, pensait le duc d'Urbino. Virginio, à court de vivres, estimerait que son neveu ne valait pas la peine des privations et le livrerait.

Juan déclara qu'il voulait la ville et pas seulement un homme. Il se mit en devoir d'expliquer au vieux militaire rodé au combat l'art d'utiliser ou pas les contreforts, la rivière, la pente, etc. Montefeltro jugeait ce Borgia bête comme une courge et vaniteux comme un paon. Par un réflexe de survie, il tenta en vain de discuter la manœuvre envisagée par Juan. Elle allait à l'encontre de toutes les règles militaires.

– Cher duc, lui répliqua Juan, vous êtes un homme à l'esprit pratique. Mais vous n'êtes pas un Borgia et vous ne voyez pas ce que je vois. Nous attaquerons.

Ils attaquèrent à l'aube. Orsini n'attendait que ça. Ses troupes firent un massacre et, en quelques heures, les hommes battaient en retraite. Montefeltro, le seul à résister, fut capturé et emmené. Quant à Juan, il s'enfuit, seul, terrifié, se cachant une partie de la journée pour revenir sous sa tente à la tombée de la nuit. Il s'y terra, couvert de boue et de sang. Il entendait les râles des blessés, les allées et venues des hommes qui se rabattaient vers son quartier général, se regroupant pour partir. Il voyait les lueurs de leurs torches et les feux qu'ils avaient allumés, leurs ombres se dessinaient sur la toile de son abri. Il ne bougea pas. Bientôt le silence tomba. Juan craignait tout : la nuit, les hommes d'Orsini encore en patrouille. Soudain, une ombre massive apparut, il chercha une arme, ne trouva qu'une épée cassée, fouilla frénétiquement son paquetage. Il s'arrêta : l'ombre exhalait des braiments sans rien d'humain. Devant sa tente, un âne piétinait, une pancarte autour du cou sur laquelle il lut : « Je suis le préfet de Rome. » Il essaya de la lui arracher. L'animal pivota et lui présenta son arrière-train sur lequel, peint en noir, on lisait « Juan Borgia ». Les braiments de l'animal s'expliquaient : il avait un parchemin roulé, profondément enfoncé dans le derrière. Juan hésita, puis le retira. Il lut : « Virginio Orsini peut me fourrer le cul avec ce qu'il veut ! » Juan tomba à genoux : après cette complète humiliation, il lui faudrait encore affronter son père.

Schadenfreude, la joie et le plaisir ressentis face au malheur des autres ! Cesare jouissait de ce sentiment pervers devant la honte de Juan exposée à tous dans la salle du Trône. Rodrigo, marmoréen, lut le message rapporté par Juan. Il affichait le calme d'avant la tempête. Il laissa tomber le parchemin.

– Combien de pertes dans nos troupes ?

– Près de cinq cents hommes et presque tous nos chevaux, articula péniblement Juan.

– Où est le duc d'Urbino ?

– Euh, prisonnier. Orsini demande cinquante mille ducats de rançon.

– Quand doit-on payer ?

– Je ne paierai pas. Ce serait donner un signe de faiblesse.

Et puis Juan murmura, comme s'il découvrait cette évidence :

– La guerre n'est pas une bagarre de rue…

Dans le couloir se dessina la silhouette d'Adriana aux aguets.

– *Quid* du Borgne ?

– Il… il court toujours.

Rodrigo se leva et gifla violemment son fils. Personne ne broncha. Juan resta immobile, les yeux baissés.

– Tu as failli comme général et comme fils, tonna Borgia. Hors de ma vue !

Dans le couloir, Adriana s'effaça. Juan sortit, accablé, sous le regard ironique des gardes. Cesare s'avança :

– Puis-je garder l'âne ?

Alors la colère de son père se retourna contre lui :

– Silence ! À ma mort, ce sera Juan le chef de famille… Va. Prends contact avec les cardinaux de' Medici et Grimani. Florence et Venise doivent venir à notre aide !

Cesare sortit. Il avait repris son humeur sombre. Rodrigo se tourna enfin vers Gacet.

– Fais fortifier les murs de Rome, spécialement autour de notre palais. Nous devons être prêts si les Orsini nous attaquent avant les Français.

– 19 –

Rodrigo savait qu'il fallait toujours surprendre ses adversaires. Les siens le croyaient abattu. Il les détrompa en ordonnant une fête. Gacet expliqua cette stratégie à Cesare qui n'en revenait pas : faire sonner les violes lorsqu'on attend le canon ! Quoique pas vraiment convaincu, Cesare admira son père.

Quant à Juan, il espérait un retour en grâce en arrivant avec sa femme. Il l'avait priée d'être aussi élégante et belle que sa sœur et que Giulia, et l'avait même harcelée pour qu'ils arrivassent les premiers. Convaincu que son père le considérait désormais comme un imbécile, il espérait, sans trop savoir comment, lui prouver qu'il se trompait.

Dans la galerie menant à la salle des Sibylles où avait lieu la fête, Giulia glissa son bras sous celui de Rodrigo, charmeuse :

– Aujourd'hui, une lettre d'Alessandro, très affligé, m'a appris que vous aviez nommé Cesare gouverneur d'Orvieto.

Rodrigo eut un grognement menaçant, elle se mêlait trop de ses affaires. Giulia ne se laissa pas démonter aussi facilement :

– Le seul désir de mon frère est de se consacrer à votre service !

– Assez ! gronda Rodrigo. Vous vous conduisez comme si la papauté tout entière se concevait au seul bénéfice d'Alessandro Farnese.

Giulia s'arrêta. Elle regarda Rodrigo droit dans les yeux et lui dit :

– Quand vous entrerez dans la salle des Sibylles, Rodrigo, regardez autour de vous. Comptez les cardinaux encore loyaux, alors que votre pouvoir est fragilisé ! L'heure n'est pas à ignorer les vrais amis des Borgia. Cette fâcherie entre Cesare et Alessandro va se développer et nous empoisonner. Au moment même où vous avez, plus que jamais, besoin de gens unis autour de vous.

Et elle le planta là, se dirigeant seule vers la salle des Sibylles.

La saltarelle napolitaine, légère et joyeuse, se dansait en trois temps dont un comportait un saut, d'où son nom. Ce soir-là, Alfonso d'Este, arbitre des modes et des élégances, l'enseignait à Lucrezia. Elle s'amusait follement. Elle se montrait maladroite et il en profita pour la tenir par les hanches, la faisant tournoyer de plus en plus vite. Le couple était le centre de l'attention, Lucrezia rayonnait.

Giovanni, tenu à l'écart depuis que Lucrezia l'avait chassé de sa chambre, ne le supporta pas. Il fit un esclandre en clamant :

– Ho là, mon ami ! Vous ne touchez pas à ma femme ou je vous expédie au Paradis !

– Vous plaisantez ? rétorqua Este, agacé par ce rustaud.

Giovanni dégaina son poignard.

– Certainement pas !

Este dégaina à son tour, recula de deux pas et l'encouragea :

– Allons-y !

Il y eut cercle autour d'eux, et Lucrezia, émoustillée par la dispute, se demandait jusqu'où ils iraient. Juan surgit entre les deux hommes.

– Baissez votre arme, Sforza ! ordonna-t-il.

– De quel droit ? s'insurgea Sforza.

– En tant que préfet de Rome, je vous ordonne de rengainer votre arme.

Ils se défièrent du regard, puis Giovanni céda. Jetant un regard furibond à Lucrezia, il fila bouder dans un coin. Juan avait espéré faire preuve d'autorité devant son père. Il en fut pour ses frais : son père arriva quelques instants plus tard, s'entretenant avec Cesare. Le prélat écoutait son aîné, tête inclinée, concentré. Juan s'approcha d'eux discrètement.

– Si la France entre en guerre, disait Cesare, Florence est avec nous, de' Medici me l'a confirmé. Le duc Pierre, le frère de Giovanni, défendra l'Italie du Nord. On peut espérer qu'il les repoussera.

Juan se mêla à la conversation :

– Et Venise ? Tu as pu les convaincre ?

– Venise ne prendra pas parti.

– Peut-être, Votre Sainteté, pourrais-je parler avec l'ambassadeur vénitien ?

Rodrigo ne lui accorda pas un regard. Il avait les yeux baissés, les mains croisées, attentif à Cesare.

– J'ai d'autres nouvelles pour toi, mon frère. Puisque tu as refusé de payer la rançon de Guidobaldo de Montefeltro, sa famille et la population d'Urbino se sont cotisées pour la payer. Le duc est libre et crie vengeance contre toi ! Il a juré de t'arracher le cœur pour le voir cesser de battre dans sa propre main !

Juan tressaillit. Puis il s'éloigna. Rodrigo saisit l'épaule de Cesare.

– Nous devons parler d'Orvieto, dit-il.

Une procession de serveurs chargés de plateaux et d'assiettes signala l'heure du dîner et il y eut un mouvement vers la grande table garnie de rôtis, de gigots, de plats somptueusement décorés, de saladiers de légumes, d'aiguières de sauces, de corbeilles de fruits. Profitant de l'instant, Maria Enriquez chuchota un mot à l'oreille de Juan et celui-ci s'illumina : enfin une bonne nouvelle. Cesare et Rodrigo se tenaient toujours à distance. Chacun put entendre soudain Cesare s'écrier :

– C'est injuste !

– Non ! Nécessaire ! répondit Rodrigo.

– Je ne retournerai pas à Santa-Maria-Nuova pour passer mon temps à bénir des vaches et à discuter de gouttières bouchées !

– Oh que si ! Tu iras et tu seras content.

Cesare soupira. Il ne pouvait qu'obéir aux ordres de son père.

– Comme vous voudrez, Seigneur Dieu ! gémit-il.

Puis il s'installa, maussade, au bout de la table. Rodrigo prit place à l'autre extrémité et d'un regard de connivence apprit à Giulia qu'il avait cédé à sa demande. Elle lui retourna un éclatant sourire. Lorsque tout le monde fut installé, Juan se leva un verre à la main et réclama le silence :

– Votre Sainteté, mon père ! J'ai une merveilleuse nouvelle : je vais avoir un enfant !

Il y eut des hourras et des applaudissements. Le visage de Rodrigo s'éclaira enfin et il leva son verre :

– À mon premier petit-fils !

Et puis il aperçut Cesare que la jalousie mettait au supplice.

Rodrigo aimait travailler la nuit à son bureau, dans le palais endormi, avec Gacet assis devant sa porte. Rome demeurait une ville campagnarde à cette époque, avec des nuits paisibles, juste un aboiement de temps à autre, de tranquilles chants d'oiseaux montant des jardins. Dans ces heures de solitude, il trouvait la sérénité.

Insolite, sur la table de travail, la tiare pontificale luisait doucement à la flamme des bougies. On frappa à la porte, Cesare entra. D'un geste, Rodrigo indiqua une petite console, avec une aiguière de vin et des gobelets. Cesare en servit deux, les apporta. Rodrigo finit sa lecture, puis allongea le bras, but une gorgée et regarda son fils. Oui, il y en avait un seul, fiable, fidèle, lui ! Cesare, son aîné. Son sang.

– Della Rovere me veut mort, dit Rodrigo, et (il désigna la tiare) à seule fin de pouvoir porter ça !

– Il lui faudra garder les mains propres, observa Cesare. Pour cela, il devra persuader les Français de vous tuer.

Rodrigo hocha la tête. L'esprit de Cesare avançait au même rythme que le sien.

– Je suis, je serai toujours un étranger pour ces Italiens. Je parle leur langue, je connais à fond leur histoire. Et même mieux qu'eux. Je mets de l'ordre dans les quartiers les plus sauvages de leur ville, je nourris certains de leurs enfants. Pourtant, je ne suis toujours rien. Rien, qu'un Catalan.

– Père, vous avez l'occasion de retourner l'opinion et de leur prouver que leurs préjugés sont sans fondement.

– Dans tous les pays, les gens aiment leurs proches et haïssent les étrangers. Je ne conteste pas ça. Et tu sais pourquoi ? Parce que toi, Juan, Lucrezia, Goffredo, vous êtes mes quatre royaumes, mes plus somptueuses richesses. Mes quatre véritables alliés. Je ne t'abaisserai jamais, mon fils, comprends-tu ?

– Oui, hésita Cesare.

– Tu ne veux pas être prêtre, la voie que j'avais choisie pour moi-même. Tu as toujours pensé que je favorisais

Juan à ton détriment. Et pourtant, toi prêtre, je peux t'élever au-dessus de lui ! Mets-la !

Rodrigo prit la tiare à deux mains et la tendit à Cesare qui la posa sur sa tête en hésitant.

– Un jour, poursuivit Rodrigo, tu me succéderas : tu seras pape.

Cesare assis, la tiare sur la tête, fut médusé par cette révélation. Rodrigo ne lui laissa pas le temps de réfléchir plus avant. Il avait réglé l'avenir immédiat : il soutiendrait le prince Alfonso d'Aragon au trône de Naples contre le roi Charles VIII. Cesare irait à Naples le couronner, comme mandataire du pape. Rodrigo savait qu'à terme Alfonso ne réussirait pas à tenir le royaume, mais il gagnait du temps.

– Mais pourquoi ne pas aller au plus simple et choisir Charles ? interrogea Cesare.

– J'ai lu, j'ai réfléchi, j'ai prié. Alfonso est l'héritier de droit. Le couronner est une démarche honnête et droite. Mais je sais aussi que, quoi que puisse dire l'ambassadeur de Basche à son roi, Charles marchera sur l'Italie. Et Dieu puisse être avec nous le jour où cela arrivera.

Il y eut un long silence. Cesare retira la tiare, la posa sur la table.

– J'irai à Naples, dit-il, pour le couronnement, et le mariage de Goffredo.

– Bien, dit Rodrigo. Et emmène Juan. Je veux que mes deux fils soient présents.

Il vit le désappointement de Cesare et ajouta :

– Fais la paix avec ton frère, Cesare.

Les frères Borgia partirent donc en compagnie de Burckard et une escorte d'hommes à cheval et à pied. Là-bas, le chambellan, grand ordonnateur de la cérémonie du sacre et de celle du mariage de Sancia avec Goffredo, passa de longues heures à expliquer, faire répéter, instruire les évêques, les cardinaux et le prince Alfonso lui-même de tous les détails du protocole. Alfonso le trouva légèrement tatillon lorsqu'il se mit en devoir de « lui montrer la façon de saluer, de s'agenouiller, de mettre à nu le bras et les épaules, de prêter serment, etc.[1] ».

La fête à Naples dura une longue semaine : le mariage civil de Sancia et Goffredo fut célébré dans une salle du Castel Nuovo et la lecture du contrat suivit. Sancia apportait dans sa corbeille six principautés et comtés – entre autres, la principauté de Squillace et le comté de Cariati – au revenu de quatre mille ducats par an. Goffredo s'engageait à remettre à son épouse quinze mille ducats et des bijoux d'une valeur de dix mille ducats. Clou de la cérémonie, on ouvrit les coffres des cadeaux : plusieurs très belles pièces de brocart et de velours, des bijoux dont trois colliers d'or rehaussés de pierreries et de perles, des bagues, un nécessaire à coudre, des objets de toilette précieux.

Le lendemain, jour de l'Ascension, eut lieu le couronnement d'Alfonso et, trois jours après, le mariage religieux de Goffredo et Sancia. Un banquet suivit et se prolongea fort avant dans la nuit. Le roi et toute sa famille, les mariés, des cardinaux, l'ambassadeur d'Espagne, Juan et Cesare et une foule d'invités y assistaient. Alfonso d'Aragon ne mangeait rien et se contentait de boire. Aucune anicroche n'avait troublé le cours des cérémonies, à son grand soulagement. À la fin du repas, il se tourna vers les deux frères :

– Dites à votre père que j'ai décidé de payer dorénavant la dîme que mon père a oubliée pendant dix ans.

1. In Johannes Burckard, *op. cit.*

– Vous n'ignorez pas, répondit Cesare, que votre couronnement aura des conséquences. La France va attaquer l'Italie sous peu…

– Sa Sainteté compte sur l'armée napolitaine pour défendre les États pontificaux, précisa Juan.

– Nos troupes sont prêtes, assura Alfonso. (Il but une gorgée de vin.) Juan, je vous nomme prince de Tricarico. Cesare, à vous, je donne les diocèses des Abruzzes, Molise et Terra di Lavoro.

Cesare regarda Juan.

– Te voilà prince !

– Et toi, cardinal Borgia, tu as mené ce couronnement comme un pape !

Lorsque la fête fut achevée et le palais silencieux, Cesare revint dans la salle à pas de loup. Il prit la couronne royale sur son socle et la posa sur sa tête. Dans le reflet d'une fenêtre, il se vit roi. Un roi, sûrement pas un pape.

Goffredo s'endormit à peine la tête sur l'oreiller. Il avait le sommeil profond des jeunes adolescents et n'entendit pas Sancia quitter la chambre, pieds nus, pour rejoindre celle de Juan.

Elle avait quatorze ans et l'allure d'une femme. Juan ne pouvait manquer de la séduire. D'autant qu'elle ne demandait que ça. Il l'attira contre lui, releva sa longue chemise blanche, et découvrit sa peau d'un blanc nacré et son ventre parfaitement plat. Ils basculèrent sur le lit, il s'enfonça en elle sans hésiter. Elle dit qu'ils allaient sûrement brûler en Enfer. Et ils éclatèrent de rire en s'étreignant furieusement.

*

* *

Depuis la fuite de Migliorati, Adriana vivait dans la peur : celle d'être dénoncée, celle de voir son fils assassiné. Il était toujours à l'abri des hauts murs de Bracciano. Or, chez Adriana, sottise et entêtement se mêlaient. Elle insista auprès de Lucrezia pour que celle-ci jure qu'elle ne révélerait à personne le rôle qu'elle avait joué. Lucrezia, pas Borgia pour rien, proposa un accord : elle serait muette comme une tombe, en retour, Adriana ne dirait rien de son libertinage. Et bêtement, Adriana refusa :

– Je suis désolée, ma chère, je suis d'abord au service de Sa Sainteté et ses paroles sont la parole de Dieu.

– Je vois, rétorqua Lucrezia, la parole de Dieu s'applique quand ça vous arrange. Tandis que moi, je dois en subir le poids jusqu'à ma mort !

Puis soudain, un sourire se dessina sur son visage.

– Chère Adriana, vous devez savoir qu'il y a des miracles, certaines tombes se mettent à parler !

Elle planta là sa gouvernante, s'en alla trouver son père, l'arracha aux bras de Giulia et lui raconta tout.

Adriana De Mila, cousine du pape et néanmoins mère d'Orsino Orsini Migliorati, fut arrêtée et jetée dans une cellule de la prison Terranova. Le pape lui-même, accompagné de Gacet, vint la voir. Elle protesta :

– J'appartiens à votre famille. Vous ne pouvez laisser un membre de la famille dans un tel endroit.

D'une voix glaciale, le pape lui signala que son fils avait pu fuir grâce à sa duplicité. Elle abandonna toute fierté et les mots se bousculant, elle mendia son indulgence :

– C'est vrai. J'ai aidé mon fils. Mon seul et unique fils. Un fils que j'ai abandonné pendant des années. Quand mon mari se mourait, je suis restée à vos côtés, Rodrigo, je n'ai rien fait d'autre que vous servir comme vous me le demandiez. Vous avez écarté Orsino pour garder sa femme, je n'ai rien dit. Pendant trente ans, moi, je n'ai été dévouée qu'à vous. Une seule faute en trente ans !

– Une de trop, lâcha Rodrigo. Vous serez emmenée et assignée à résidence à Carbognano. Vous y demeurerez jusqu'à votre mort. Vous êtes bannie de Rome.

Tandis qu'il s'éloignait, Adriana hurla :

– Je vous maudis, Rodrigo, vous, votre putain Giulia et votre saloperie d'enfant !

Rodrigo ne l'entendit même pas.

À Bracciano, dans le château familial, Migliorati se sentait parfaitement en sécurité : personne ne parviendrait à vaincre cette place forte, Juan Borgia en avait fait l'amère expérience. Comme il entrait dans sa chambre, un coup de vent ouvrit largement la fenêtre, gonfla les rideaux et moucha les chandelles. À la lueur de la lune, Migliorati commença à retirer son pourpoint. Un singulier pressentiment le saisit. Il appela son domestique et ouvrit la porte. Thomas ne répondait pas. Il appela plusieurs fois, avança de deux pas dans le couloir et buta sur le corps de Thomas. Il se pencha, le tâta, ses mains rencontrèrent une matière poisseuse et tiède : du sang. Il se releva en hurlant, face à une silhouette immense, masquée et vêtue de noir. L'homme brandit un court poignard et, d'un geste bref, lui trancha la gorge en prononçant une sinistre oraison :

– Bon voyage dans les ténèbres de l'Enfer. De la part des Borgia !

Au même instant, dans le bureau de Rodrigo, Juan faisait amende honorable :

– Père, je vous ai fait défaut à Bracciano. Maintenant, je me suis rattrapé. Vous me pardonnerez. J'ai recruté un homme en Espagne. Un fidèle, rapide, discret, sans pitié. Vous n'aurez pas à regretter de m'avoir fait confiance. J'ai réglé le problème Orsini.

Rodrigo comprit. Il prit le visage de Juan dans ses mains et plongea ses yeux dans les siens.

– Mon fils, murmura-t-il.

Et il le laissa. Il gagna sa chambre et s'affala sur un fauteuil. Muet. Giulia passa derrière lui et posa ses mains sur ses épaules et dit :

– Orsino est sorti de notre vie !

– Oui.

– N'es-tu pas satisfait ?

Un flot de questions plus graves assaillaient Rodrigo. Ce soir-là, sa vie basculait et l'entraînait dans une direction qu'il n'avait pas envisagée. Il tenta de mettre des mots sur ce bouleversement. Giulia, avec son cynisme et son avidité frénétique, ne le comprendrait pas, il parla donc pour lui-même :

– En notre nom, des hommes sont morts sur un champ de bataille, des familles ont été détruites, ceux en travers de notre route ont été réduits au silence. Maintenant, ce sang versé au sein de notre propre famille, cet acte de représailles, ce… (Il buta sur le mot…) Ce meurtre change tout.

– 20 –

Depuis le retour à Rome des deux frères, il y avait, accompagnant Juan comme son ombre, un homme mystérieux. Toujours vêtu de noir, masque de même couleur sur le visage, Miguel Corella, venu d'Espagne au service de Juan, lui obéissait aveuglément. Cesare pensait qu'il était l'image même de la mort. Il demanda à Agapito de se renseigner sur son compte, son frère se refusant à lui livrer la moindre information sur ce nouveau serviteur.

La situation dans la péninsule menaçait les Borgia et l'ensemble des États pontificaux. Les Sforza avaient quitté la Ville éternelle pour rejoindre leur duché de Milan et attendaient les Français. Della Rovere revenait de France dans les bagages de Charles VIII.

On ignorait encore quelle serait l'attitude des Colonna et des Orsini, traditionnellement ennemis jurés. La haine des Borgia les réunirait-elle ? Pas certain, pensait Rodrigo. Les Colonna suivraient leurs intérêts, en l'occurrence les Français, mais jusqu'où ? Quant aux Orsini, ils feraient passer en priorité leur alliance avec Naples. Jusqu'à quand ? La question demeurait sans réponse.

Juan et Cesare retrouvèrent le pape dans son bureau en compagnie d'Alfonso d'Aragon. Les deux souverains avaient déployé une carte de la péninsule sur la table et l'étudiaient.

– Je conserverai la moitié de mes troupes aux frontières des Abruzzes, disait Alfonso. Mon fils, Ferrando, dirigera le reste sur Milan et fera la jonction avec les Florentins. Objectif : déloger Sforza et préparer la défense contre Charles.

– Et votre flotte ? demanda Rodrigo.

– Mon frère Federico a mis le cap sur Gênes. Il attaque la ville et sécurise la baie des Merveilles et la baie du Silence.

Le pape hocha tristement la tête et murmura :

– Toutes ces abstractions et… demain le chaos et le sang !

– Par précaution, proposa Alfonso, je maintiendrai une unité de mille hommes ici à Rome…

– Non, interrompit Juan. C'est moi qui défends la *Civitas Dei*.

Il s'adressa à Rodrigo :

– Des troupes napolitaines à Rome prouveraient notre faiblesse.

– Nous *sommes* faibles, martela Cesare. Les désertions chez les gardes pontificaux se multiplient chaque jour !

Juan supplia, humble à sa manière :

– Père, j'ai appris de mes faiblesses ! Donnez-moi seulement une occasion, vous verrez mes exploits ! Je vous en prie !

Rodrigo accepta et bénit Juan et Alfonso d'Aragon. Gacet annonça le cardinal Gianbattista Orsini. Il priait à la Sixtine. L'aîné des Borgia s'étonna.

– Nous avons demandé au cardinal Orsini de revenir à Rome pour discuter un armistice, expliqua Rodrigo.

– Père, n'est-ce pas un effort futile ?

– Non. Les Français n'ont pas passé le mont Blanc. Il y a encore une possibilité…

*
* *

La grossesse de Giulia Farnese atteignait huit mois et exaltait sa beauté. Cet enfant remuant en elle lui assurerait définitivement les faveurs de Rodrigo. Officiellement veuve depuis la mort de Migliorati, astreinte à ne point paraître en public et à porter de sévères tenues noires, elle s'ennuyait un peu. Du coup, elle s'intéressait de plus près à Lucrezia.

La fille de Rodrigo, depuis le bannissement d'Adriana, s'abîmait dans une langueur silencieuse. Giulia, intriguée, imagina un stratagème. Elle engagea pour Lucrezia une dame d'honneur, une jeune Espagnole de seize ans, Pantisilea, avec des instructions simples : lui fournir ce qu'elle désirait, l'encourager à suivre ses fantaisies et ses passions. Et surtout, rapporter à Giulia tout ce qu'elle verrait et entendrait.

Pantisilea, n'ayant jamais été dame d'honneur, promit ce qu'on voudrait. Dame Giulia l'impressionnait par son autorité. Et elle la terrifia lorsqu'elle l'attrapa par le cou, la serrant durement, et siffla d'une voix glaciale :

– Cette conversation n'a jamais eu lieu, c'est compris ?

La jeune fille, son visage près du sien, vit sa cicatrice sous le maquillage et ne put s'empêcher de la fixer. Giulia martela :

– Regarde-moi dans les yeux ou tu te retrouveras encore plus défigurée !

Et, là-dessus, elle la poussa vers les appartements de Lucrezia. D'une voix pleine d'entrain, Giulia présenta la nouvelle dame d'honneur à sa belle-fille, puis regagna ses appartements. Les deux femmes restèrent ensemble et Lucrezia, désœuvrée, décida d'accepter la compagnie de Pantisilea.

*
* *

Rodrigo retrouva Orsini à la Sixtine. Il s'installa à côté de lui et joignit les mains. Orsini ne lui jeta pas un regard.

– Nous, les Orsini, nous avons un accord avec Naples, grommela-t-il entre ses dents. Et nous nous y tiendrons pour repousser une attaque française.

– Tous les fidèles chrétiens devraient en faire autant, répondit Rodrigo.

– Toutefois, Rodrigo, n'attendez aucune loyauté de ma part. Vous avez perdu ma confiance avec l'attaque de Bracciano. Quant au meurtre de mon neveu Orsino, il soulève des doutes sérieux. Les Borgia n'ont rien à offrir à Naples ou aux Orsini.

– Nous pourrions vous obliger à obéir. Nous sommes le pape.

– Ah oui, grinça Orsini, pour combien de temps encore ?

Avant que Rodrigo puisse répondre à cette provocation, Cesare et Gacet entrèrent en coup de vent, porteurs de mauvaises nouvelles.

– Le saint empereur germanique vient de mourir à la suite d'une opération !

– Puisse Dieu avoir l'âme de Frédéric le Pacifique en sa miséricorde !

Orsini dévisagea Rodrigo avec gravité.

L'avenir devenait encore plus incertain. Jusqu'ici, le Saint Empire avait voulu ignorer les conflits italiens. Maximilien, le successeur de Frédéric, allait-il prendre parti ? On pouvait espérer au mieux un mouvement de troupes au nord de l'Italie qui freinerait les ambitions françaises.

– Dans ces conditions, une armée forte représente votre seule solution. Puisque nous combattrons du même côté, je ne saurais trop vous recommander de nommer un vrai soldat à la tête de vos troupes et pas un enfant gâté, irresponsable, comme votre fils Juan.

Et sur ces derniers mots, il quitta la Sixtine. Ses pas résonnèrent sur les dalles. Rodrigo regarda Cesare. Il devait s'appuyer sur lui sans autre recours.

*

* *

Lucrezia se morfondait car elle aimait le bel Alfonso d'Este, mais ne se sentait pas assez forte pour passer outre aux ordres de Rodrigo et en faire son amant. Le lendemain de son arrivée, Pantisilea coiffait les longs cheveux blonds de Lucrezia quand Alfonso d'Este se fit annoncer et entra. Lucrezia se transforma et en un éclair devint radieuse. Alfonso offrait un air grave.

– Eh bien, Alfonso, où est passé votre petit sourire désinvolte ?

– Je suis rappelé à Ferrare, annonça Alfonso.

Lucrezia, maîtrisant son envie de se jeter dans ses bras, posa sa main sur la poitrine d'Alfonso. Celui-ci la retint, lui parla tout bas :

– Mon père a décidé de se porter aux côtés de la France contre Naples et votre père. Comme je suis un fils et un citoyen fidèle, je dois partir.

– Vous allez vous battre ? (Lucrezia ouvrait des yeux horrifiés.) Vous êtes un enfant !

– Là, vous m'énervez !

– Oh non ! À la seule idée de vous savoir en danger… je vais m'angoisser pour vous.

– Bon, rétorqua Alfonso, la prenant dans ses bras. Au moins je ne serai pas oublié !

Il lui prit le menton dans sa main.

– Je refuse tout, je te choisis, toi…, déclama-t-il légèrement.

Elle l'arrêta en l'embrassant fougueusement. Alfonso s'arracha à elle et prit la fuite. Il ne vit même pas Pantisilea, occupée à sa mission d'espionnage.

*
* *

Cesare et Juan se retrouvèrent dans le bureau du pape, toujours avec Corella devant la porte. Les événements se précipitaient : Marcoantonio Colonna avait repris Ostie. Le drapeau à fleurs de lys flottait sur le port.

Rodrigo annonça :

– L'armée de Naples se rue vers Rome pour nous défendre. Prions Dieu qu'ils arrivent avant les Français.

Cesare prit l'initiative : il allait lever une troupe, recruter s'il le fallait des mercenaires allemands, les former. Juan n'eut pas son mot à dire. Il lui fallait suivre.

– Juan, Cesare, je vous bénis, mes fils. Pendant ce temps, nous allons ordonner à Marcoantonio Colonna de nous rendre Ostie.

– Il refusera, observa Gacet. Alors que ferez-vous ?

– Alors nous l'excommunierons.

Cesare approuva d'un signe : il restait cette arme fatale dans l'arsenal du pape.

Après le départ d'Alfonso, Lucrezia réfléchit toute la nuit. Au matin, elle prit sa décision : espérant un rapide retour d'Alfonso, elle voulait divorcer et l'épouser. Les conflits qui déchiraient l'Italie, les menaces sur Rome, sa famille et son père, tout cela lui échappait. Elle se rendit sans hésiter dans le bureau du pape et annonça tout de go qu'elle comptait sur lui pour un divorce rapide. Il la renvoya assez brutalement à ses occupations. Son absence de logique frisait l'insolence :

– D'abord, tu exiges de coucher avec ton mari, l'instant d'après, tu veux divorcer…

Lucrezia sentit faiblir son assurance.

– Alors, renvoyez Giovanni à Pesaro !

– Impossible. Nous avons besoin de la maison Sforza.

– Quand Milan soutient les Français contre vous ?

La phrase de trop !

– N'essaie pas de me donner des leçons de diplomatie ! Ou pire, de me manipuler ! Je suis passé maître dans les deux ! Maintenant, file, je ne veux plus te voir. Et rappelle-toi : tu es toujours mariée !

Rodrigo souffla. Décidément, les femmes étaient son point faible. Les rêves de mariage de Lucrezia, sa fierté d'épouse, même ses pulsions sexuelles vigoureusement proclamées l'avaient amusé un temps. Aujourd'hui, ils l'excédaient. Il s'attarda sur l'image de sa fille, tiraillée en tous sens entre ses pulsions contradictoires, et murmura *in petto* : « Elle est très belle… »

Et un instant très court, il la désira.

Puis Gacet entra et la tempête se déchaîna.

– Des nouvelles du Nord, annonça-t-il de but en blanc. La flotte française a pris Gênes avant les Napolitains, Charles vient de passer les Alpes. Les Suisses…

– Les Suisses sont des mercenaires…

– … très bien payés par Charles.

Il fit entrer un homme en loques, couvert de poussière, titubant d'épuisement, escorté par les gardes. Gacet le présenta comme venant de Rapallo, un village à côté de Gênes. Il s'appelait Giacomo Galazzi. D'une voix rauque et le souffle court, il expliqua le drame : malgré le drapeau blanc, les Suisses entrés dans le village avaient passé tout le monde au fil de l'épée, bétail compris. Ils avaient incendié le village, les granges, l'église, les réserves de bois… L'homme montra ses mains et hoqueta :

– Mon petit garçon, ils ont tué mon petit garçon, ils lui ont coupé la gorge. J'ai essayé de le sauver, d'arrêter le sang.

Rodrigo se leva, horrifié.

– Les Français appellent ça faire la guerre ? Une ville se rend et on la massacre ? Où sont les règles de la chevalerie, celles du respect de l'homme ? Charles est-il un roi chrétien ou un disciple de Mahomet ?

Il aida Galazzi à se relever.

– Comment en sortez-vous vivant ?

– Ils ont dit qu'ils m'épargnaient, comme ça le monde entier saura de quoi ils sont capables, à Rapallo comme à Rome !

Les gardes le soutinrent vers la porte. Rodrigo exhala un long rugissement de fureur.

À l'auberge du Lion, l'ambiance s'échauffait. Les Borgia payaient à boire et des douzaines d'Allemands, bâtis comme des bûcherons, crâne rasé, en profitaient. Juan, juché sur un tabouret, se lança dans un discours sur l'honneur d'incorporer les troupes des gardes pontificaux, défendre le Saint-Père et le berceau de la chrétienté et…

Un jeune Allemand, râblé, avec un torse de lutteur, l'interpella :

– On s'en fout de l'honneur. Le pape Alexandre n'a rien fait pour nous, les Allemands. Qu'est-ce que tu offres, Borgia ?

Une clameur monta de la salle, approuvant vigoureusement la question. Cesare se leva et jeta par terre une bourse. Elle s'ouvrit, répandant des pièces. Calmés, les hommes regardèrent les ducats rouler sur le sol.

– Si vous rejoignez nos troupes et repoussez les envahisseurs, clama Cesare, chacun de vous deviendra aussi riche qu'un banquier florentin.

– Ah ! Ce Borgia-là sait nous parler. Allez, Éminence, on vous écoute, cria le petit râblé.

– Alors sachez ceci : il y a plus à gagner dans ce combat ! Les Français et leurs sauvages Suisses ne se soucient pas de savoir si leurs victimes sont des Romains, des Juifs ou des Allemands, s'ils sont riches ou pauvres. Ils vont raser vos maisons, brûler vos boutiques comme à Rapallo. Accepterez-vous de voir vos femmes et vos filles violées avant d'avoir la gorge tranchée ?

Il y eut un silence, suivi d'un chahut interminable : les Allemands se ruaient sur les pièces répandues à terre et signaient leur engagement.

– 21 –

Dans ces jours d'incertitude et d'angoisse, une personne au monde manquait à Cesare : Alessandro Farnese. Depuis leur adolescence, il partageait tout avec Alessandro, toujours à ses côtés même aux pires moments. Cesare souffrait d'une sorte de « chagrin d'amour en amitié ». Il finit par rendre visite à Giulia. Il ne l'aimait pas beaucoup, elle ne l'appréciait guère. Toutefois, elle seule pouvait les réconcilier. Histoire de l'amadouer, il apporta un cadeau pour le bébé. Puis il lui demanda d'écrire à Alessandro : il voulait faire amende honorable. Giulia hésita pour la forme, puis se décida :

– Donne-moi de l'encre et un parchemin, j'écris à Alessandro tout de suite.

Le bureau d'Alexandre VI avait l'allure d'un quartier général : cartes déployées en permanence sur une grande table, gardes spécialement recrutés par Gacet, et la lumière brûlant jour et nuit. Des clercs et des messagers apportaient et remportaient des missives. Tout ce mouvement ne perturbait pas la concentration de Rodrigo. Seule l'entrée en trombe du cardinal Colonna le fit réagir.

Le prélat se planta devant le pape, menaçant :

– Un Borgia ne peut pas condamner l'âme d'un Colonna !

Il y eut un silence pesant. Colonna niait littéralement l'autorité du pape, ramenant sa démarche à un conflit humain.

– Marcoantonio, votre cousin, nous défie ? dit Rodrigo, tranquille. Bien. Nous relevons le gant !

Il se tourna vers Gacet :

– Faites le nécessaire à la Sixtine. Et envoyez le cardinal Piccolomini au roi Charles.

– Le roi Charles s'en moque, lança Colonna.

– Et sa femme ? La reine Anne, dévouée et fidèle à l'Église, reconnaît encore notre autorité divine. Sa Majesté n'appréciera pas de voir son mari dans une alliance avec un excommunié. Dites à Marcoantonio de savourer la brise d'hiver. Le climat sera beaucoup plus chaud en Enfer.

*
* *

La princesse Maria Enriquez de Luna adorait les cartes. Lucrezia lui apprit la bassette. Elles y jouaient des après-midi entiers. Maria Enriquez, enceinte de cinq mois, souffrait, seule dans le palais : Juan, quand il quittait le champ de manœuvres, lui préférait la compagnie de servantes ou de prostituées. Lucrezia, elle, se morfondait depuis le départ d'Alfonso et demeurait, selon la volonté de son père, l'épouse officielle de Giovanni Sforza. Comme le résumait Maria :

– Toi et moi sommes vouées à une existence faite de longues nuits solitaires et de jeux frivoles ! Pour les femmes de notre rang, l'amour est un luxe.

Pantisilea suivait leur conversation d'une oreille distraite, ne voyant là rien à rapporter à Giulia. Elle servait à boire des boissons chaudes car le froid se faisait sentir, remettait des bûches dans la cheminée et attendait au coin du feu un signe de ces dames. Lucrezia mêlait les cartes, les coupait, les distribuait. Elle raflait assez souvent la mise, ce qui lui fit dire, un après-midi où elle ramassait les jetons pour la troisième fois d'affilée :

– La chance me sourit… Qui sait ? Giovanni peut mourir subitement.

Puis, consciente d'avoir proféré une énormité en voyant Maria Enriquez se signer, elle sourit en haussant les épaules et ramassa les cartes :

– Assez joué et assez débité de sottises, qu'en penses-tu ?

*
* *

Rodrigo se préparait pour l'excommunication. Gacet vint le rejoindre dans la salle des Larmes.

– Aucune nouvelle d'Espagne ou d'Allemagne. En revanche, le roi Charles a refusé de recevoir le cardinal Piccolomini et nous envoie monseigneur Briçonnet en émissaire.

– Nous avons empêché Innocent III de l'élever au cardinalat, l'envoyer ici représente une insulte de plus !

On posa autour du cou de Rodrigo une chaîne à laquelle pendait un grand crucifix d'or.

– Faites-le entrer. Avant de bannir l'âme de Marcoantonio, nous pouvons affronter cette humiliation.

L'évêque de Saint-Malo, Guillaume Briçonnet, affichait une certaine morgue face au pontife. Visiblement, il se souvenait à qui il devait son absence de progression dans la hiérarchie. Rodrigo avança la main, Briçonnet fléchit le genou et baisa l'anneau.

– Très Saint-Père, le roi Charles VIII demande le passage par les États pontificaux pour sa route vers Naples.

– Vous savez très bien que nous avons proclamé Alfonso d'Aragon légitime héritier du trône napolitain, nous ne pouvons donc accorder cette autorisation.

– Alors, répondit Briçonnet, Sa Majesté insiste pour avoir un entretien en personne ici à Rome. Et le roi refuse d'emblée toute responsabilité pour les conséquences dues au refus du passage qu'il demande.

– Osez-vous menacer le Saint-Père à l'endroit même où nous revêtons nos habits pontificaux ? Nous sommes le vicaire du Christ. Charles pourra-t-il sauver votre âme si nous vous excommunions, vous et votre roi ? Sortez !

Après le départ de Briçonnet, bouleversé par l'admonestation du Saint-Père, Gacet observa :

– Vous ne pouvez pas excommunier tout le monde !

Rodrigo haussa les épaules. Il fallait appeler à l'aide les royaumes chrétiens. On allait amadouer l'empereur Maximilien en invitant son neveu Ferdinand von Hapsburg à être parrain du bébé à venir. Et on alarmerait l'Espagne en l'informant du traitement que faisaient subir les mercenaires suisses aux Italiennes. La nièce des Rois Catholiques, l'épouse de Juan, Maria Enriquez, courait le risque d'être violée !

Rodrigo vérifia que le crucifix était bien en place sur sa poitrine, puis se dirigea vers la Sixtine.

Au palais de Santa-Maria-Nuova, Cesare réfléchissait à la meilleure manière d'assurer la défense de la ville. Djem, très anxieux, vint lui rendre visite. Il entendait depuis ses appartements la panique dans les rues, la fuite des Romains. Des chariots surchargés roulaient jour et nuit, on clouait des barres de bois aux fenêtres. Rome allait donc être envahie ? Et Cesare expliqua :

– Il s'agit de stratégie. Je me demande si le mieux ne serait pas de laisser les Français entrer dans les États pontificaux et de les isoler ensuite de leur base arrière pour les priver de ravitaillement et de munitions. En forêt, nos nouvelles troupes pourraient se cacher et frapper la nuit !

– Comme les meilleurs chasseurs d'ours allemands ! Un plan digne de Jules César !

Le prince turc eut un sourire énigmatique, puis passa à un autre sujet.

– Selon des bruits, le pape excommunie la famille Colonna.

– Seulement Marcoantonio !

Djem demanda comment se passait cette cérémonie. Cesare lui expliqua le déroulement de l'excommunication. Au même instant, le pape la commençait en compagnie de onze célébrants.

– C'est le rituel du Livre, du cierge et de la cloche. Le pape débute la cérémonie en fermant la Bible posée sur un lutrin. Cela signifie que l'excommunié n'a plus accès au Livre saint.

Au même instant, répercuté en écho sous les voûtes de la Sixtine, résonna le claquement du Livre. Puis Alexandre VI prit un cierge allumé et le jeta à terre, éteignant la flamme avec son pied. À sa suite, les onze prêtres firent de même avec les onze cierges restés allumés.

– Cela signifie, expliquait Cesare à Djem, passionné et attentif, que cette âme ainsi chassée va demeurer dans les ténèbres du désespoir. Ensuite, le glas va sonner… Écoute, Djem !

Cesare leva la main, l'oreille tendue. En effet, le son lent et douloureux d'une cloche retentit non loin.

– Cette cloche sonne en général lors d'un enterrement pour l'âme du mort. Là, elle sonne pour annoncer la condamnation à l'oubli spirituel.

Djem frissonna. Puis il revint au monde temporel :
– Ce doit être un spectacle étonnant. Franchement, à quoi bon le symbole si ce n'est suivi d'aucun effet pratique ?
– Marcoantonio est exclu de la communion des saints. Tous doivent l'éviter.
– De toute façon, beaucoup l'évitaient déjà ! Je ne vois pas le sens concret de cette affaire.
– Si ! Il y en a un : il doit rendre à l'Église tous les mètres carrés en sa possession.
– Cela n'a toujours pas de sens, à moins qu'on ne puisse les lui arracher !
– Cela ne saurait tarder. Pour l'instant, je dois arracher Rome au feu…

Les Allemands avaient été rassemblés au stade de Domitien. Plusieurs jours de suite, ils apprirent à marcher en rangs, à se regrouper pour avancer « en tortue » sous les boucliers, comme les troupes romaines, une idée de Cesare ! Il leur donnait des conseils que ces hommes simples pouvaient comprendre et ne jamais oublier : par exemple, ne pas craindre le corps à corps, parce que lorsque l'ennemi était très proche, il était plus facile de le poignarder. Quant à l'épée, elle avait une lame et un pommeau dont il fallait aussi se servir. Cesare joignait le geste à la parole :
– Quand les deux épées se croisent, serrées, poussez sur le pommeau, utilisez-le pour frapper ces chiens de Français au visage.
L'entraînement s'achevait. Cesare les félicita :
– Les Français vont hurler de peur lorsqu'ils auront affaire à vous sur les murailles léonines !
Juan sauta sur une borne et clama :
– Et ce soir, on boit !

Cesare contempla son frère, un sourire ironique aux lèvres. « Au fond, pensa-t-il, les champs de bataille où il excelle, ce sont les tavernes ! “Boire et faire boire” pourrait être sa devise. »

Et il partit à pied, seul dans les rues, réfléchissant aux jours à venir. Il passa devant le palais Santa-Maria-in-Portico, les fenêtres de Giulia étaient éclairées. Son père se trouvait-il avec elle ? Non. Il devait être encore à son bureau.

Gacet apportait des nouvelles de plus en plus sombres : Charles VIII, accueilli en triomphe à Ferrare, fonçait vers Florence. Les de' Medici restaient le dernier espoir d'arrêter cette marche invincible. Rodrigo ne dormait plus ; assis à sa table, il attendait, réfléchissait, modifiait sa stratégie au fil des heures. Cesare, lui non plus, ne pouvait dormir. L'aube pointait, il entra dans son église, Santa-Maria-Nuova. Étrangement, alors que son monde était au bord du chaos, alors que demain il serait peut-être confronté à la violence des armes, pour la première fois de sa vie il se sentait l'âme en paix et prêt à s'adresser sereinement à Dieu. Il s'agenouilla devant l'autel et commença à prier. Derrière lui, une porte grinça tout doucement et il sursauta, la main sur son poignard. Se retournant, il vit, dans les lueurs blanches du soleil levant éclairant les dalles, Alessandro qui venait vers lui. Son cœur bondit et il se précipita.

– Tu avais raison à Orvieto, lança Cesare.

– J'avais tort à Orvieto, répondit Alessandro.

Ils s'étreignirent longuement en riant. Leur vie reprenait.

– Alessandro ! Je ne voulais pas te manquer de respect, tu es mon meilleur ami.

– Et toi, le mien. Nous avons permis à nos orgueils respectifs de dominer la logique. Notre vieux Decio nous aurait réprimandés !

– Decio est mort, le savais-tu ? demanda Cesare.

Alessandro s'assombrit. Et Cesare continua :

– Pise est aux mains des Français. L'armée de Naples bat en retraite. Entre Rome et la dévastation, j'ai une poignée de paysans allemands !

– Et Florence ? Tu oublies notre ami de' Medici !

Ils ignoraient que Giovanni de' Medici, fuyant la cité toscane, arrivait à Rome. Son frère Pierre s'était réfugié à Venise, la populace avait profané la tombe de leur père, et Savonarole avait retourné la ville contre la famille.

*
* *

Giulia fascinait Pantisilea. Celle-ci se tenait debout dans la vaste chambre où la maîtresse du pape se changeait derrière un paravent de soie. La lumière se déversait par les hautes fenêtres et sa silhouette tout en rondeurs se dessinait sur l'écran. L'Espagnole, bouche bée, admirait sa poitrine alourdie par la grossesse, son ventre saillant. Une servante lui passait du linge en batiste fine et blanche, ornée de dentelles à profusion. Pantisilea, plantée au milieu de la pièce, n'osait pas s'asseoir. La voix de Giulia lui parvint assourdie par le fouillis des jupons qu'elle enfilait :

– Alors Lucrezia aimerait voir son mari mort ?

Pantisilea regrettait déjà d'avoir livré un secret aussi lourd. Giulia réapparut. Elle portait une robe rouge à taille haute sur un corselet blanc accentuant ses formes.

– Bon, as-tu déjà entendu parler de l'arsenic ? Ça sent l'amande.

Dans les yeux de Giulia dansait une lueur maléfique.

Le lendemain, Pantisilea entraîna Lucrezia chez un apothicaire. Lucrezia ne comprit rien jusqu'au moment où sa dame d'honneur commença à expliquer au commerçant qu'elle devait tuer une bête « de la taille d'un homme ». Elle blêmit et, tirant la manche de la jeune fille, la crut folle. L'autre voulait « l'aider ». Lucrezia n'hésita pas longtemps… Elles achetèrent un petit flacon pour endormir définitivement « mon vieux cheval » selon les mots de Lucrezia. Le liquide sentait l'amande !

– 22 –

La vie devait continuer, les affaires de l'État se régler et les projets se réaliser. Ainsi Rodrigo étudiait-il avec une grosse loupe une médaille fraîchement gravée par un artisan. L'atelier sentait le métal fondu et le bois. Des apprentis au garde-à-vous regardaient le Saint-Père du coin de l'œil. Celui-ci hésitait entre trois modèles à son effigie.

La première frappe lui déplaisait et on avait repris le dessin de son profil. Il finit par opter pour l'une d'elles.

– Trouvez-vous que celle-ci soit ressemblante ? demanda-t-il à Gacet.

– Votre Sainteté, j'ai toujours estimé votre profil gauche, plus majestueux, intervint le cardinal Ascanio Sforza en s'encadrant dans la porte de l'atelier.

Rodrigo se retourna, surpris :

– Monsieur le vice-chancelier ?

Sforza eut un sourire désinvolte. Il apportait des nouvelles et une proposition. Son frère Ludovic venait d'être couronné duc de Milan, son prédécesseur étant mort brutalement. Et les Colonna voulaient bien revenir à Rome en alliés. Mais ils mettaient une condition.

– Quoi ? Que veut Colonna ? s'inquiéta Rodrigo.

– Votre fils. Cesare.

Une main glacée étreignit le cœur de Rodrigo jusqu'à l'étouffer. Cependant, à ses yeux, seule comptait la survie de Rome et de la papauté. Il se rendit chez son fils pour lui demander ce sacrifice. En un premier mouvement, celui-ci refusa :

– À Marino ? Je vais être esclave de Marcoantonio ! Il me hait ! Non, je n'irai pas.

– Le prix demandé pour négocier une paix avec les Sforza et les Colonna est ta liberté. On doit te remettre à sa garde.

Rodrigo ne pouvait même pas regarder Cesare.

– Je vous l'ordonne comme souverain pontife.

Le pape ajouta :

– Comme père, j'espère que tu désobéiras.

Son aîné céda, prêt à donner sa vie pour son père. Il soupira seulement :

– Je ne reverrai jamais Rome.

– Ton…

Rodrigo chercha…. De la part de Cesare, il le savait, il ne s'agissait que d'amour et rien d'autre. Il préféra un mot différent et reprit le vouvoiement :

– Votre dévouement apporte la paix à mon cœur déchiré.

« Pourquoi pas Juan ? se demanda Cesare. Lui a couché avec la femme de Fabrizio, il a créé tous les problèmes depuis le début. » Des deux frères, l'aîné représentait le plus de valeur, les Colonna comme tous les princes d'Italie le savaient. Ils prenaient tous Juan pour un imposteur.

Rodrigo revint au Vatican pour s'imposer une autre épreuve. Lui qui ne pouvait se passer de Giulia Farnese avait décidé que Rome n'était plus assez sûre pour elle. Mieux valait tant que cela était encore possible l'envoyer chez son frère à Orvieto, à une journée de carrosse de la Ville éternelle. Giulia protesta, elle n'avait nulle envie de s'exiler à quelques semaines de son accouchement, mais Rodrigo ne céda pas et elle fit faire ses bagages.

*
* *

Lucrezia, à peine rentrée à Santa-Maria-in-Portico, manda Giovanni dans ses appartements. Il se jeta à ses pieds. Elle lui confia que sa dureté venait de ce qu'elle l'aimait, et lui offrit un nouveau départ. Elle avait besoin de son aide. Il devait plaider auprès de son cousin Ascanio Sforza pour qu'il intercède auprès des Colonna : il fallait libérer Cesare. Il n'hésita pas une minute. Il serait allé demander au diable la liberté de Cesare pour Lucrezia ! Mais le lendemain à la première heure, il revint bredouille. Sforza ne voulait rien demander aux Colonna. Lucrezia allait se lever. Giovanni s'avachit sur le lit, implorant son pardon. Sa femme ne broncha pas. Elle regarda froidement son mari, affalé près d'elle. Soudain, elle se leva et d'un geste sûr, sans un tremblement, elle remplit deux gobelets de vin, versa le poison dans l'un et le tendit à Giovanni. Il soupira :

– Si en attaquant Marino je pouvais sauver Cesare, j'irai. Et si je devais mourir alors, je mourrais heureux sachant que c'est pour te plaire.

Dans ces conditions, elle lui reprit le gobelet. Il était prêt à mourir pour elle. Et elle ne se sentait pas l'âme d'une empoisonneuse. Elle l'envoya se battre, souhaitant qu'il reste sur le champ de bataille.

Giulia venait de quitter Rome. Dans un chariot inconfortable fermé de rideaux, ballottée de tous côtés, elle se demandait si elle n'allait pas accoucher avant d'arriver à Orvieto, lorsque la voiture s'arrêta brutalement. Elle souleva un rideau et s'affola : des soldats français l'encerclaient.

La nouvelle parvint quelques heures plus tard à Rome. Gacet se chargea d'avertir Alexandre VI en conversation avec Ascanio Sforza dans la salle du Trône. Il redoutait la réaction du pontife. Pour Giulia, enceinte de surcroît, celui-ci aurait donné la moitié de sa vie. Gacet s'approcha de lui et, pour la première fois depuis de longs mois, prononça son prénom :

– Rodrigo !

Surpris, le pape leva la tête.

– Comment, Rodrigo ?

Il vit le visage de Gacet et pressentit un drame.

– Oh, doux Jésus ! Quoi ?

– Giulia ! Les Français l'ont prise sur la route d'Orvieto.

– Quoi ?

Rodrigo resta quelques secondes pétrifié. Puis il bondit sur ses pieds et cria :

– Laissez-moi seul. Tous, sortez !

Ils lui obéirent en se bousculant, mais à la porte, il les rappela. Gacet se souviendrait longtemps du regard éperdu de Rodrigo en cet instant. Sforza et Gacet revinrent vers lui.

– Bien ! Bien ! Très bien !

Le ton de Rodrigo redevint calme, doux même.

– C'est comme ça qu'ils veulent jouer ! Bien. Mais s'ils la blessent, alors…

Il changea à nouveau de registre et ordonna d'une voix coupante :

– Gacet ! Vous arrêtez les cardinaux Orsini et Colonna. Vous les ramenez ici par les cheveux. Nous aurons nous aussi nos otages. Et trouvez-moi ce chien de Briçonnet : il répondra des méthodes de son roi !

Ascanio Sforza fronça les sourcils et avertit :

– Attention Rodrigo, votre concupiscence pour cette femme vous fait perdre la tête.

À ces mots, Rodrigo désigna Sforza sans lui jeter un regard et glapit :

– Lui aussi, lui aussi !

– Vous n'oseriez pas ?

– Non seulement j'ose, mais j'ordonne !

Dans tout le palais pontifical, on comprit la gravité du moment. Le pontife n'aurait de cesse de retrouver Giulia. Les Allemands de Juan se répandirent jusqu'au palais Colonna, arrachèrent le cardinal à son bureau sans ménagement. Ils se ruèrent chez les Orsini et, trouvant le prélat en train de pisser, ne lui laissèrent même pas le temps de fermer sa braguette. Les trois membres du Sacré Collège furent enfermés au château Saint-Ange. Quant à Briçonnet, Juan le traîna ligoté devant Rodrigo. Il protesta qu'on le traitait sans raison comme un vulgaire voleur. Rodrigo arpentait la salle, on aurait dit un lion furieux, il rugissait, gesticulait et, s'arrêtant devant son prisonnier, il siffla, les dents serrées :

– Vous prenez dame Giulia en otage. C'est ainsi que la France mène la guerre ?

Le Français répliqua, péremptoire :

– Le cardinal Della Rovere ne la croit pas innocente !

La fureur de Rodrigo redoubla devant ce prétexte incohérent. Il attrapa Briçonnet par le col, le souleva et, leurs deux visages à même hauteur, il vociféra :

– Vous serez détenu au château Saint-Ange avec les autres jusqu'à ce que Giulia Farnese soit libérée ! Qu'on touche à un cheveu de sa tête, et vous, Orsini, Colonna, Sforza, serez exécutés ! Même si cette condamnation doit être mon dernier acte en tant que pape. Envoyez ce message à votre roi. Nous verrons bien comment il réagit !

Et il rejeta violemment l'évêque sur le sol. Les hommes l'emmenèrent.

Rodrigo rentra les épaules, secouant la tête comme un lutteur pour récupérer après un coup particulièrement violent.

Gacet annonça Alfonso d'Aragon qui revenait des Abruzzes où ses troupes n'avaient pas résisté aux hordes du roi de France. Défait, le visage tuméfié, il entra et se jeta aux pieds du pape :

– Je vous ai fait défaut, Votre Sainteté, j'ai fait défaut à mon peuple ! J'ai perdu mon pouvoir, mon armée est vaincue.

Rodrigo toisa le souverain déchu, effondré devant lui, et demanda sur un ton glacé :

– Combien d'hommes vous reste-t-il ?

– Je ne sais pas, ils ont été dispersés. Peut-être un millier.

– J'en ai trois cents, compta Juan.

Gacet, impitoyable, annonça :

– Charles VIII en a trente-trois mille.

Rodrigo se sentait étrangement divisé. Tout son corps souffrait comme si Giulia lui avait été arrachée physiquement, son cœur battait à lui rompre la poitrine, il avait le souffle court et les épaules lasses ; pourtant, son cerveau fonctionnait parfaitement. Il analysait, décidait sans effort.

– Combien de temps avant l'arrivée des Français ?

– Ils marchent sur nos talons et ils vont vite : quelques jours, une semaine au plus.

Rodrigo, impassible, se tourna vers Gacet :

– Organisez immédiatement notre évacuation au château Saint-Ange. Là-bas, nous serons à l'abri et nous nous préparerons.

Puis, se tournant vers Juan :

– Rassemble tes hommes, Juan ! Tu ne peux pas me décevoir cette fois.

Alfonso gémissait, réclamait l'absolution, se croyant promis à l'Enfer. Rodrigo l'envoya à Gaète après avoir obtenu son abdication. Il lui expliqua que cette démarche sauverait Rome et son trône. Le souverain en doutait mais ne voyait pas d'autre solution.

Les Allemands recrutés par Cesare apprirent que leur chef préféré était pris en otage. Restait le jeune frère. À lui, on obéissait seulement devant une bouteille de vin… À l'auberge du Lion, ils ne mirent pas de formes pour faire comprendre à Juan qu'ils ne combattraient pas sous ses ordres. Ni l'argent ni la menace des Français ne les feraient bouger. Leur chef, le nommé Thaddeus, dévoila la manipulation :

– L'évêque français Briçonnet nous a assuré que nos maisons et nos boutiques ne seraient pas pillées. Si nous refusons de nous battre, nous gagnerons deux fois l'or que tu nous as payé. Le nouveau pape nous le donnera. Borgia, tu te battras sans nous !

Puis il fit un signe à ses camarades et tous se dirigèrent vers la sortie. Juan hurla en vain :

– Pourritures de traîtres ! Vous maudirez le jour où vous avez trahi Juan Borgia.

Les Allemands passaient la porte en groupe quand l'un d'entre eux revint sur ses pas.

– Pourriture toi-même, Borgia !

Et il lança une chope de bière. Elle vint heurter le front de Juan. Du sang coula sur sa figure. Il tomba assis sur un banc, sonné par le coup et l'abandon. Corella lui nettoya le visage avec son mouchoir. Juan geignait comme un enfant :

– Miguel, que vais-je dire à mon père ?

*
* *

Pantisilea vit Giovanni se hâtant de quitter Rome en direction de Pesaro. Il proclamait vouloir lever une légion et mourir pour Rome, pour le pape et pour Lucrezia. Elle alla raconter cela à sa maîtresse en préparant leurs bagages. Puis elles retrouvèrent Rodrigo dans ses appartements où les domestiques empaquetaient ses affaires sous la surveillance de Gacet. Lucrezia demanda à son père :

– Est-ce que ma mère vient nous rejoindre au château Saint-Ange ?

Celui-ci répondit distraitement :

– Non, ma fille. Les Français ne feront aucun mal à Vannozza. Ce n'est pas après elle qu'ils en ont. Quelqu'un a vu Juan ?

Soudain, la voix haute et claire qu'il chérissait retentit :

– Quelqu'un a vu Giulia ?

Il se précipita vers elle, la prit dans ses bras, l'embrassa aussi passionnément qu'il avait eu peur de la perdre.

– Comment as-tu fait ?

– Je l'ignore, répondit Giulia d'un air guilleret. Tout d'un coup, ils m'ont mise dans une charrette, et en route pour Rome !

– Ma menace de tuer Briçonnet a dû inquiéter le roi.

Il ordonna à Gacet de libérer immédiatement les cardinaux.

– Votre Sainteté, ils vont se précipiter chez Charles VIII.

– Qu'ils y aillent ! Au moins, ils ne seront plus à Rome.

Alors, provoquant une surprise inouïe chez Rodrigo, Gacet perdit tout contrôle, pour la première fois. Il hurla :

– Le diable vous emporte ! Charles arrive aux portes de Rome !

Il se reprit. Pendant quelques secondes, Rodrigo et lui s'affrontèrent du regard. Puis le pape eut un geste :

– Vous avez vos ordres. Laissez-nous.

Une fois seul avec Giulia, il enlaça sa maîtresse, une immense tendresse sur son visage contrastant avec la gravité des minutes précédentes. Il l'embrassa en caressant son ventre.

– Tu sais, mon cœur s'est arrêté quand tu as disparu. T'ont-ils fait du mal ?

– Pas du tout répondit Giulia avec gaieté. Le général français m'a traitée comme une reine.

Alors, soulagé, il la porta sur le lit.

À Marino, la forteresse des Colonna où il était détenu sous la férule de Marcoantonio, Cesare finit par tout accepter. Il répéta longuement dans sa cellule les phrases du Christ au jardin de Gethsémani, au pied du mont des Oliviers, et ces prières lui apportèrent le calme. Il s'étonna à peine lorsque la porte s'ouvrit sur Marcoantonio. Se carrant dans l'embrasure, celui-ci annonça :

– Corrige-moi, curé, si je me trompe : les trois devoirs de la charité consistent à visiter les prisonniers, vêtir ceux qui sont nus et nourrir les affamés. Je les respecte.

Sur un signe de lui, on emmena Cesare. Il fut lavé, rasé, vêtu de propre. On le conduisit alors dans une salle du château où on le fit asseoir sans ménagement à table en face de Marcoantonio. Celui-ci, déjà ivre, se lança dans un discours confus. L'aîné des Borgia l'observait, le regard vide.

– Ce soir, nous célébrons notre prochaine victoire : les Français vont passer les portes de Rome. Ils sont accompagnés par Della Rovere, mes cousins Colonna, et les Orsini, tous unis comme les doigts de la main. À mon père, grand artisan de l'unité !

Et il leva son gobelet avant de poursuivre :

– Il a apporté la paix entre les Colonna et les Orsini. Un miracle !

Cesare plaça une phrase d'un ton morne :

– On m'a amené ici en échange du soutien des Colonna au pape !

Cela fit rire longuement Marcoantonio.

– L'union entre les Colonna et les Borgia ! J'y crois comme à l'embrassade entre le Christ et Ponce Pilate.

Un serviteur apporta un verre de vin et une assiette de viande avec du gruau, et les posa devant Cesare. Celui-ci ne broncha pas.

– Tu as peur d'être empoisonné ? Regarde !

Et Marcoantonio but une gorgée de vin, grappilla une bouchée de viande et de gruau dans l'assiette. Cesare se jeta alors sur la nourriture, incapable de cacher sa faim.

– C'est sensuel, la nourriture, hein ?

Marcoantonio, qui frottait son doigt amputé, ajouta :

– Le corps répond à toutes sortes de *stimuli*. Parfois, je crois encore avoir mon doigt.

Il brandit son moignon comme un signal. Ses hommes se jetèrent sur Cesare, le forcèrent à s'allonger sur la table sur le ventre et l'y maintinrent fermement. Il ne put résister. Marcoantonio passa derrière lui et, d'un coup de poignard, trancha son haut-de-chausses, dénudant ses fesses.

– Tu mourras en Enfer pour ça ! cracha Cesare.

– Ton père m'a excommunié, alors, de toute façon, j'y vais ! Tu te souviens quand tu m'as dit : « Ne pointe pas ton doigt sur ma poitrine ? »

Un des hommes, attrapant Cesare par les cheveux, le força à tourner la tête. Il se retrouva face au visage de Marcoantonio.

– Maintenant, tu vas te faire sérieusement pointer, chien de Catalan !

Cesare lui cracha au visage. Dans un effort surhumain, il tenta de se dégager à coups de pied et repoussa

Marcoantonio. Celui-ci tomba assis sur une chaise qui s'effondra sous son poids. Il se releva en rage, empoigna un pied en bois, balança des coups sur les genoux et les reins de Cesare qui râla de douleur. Puis il se déculotta, ramassa une poignée de gruau sur l'assiette, l'étala entre les fesses de Cesare, clamant :

– C'est trop d'égards pour toi, espèce de bâtard de pape empoisonneur !

Et il sodomisa Cesare, lentement, avec effort, se donnant en spectacle, ahanant exagérément. Ses hommes éclatèrent de rire et l'encouragèrent. Cesare hurlait, les yeux agrandis de douleur et de fureur.

Dans les sous-sols du château Saint-Ange, les anciennes prisons avaient été investies par les fonctionnaires pontificaux et leur famille. L'étage immense se divisait en longs et tortueux couloirs, salles de gardes, cachots, cellules, caves de différentes tailles. Il ne restait plus un centimètre carré de libre. Le moindre recoin abritait des humains : humbles clercs comme nobliaux, tous s'étaient réfugiés là avec leurs enfants, leurs domestiques et leurs animaux. Depuis une semaine, cette population se disputait l'espace. Sueur, pisse, merde, ragoût, vinasse empestaient l'air. Les rats, les araignées, les poux n'avaient pas déserté, bien au contraire.

Rodrigo traversa l'étage avec Gacet, bénissant et saluant les gens qui se prosternaient sur son passage. Derrière lui suivaient une dizaine de cardinaux. Parmi eux, Alessandro Farnese, Oliviero Carafa, légat de Naples, et John Morton, un Anglais de soixante-quinze ans, droit comme un I. Le moral d'Alessandro Farnese descendait au plus bas et il s'en ouvrit à Morton :

– Hadrien construisit Saint-Ange pour en faire un mausolée. Quand je vois la violence déployée par les

Français, l'endroit peut retrouver sa vocation première d'ici quelques heures, je le crains !

– Éminence, faites face ! Ne baissez donc pas les bras !

L'indignation d'Alessandro était à son comble, il jeta violemment au prélat :

– Faire face ? Et comment ? Sauf votre respect, cardinal Morton, l'armée de Naples, des hommes courageux et solides, pourrit dans les champs au nord de Rome. Leur roi a abdiqué et fuit à Gaète.

La petite troupe continua son chemin, commença l'ascension d'un escalier en colimaçon. Les prélats devaient enjamber des corps endormis, des restes de nourriture, des sacs de vêtements ou d'objets. Des chats et des chiens fuyaient entre leurs jambes, une puissante odeur d'urine les suffoquait et, de temps à autre, ils faisaient un écart pour éviter de marcher dans une crotte. Ces traces d'humanité en pleine débâcle ne gênaient pas la discussion entre Alessandro et Morton. Le premier remâchait son revers : à Orvieto, les Français étaient passés sans qu'il réussît à les ralentir. Personne d'autre ne semblait se soucier de la Ville éternelle. Alessandro arriva à la hauteur de Rodrigo.

– Où sont passés les Allemands et les Espagnols ?

– Patience, jeune Farnese.

Alexandre VI posa sa main sur l'épaule de son cardinal préféré – après son fils aîné – et ils avancèrent ainsi. Alessandro y vit l'autorisation de parler.

– Saint-Père ! Le Sacré Collège a volé en éclats comme une planche pourrie. Cesare est prisonnier. De' Medici se cache à Venise. Colonna, Sforza, Orsini, Riario-Sansoni ont rallié les Français, Della Rovere est en mesure de s'emparer du trône de Saint-Pierre.

Derrière eux se fit entendre la voix de Carafa avec ses inflexions chantantes de Napolitain : il voulait rejoindre son roi en exil.

Le Saint-Père se tourna vers lui et rugit :

– Cardinal Carafa, le Sacré Collège prendrait la fuite ? Et sans défendre notre pays ? Mes frères, rappelez-vous ! Votre chapeau rouge symbolise votre acceptation de verser votre sang pour la sainte Église, quel que soit l'ennemi, le nôtre ou le vôtre.

– Alors je pose la question, s'insurgea Carafa : où est le préfet de Rome ? Personne n'a vu Juan Borgia depuis la désertion des Allemands. Cet homme est une bulle ! Il gonfle, il gonfle, puis pfut !

Il fit un geste expressif de la main.

– Disparu !

– Attention, cardinal Carafa, avertit Rodrigo, je ne veux plus entendre aucune allusion déplaisante sur mon fils.

Le pape, suivi de ses cardinaux, attaqua la montée d'un autre escalier pour rejoindre les étages supérieurs du château. Les marches, plus spacieuses, étaient vides.

– Quant au roi de France, poursuivit-il, il viendra à résipiscence, ne craignez rien !

– Avec quoi ? demanda Morton.

L'âge du vieil ecclésiastique autorisait des questions embarrassantes.

– Étant anglais, je suis intrinsèquement optimiste. Et pourtant, Votre Sainteté, je ne vois plus quelles babioles il vous reste à négocier.

Un courant d'air siffla lorsque le consistoire parvint à l'étage dans la salle d'Apollon. Là, les fresques de la légende d'Apollon, les dimensions de la pièce et le mobilier les ramenaient à leur rang. Borgia fit face aux cardinaux autour de lui et déclara :

– Nous avons le pouvoir de remettre la couronne du roi de Naples : Charles VIII convoite cette « babiole ». Au surplus, ce qu'on n'a pas se révèle parfois plus utile que ce qu'on possède. Rome n'offre aucune défense. Ne pouvant se battre, Charles sera obligé de nous parler.

Rodrigo ouvrit les mains, comme entamant un sermon. Sa voix était empreinte d'une sérénité et d'un détachement contrastant si fort avec la situation que les cardinaux l'écoutèrent sans broncher.

– Quand seul reste le risque, il faut faire preuve d'audace, risquer le tout pour le tout. Si les négociations échouent, nous nous présenterons sur les remparts du château, brandissant la sainte Eucharistie dans un ostensoir, défiant le roi de France de venir détruire le corps du Christ.

Il se tourna vers Gacet.

– D'abord, nous envoyons un message à Charles : il sera bienvenu lors de son passage à Rome, sur sa route pour Naples et son trône légitime. En échange, notre fils doit être immédiatement libéré.

Les circonstances bousculèrent Rodrigo Borgia : Pantisilea interrompit la discussion – personne ne lui en tint rigueur :

– Votre Sainteté ! Le bébé de Giulia est né. C'est une fille !

Rodrigo eut un soupir de bonheur. Ce bébé arrivé dans le chaos était une promesse de paix. Il partagea sa certitude avec ses cardinaux :

– Elle vivra une longue vie dans Rome, redevenue une ville en paix et libre de toute occupation étrangère.

Puis il les abandonna pour aller voir sa fille.

Le viol et les coups laissèrent Cesare inerte pour de longues heures. Inconscient, puis délirant, pissant et chiant sous lui, il perdit la notion du temps. Plusieurs jours s'écoulèrent. Lorsqu'il reprit connaissance, la blessure psychologique infligée l'avait détruit. Marcoantonio Colonna jeta à la porte du château de Marino, après avoir reçu l'ordre de le libérer, un autre homme, une autre âme.

Couvert de haillons, sale, puant, la peau sur les os, il se traîna le long des chemins, volant de quoi manger. Lorsqu'il finit par arriver à Rome, il était méconnaissable. La honte de l'outrage subi l'enveloppait. Il erra par les rues où la population en panique ne savait plus s'il fallait partir ou rester. Dans cette ambiance de fin du monde, il passa inaperçu, mendiant et dormant par terre. Il se sentait incapable de retourner chez lui.

– 23 –

Alexandre VI passait de longs moments, la nuit, sur la plus haute terrasse du château, scrutant la ville. Dans le ciel tourmenté où le vent chassait les nuages, il croyait voir défiler des armées. Des cris montaient des rues et il entendait les âmes des soldats massacrés réclamant vengeance. Dans un de ces moments, entre méditation et visions, Gacet lui apprit la libération de Cesare. Le roi acceptait son offre, promettant de ne causer aucun trouble si les Romains se montraient dociles. Charles VIII garantissait, en outre, une fois à Naples, le passage de Goffredo et Sancia à Ischia. De plus, le roi de France s'engageait à faire profession d'obéissance au souverain pontife, le reconnaissant comme unique chef de l'Église, avant toute audience. Rodrigo écoutait sans mot dire toutes ces propositions. Après un court silence, il demanda :

– Dis-moi, Gacet, ne serais-je pas le roi Priam ouvrant grandes les portes de Troie à un immense cheval de bois ?

Le pape quitta la terrasse. Il voulait souffler. Tout oublier. Il ne connaissait pour cela qu'un endroit : le lit de Giulia. Il entra dans la chambre où sa maîtresse et leur fille, Laura, dormaient. Il se déshabilla sans bruit et se glissa contre Giulia. Assoupie, en chien de fusil, elle lui tournait le dos.

Il embrassa sa nuque, huma ses cheveux et, sentant son désir monter, lui caressa les seins. Une perle de lait jaillit au bout d'un téton alors qu'il le pressait. Surpris, il descendit sa main entre les jambes de la jeune femme et commença à la caresser. Celle-ci remua, gémit. Il crut éveiller son plaisir et accentua sa caresse. Soudain, Giulia ouvrit les yeux, s'écarta brutalement. Elle se redressa, face à Rodrigo, furieuse :

– Je viens d'accoucher, mon entrejambe me brûle encore et toi, tu viens frotter tes gros doigts maladroits comme si tu creusais un trou dans mon vagin !

Rodrigo se redressa stupéfait, essuyant sa main sur le drap. Il ne s'était pas rendu compte. L'excuse accrut l'énervement de Giulia :

– Non, bien sûr ! Sais-tu seulement combien d'opiacés je dois prendre pour trouver le sommeil ?

– Pardon, pardon ! Mon esprit est si…

Laura commença à crier. Giulia agita une sonnette et une nourrice vint chercher le bébé et le lui apporta.

– Je vais la nourrir, puisque je suis réveillée, grommela Giulia, l'air mauvais.

En la voyant se dégrafer et sortir son sein pour l'offrir au bébé, Rodrigo s'étonna de constater à quel point ce geste était dépourvu du moindre érotisme. Frappé par la transformation de Giulia, il se rhabilla et sortit de la chambre sans mot dire.

Un grondement roulait dans Rome comme un orage de plus en plus proche. Cesare comprit très vite : les Français. Alors, il revint à la vie. Du moins au présent. Il se rua vers le palais pontifical. Sur la place Saint-Pierre entrait la cavalerie de Charles VIII. Cesare la voyait s'aligner impeccablement. Par l'avenue menant à la basilique, une rivière de torches portées par des hommes à cheval déferlait à perte de vue. Il pénétra dans le palais, vide. Il grimpa quatre à quatre le grand escalier, arriva dans la salle des Larmes. Burckard rangeait dans des malles des vêtements, des livres, des objets sacerdotaux précieux.

– Où est mon père ? demanda Cesare.

Burckard sursauta. À la vue de l'ex-otage, la frayeur aggrava son accent allemand.

– Au château Saint-Ange, pour se protéger contre l'invasion.

– Vous en profitez pour voler !

– Non. Je suis le chambellan. Chaque fois qu'un pape meurt, ces objets me reviennent.

– Et vous estimez la mort de Sa Sainteté imminente ?

Burckard, avec la conscience tranquille de l'homme dans son bon droit, se remit à sa tâche, ignorant Cesare. Celui-ci alla à une fenêtre. Il observa longuement l'installation des Français. Leur général, Yves d'Allegre, campé sur sa monture, hurlait ses ordres. Les hommes se rangeaient en carré sur la place et bloquaient les entrées. Allegre paraissait trente ans. Très bel homme, sûr de lui, élégant, il maintenait son cheval en même temps qu'il surveillait ses troupes et donnait ses consignes. « Exactement l'image d'un gentilhomme français de haute naissance », pensa Cesare. Derrière lui, Burckard claqua les couvercles des malles et dit :

– Je pars rejoindre ma famille maintenant. Éminence ? Dieu vous ait en sa sauvegarde !

D'un geste de la main, Cesare le congédia sans se retourner.

Le fracas des troupes françaises sur la place Saint-Pierre résonnait à ses oreilles comme la fin de Rome et celle des Borgia. Après la cavalerie, ce furent l'infanterie et l'artillerie. Surtout l'artillerie : Cesare n'avait jamais vu ni même jamais imaginé de telles armes. Ainsi, d'énormes canons de bronze montés sur des roues et tirés par des chevaux. « Ces engins doivent mesurer au moins trois mètres de long », estima le jeune homme. Ils envoyaient des boulets de métal à des centaines de mètres. Cesare repéra aussi des couleuvrines et des fauconneaux, canons plus petits et plus maniables mais moins puissants.

Des trompettes signalèrent la fin de l'installation des hommes de troupe. Maintenant, les officiers et les chefs faisaient leur entrée, salués par Yves d'Allegre. Cesare observa les cinq cardinaux ennemis de son père – Sforza, Colonna, Orsini, Riario-Sansoni et Della Rovere. Ce dernier portait une tenue à mi-chemin entre celles de l'homme d'Église et du guerrier : la pourpre avec une cuirasse par-dessus, un casque remplaçant la barrette. Les cardinaux rangèrent leur monture. Devant eux, les fantassins ouvrirent un large passage. Monté sur un cheval blanc, Charles VIII s'avançait sur la place, les troupes lui faisant un triomphe. Cesare ne put distinguer le visage du roi. À la lueur des torches éclairant la nuit *a giorno*, il n'était qu'une grosse tête rousse et barbue sur un corps minuscule.

À l'aube d'un jour gris, Cesare se retrouva dans le petit passage allant du palais pontifical au château Saint-Ange. La porte dérobée en était hermétiquement close. Cesare inspecta le mur, les soubassements et les contreforts des murailles. Des plantes sauvages s'y étaient installées. Des arbrisseaux s'y agrippaient. Il s'élança et grimpa agilement. Il parvint à la première terrasse, bascula par-dessus le mur et resta allongé un long moment sur la pierre froide, récupérant son souffle. Il fila ensuite dans les étages inférieurs. Le décor et l'ambiance lui rappelèrent sa cellule de Marino et, pendant quelques instants, il se mit à trembler, puis se coucha à même le sol et s'endormit d'un sommeil fiévreux et haché.

La voix d'Alessandro Farnese le réveilla. Le cardinal distribuait des vivres aux réfugiés. Comme il passait devant Cesare, celui-ci attrapa une miche de pain et commença à la dévorer. Dans le mouvement, son capuchon tomba en arrière, révélant son visage couvert de poussière, une barbe drue et des yeux rouges, enflammés. Alessandro s'accroupit devant Cesare, bouleversé. Celui-ci mit son doigt devant sa bouche. Posant son panier, Alessandro l'étreignit, puis, l'aidant à se relever, l'emmena. Depuis plusieurs jours, Cesare puisait dans toutes ses réserves nerveuses. Il s'effondra. Les deux amis s'éloignèrent vers un coin tranquille sous un escalier. Alessandro le pressa de questions. Pourquoi se trouvait-il dans cet état ? Pourquoi ce retour dissimulé ? Ils s'étaient tous tellement inquiétés.

Cesare lui dit seulement :

– Me vois-tu ?

– Oui, bien sûr, je te regarde.

– Non, regarde-moi de plus près. Me vois-tu vraiment ?…

Alessandro fixa les yeux de Cesare. Ils se dévisagèrent longuement. Alessandro comprit d'un coup et dans sa gorge monta un sanglot de rage et de chagrin à l'idée qu'on avait pu à ce point détruire cet homme.

Yves d'Allegre était courageux et infatué. Il estimait avoir quelques raisons à cela : généralissime des forces françaises à trente ans, beau, intelligent, excellent cavalier, bon soldat, ayant l'oreille du roi. Les femmes lui jetaient des regards énamourés et les hommes le jalousaient. Reçu en audience chez le souverain pontife, il eut l'honneur d'être admis dans l'intimité de la chambre papale où Rodrigo, sa fille dans ses bras, goûtait sans retenue aux plaisirs de la paternité. Giulia reposait sur des oreillers de dentelle blanche qui mettaient en valeur son teint de rose et sa gorge resplendissante. L'officier apprécia d'autant plus le spectacle que les quelques heures passées en sa compagnie lorsqu'il l'avait détenue plusieurs semaines auparavant avaient filé trop vite entre rires et œillades. Il n'avait jamais eu en son pouvoir une femme aussi belle, aussi charmante et pleine d'esprit. Il baisa l'anneau papal et adressa ses hommages à Giulia. Son baisemain prolongé et leur échange de regards complices n'échappèrent pas à Rodrigo. Allegre n'était pas sot, il sentit qu'il allait un peu trop loin et s'empressa de se justifier :

– J'ai eu le plaisir de recevoir cette dame lorsqu'elle était retenue captive voici quelques semaines…

– Quelle affaire vous amène, général ? coupa Rodrigo.

– Votre Sainteté, j'apporte une directive du roi Charles VIII de France, annonça Allegre, rectifiant mentalement sa position.

Le pape souleva ses augustes sourcils et répliqua avec une ironie sereine :

– Une directive ?

– Le roi requiert votre présence au palais.

Et il ajouta en français :

– Tout de suite !

Rodrigo, penché sur sa fille, lui grattait le menton. Et, ignorant Allegre :

– Nous serons heureux de recevoir Sa Majesté.

– Il… veut que vous alliez à lui.

Rodrigo regarda Allegre droit dans les yeux.

– Et nous disons que nous le recevrons ici. Vous avez entendu notre directive, général ? Vous pouvez sortir !

Allegre s'inclina courtoisement, il salua Giulia par son prénom et disparut.

Alessandro soigna, pansa, nourrit son ami et lui redonna son éclat princier. Lucrezia, Pantisilea, dont le cœur battait à se rompre chaque fois qu'elle le voyait, Djem, et même Rodrigo, aucun d'entre eux ne remarqua le changement intervenu en Cesare sinon sa maigreur et sa mauvaise mine. Il esquiva toutes les questions, laissa sa sœur le couvrir de baisers, puis se dégagea pour parler avec son père et Alessandro des problèmes posés par la protection du château Saint-Ange : il avait pu entrer sans se faire remarquer, c'était pour le moins inquiétant. Le pape le chargea aussitôt d'organiser la défense du lieu. Et à sa question de savoir où était le responsable de la sécurité, Juan en l'occurrence, Rodrigo répondit sans insister qu'il était en mission. Cesare comprit : Juan se cachait probablement quelque part…

Selon la promesse du roi de France, ses troupes se montreraient irréprochables si les Romains acceptaient d'être dociles. Ils ne le furent ni les uns ni les autres. Dans Rome, des escarmouches opposant des forces inégales – pierres et dagues contre mousquets et épées – se produisaient continuellement, et les Français justifiaient ainsi massacres et mises à sac. Burckard en fit l'amère expérience. Il confia à son journal : « Pour se loger, la méthode des Français consiste à ouvrir de force les maisons, à y entrer, à en expulser les habitants, les chevaux et le reste, à brûler le bois, à manger et à boire sans rien payer[1]… »

1. Johannes Burckard, *op. cit.*

Jean Briçonnet, officier français, aimait appeler ses hommes ses « dragons ». Il les voulait ainsi, redoutables et invincibles. Eux voyaient dans cette appellation une licence : vaincre, ensuite se payer sur la bête, c'est-à-dire piller, violer et tuer les survivants. Et Briçonnet n'était pas le dernier… Ce n'était pourtant pas l'éducation qu'il avait reçue de son père, l'évêque Guillaume Briçonnet, proche du roi, émissaire de celui-ci auprès du pape. On a beau être d'extraction élevée, on peut devenir un voyou, comme ce jeune coq, âgé de vingt-trois ans. Il entendit parler de la propriété de Vannozza Cattanei et de ses richesses. Il y fit irruption et trouva Vannozza, quoiqu'elle eût pu être sa mère, fort à son goût. Ses hommes vidèrent la maison, il s'occupa de la propriétaire. Elle tenta en vain de lui résister et le menaça : son mari dirigeait la prison Terranova. Ce à quoi il répondit en riant :

– Non, il y est prisonnier maintenant !

Puis il renversa Vannozza sur la table et releva ses jupons en lui expliquant :

– Tu as été une maîtresse du pape, paraît-il, moi aussi je vais goûter à ta chatte !

Et il la viola, histoire de se venger : Borgia n'avait-il pas refusé la barrette à son père ?

Vannozza, dès qu'elle fut libre, quitta sa maison saccagée et s'enfuit jusqu'au château Saint-Ange. On l'emmena aussitôt chez sa fille où elle s'effondra, sans pouvoir dissimuler son épreuve. Épouvantée, Lucrezia chercha son frère. Cesare organisait la défense du château, répartissait les troupes et les armes. Informé par sa sœur, il lâcha tout. Il serra sa mère encore tremblante dans ses bras.

– Les hommes sont des porcs, gémit-elle.

Cesare sentit qu'elle se rétractait, cherchant à le repousser.

– Maman ! Tu as toutes les raisons de redouter l'approche d'un homme. Mais je suis ton fils. Tu m'as si souvent consolé, laisse-moi te consoler à mon tour. Je connais trop bien ta souffrance !

Et, peu à peu, elle se laissa aller contre Cesare, tous deux réunissant leurs douleurs et leurs humiliations, mêlant leurs larmes.

Une bonne nouvelle tomba enfin : le saint empereur germanique avait passé les Alpes. Rodrigo demanda à Cesare et Morton d'aller intercéder auprès du roi Charles pour qu'il retienne ses troupes.

Pendant ce temps, il apprit à Lucrezia qu'il acceptait son divorce. Alessandro Farnese s'était chargé du dossier et rendit son verdict :

– La méthode de divorce lorsqu'il est accordé par notre sainte mère l'Église est complexe. Elle requiert deux circonstances : soit l'impuissance du mari, soit l'infidélité de l'épouse.

– Impuissance ! répondit Lucrezia sans hésiter. Je n'ai jamais été infidèle.

Il fallait maintenant en parler à Giovanni. D'après Lucrezia, il recrutait des troupes fraîches pour le pape à Pesaro. Cependant, on l'avait aussi vu à Milan chez ses cousins Sforza. Rodrigo ordonna qu'il rentre immédiatement à Rome.

En traversant la place Saint-Pierre, Morton mesura les ravages commis par les troupes françaises sur les Romains : cadavres d'hommes, de femmes et d'enfants, prisonniers menés à coups de bâton. L'Anglais en perdait son flegme et bousculait Cesare. Celui-ci examinait à la dérobée les canons français.

Au palais pontifical, un trône avait été installé pour le roi de France. À côté de celui du pape et à la même hauteur. Lorsque Cesare et Morton entrèrent, ils aperçurent, groupés dans un angle, les cardinaux passés aux Français parlant entre eux avec animation.

Soudain, on annonça le roi. L'apparition de ce petit homme contrefait, marchant mal, appuyé sur une canne stupéfia Cesare. Le souverain se laissa tomber sur son trône avec un grognement. Son visage aux yeux gonflés, larmoyants, d'un bleu délavé, s'ornait d'un nez boursouflé repiquant vers une bouche aux lèvres grasses d'un rouge vif. Le plus grand souverain d'Europe était formidablement disgracieux.

– Alors ? grommela-t-il, observant soigneusement Cesare et Morton. Je demande à rencontrer le souverain de la chrétienté et il m'envoie son bâtard et un chien d'Anglais ?

– Dois-je les renvoyer, sire ? s'empressa Briçonnet.

Charles l'écarta de la main.

– Vous êtes Cesare Borgia, je présume ? L'autre est trop vieux !

Puis il ajouta en italien à l'intention de Cesare :

– Pourquoi le pape n'est-il pas venu ?

Cesare se sentit encouragé par ce changement de langue :

– Votre Majesté ! Les rues sont pleines d'armes et de sang. Le pape Alexandre VI s'attendait à ce qu'un souverain ayant reçu l'onction divine traite la Ville éternelle avec plus de respect. Il exige l'arrêt immédiat de toute cette violence.

– Il exige…

Charles VIII ricana avec une petite voix pointue. Il était revenu au français et poursuivit, désignant les cardinaux :

– Votre père enfreint les lois sacrées, il mène une vie dépravée. C'est leur témoignage !

Il leva la tête pour s'adresser à tous :

– J'annonce un concile pour déposer le pape Alexandre VI.

– Votre Majesté !

Morton était intervenu tranquillement, seul son accent plus marqué trahissait sa tension. Il poursuivit :

– Ces soi-disant cardinaux attaquent le pontife alors qu'eux-mêmes ont accepté toutes les corruptions pour le faire élire !

Outrés par cette accusation, les prélats entamèrent un chœur discordant de protestations. Della Rovere ne supportait ni la vue ni la voix d'un Borgia. Il poussa un vrai coup de gueule :

– Ne vous laissez pas abuser, Votre Majesté ! La tiare n'est pas la couronne d'épines. Alexandre VI ne montre aucun empressement à imiter le Christ.

Alors Cesare abattit ses cartes :

– Votre Majesté ! Vous avez récemment signé un traité avec le souverain anglais. Que diront Henri VII et tous les souverains chrétiens quand ce bruit se répandra en Europe ? Vous, le roi de France, assiégez le vicaire du Christ et proclamez votre intention de le juger ? Cet homme même à qui Dieu a confié le jugement de toutes les âmes humaines ? Et quel sera l'avis de la reine Anne ?

Autour du roi, les prélats rebelles se pressaient en bourdonnant. L'évocation de la souveraine fit son effet. Charles VIII adorait sa reine autant qu'il la craignait. Celle-ci, très dévote, ne supporterait pas qu'il maltraite le pape. Son mari ne l'ignorait pas.

Charles VIII soupira et, une lueur taquine dans les yeux, il s'adressa surtout aux cardinaux, ses alliés.

– Bon, je change d'avis. Je rends à Dieu ce qui est à Dieu et fais obédience à ce pape Borgia !

Cesare s'inclina, le cœur bondissant. Della Rovere tenta une ultime protestation, mais Charles VIII l'écarta d'un geste.

– Je mets trois conditions : un, Sa Sainteté me rend visite en personne ; deux, le château Saint-Ange est placé sous mon autorité ; trois, le pacha Djem m'appartient.

Morton et Cesare reprirent les négociations, cette fois avec le pape. Rodrigo ne faisait pas grand cas de Djem et voulait bien le livrer, en dépit de tous ses engagements. Pour Morton, c'était probablement l'essentiel. Et pas question de céder le château Saint-Ange – Rodrigo estimait qu'il courrait alors le risque de se retrouver assassiné et jeté dans le Tibre. Enfin, jamais il n'accepterait de se rendre en visiteur au palais pontifical.

– Ce malotru couche dans mon lit ! bougonna-t-il.

La discussion s'éternisa. De son côté, le roi de France tenait *mordicus* à ses conditions. Comme le dit Morton, désabusé :

– Ces deux-là ! Deux blocs de granit ! Pourtant, l'un des deux devra bien céder !

Le roi voulait Djem, il voulait la visite du pape. Briçonnet s'entremettait et faisait des allers et retours entre Saint-Ange et le palais. On n'avançait pas et Rome ne s'apaisait pas. Cesare eut une idée, toute une comédie faite de hasards organisés au millimètre.

Le lendemain, Rodrigo fit une promenade solitaire dans les jardins pontificaux. Et, à quelques mètres, Charles VIII humait une rose. Il remarqua le pape, retira son chapeau et salua. Le pape ne le vit pas ou feignit de ne l'avoir point vu. (C'était convenu ! Le pontife ne devait pas voir Charles s'incliner !) Puis, comme Charles mettait un genou à terre, il l'aperçut. (Avertissement de Charles : « Pas question de baiser le pied de ce sale Catalan ! ») Il fallait donc qu'au même moment il lui tende la main pour le relever sans lui laisser le temps de s'incliner plus bas. À ce moment, il y eut un léger décalage : Rodrigo fit une très courte pause et Charles se trouva tête baissée ne voulant pas descendre plus bas. Pour gagner du temps, il toussota. Et au moment où tout allait sombrer dans le ridicule, Rodrigo tendit sa main et releva le souverain.

Le plan se déroulait parfaitement jusque-là. Les deux hommes cheminaient dans les allées, suivis à distance d'une petite foule, hors de portée de voix : d'un côté Allegre et Jean Briçonnet avec quelques soldats français, de l'autre des diacres et des prêtres avec à leur tête Cesare et Morton. Or Charles entama les pourparlers avec un détail inédit :

– L'évêque Briçonnet rêve d'être cardinal… Vous avez agité la croix pectorale sous son nez, il ne pense plus qu'à ça.

La réaction de Rodrigo fut aussi épidermique qu'inattendue.

– Briçonnet ? Vous commencez par me parler de Briçonnet ?

Il serrait les dents pour maîtriser une colère qu'il retenait depuis trop longtemps. Il y vit – vrai ou faux – une manigance de son vieil ennemi et dit au souverain :

– Je vois l'influence de Della Rovere dans nos négociations !

Le souverain manqua de s'étrangler. Il s'exclama en revenant, dans sa surprise, au français :

– Pardonnez-moi ?

Exaspéré, Rodrigo décida de couper court à la conversation. Soudain, il s'effondra, simulant un vertige, et s'agrippa au souverain qu'il dominait de deux têtes. Les Français réagirent dans un cliquetis d'armes aussitôt étouffé par un geste de Charles.

– Nous devons nous reposer un instant…

Et, soutenu par Cesare et Morton, le pape s'éloigna, laissant le roi sidéré par la brièveté de leur entretien.

Dès son retour au château Saint-Ange, le souverain pontife se montra véhément : la carrière de Briçonnet n'avait jamais figuré au programme des négociations. Il méprisait cet asticot. Morton lui tint le langage de la sagesse :

– Avec ce faux malaise, vous avez montré quelle gêne vous cause l'évêque de Saint-Malo ! Vous êtes pris à l'hameçon et vous ne pouvez plus vous en dépêtrer, expliqua Morton, amateur de métaphores halieutiques. Della Rovere et Sforza vont maintenant faire pression sur Charles pour qu'il ne lâche plus la ligne !

Rodrigo finit par se rendre aux raisons de Morton. Il fallait se sortir de l'affaire Briçonnet pour progresser.

– Comme évêque, il a terminé ficelé comme une saucisse dans le donjon, juste à côté. J'imagine qu'il faut lui donner sa nomination. Au moins, nous serons le pêcheur, pas le poisson !

– 24 –

Alessandro instruisait le divorce de Giovanni Sforza et de Lucrezia Borgia. L'époux, rentré à Rome à bride abattue, ne comprenait rien. Finalement, Lucrezia livra la vérité :

– Il s'agit des actes d'annulation, dit-elle fermement.

– Vous voulez annuler notre mariage ?

Alessandro intervint :

– Eh bien, dans cette affaire, l'unique remède est l'annulation !

– Quelle affaire ? Quel remède ? Mon amour pour Lucrezia est-il trop grand ?

Sur son visage congestionné tout d'un coup, des perles de sueur brillaient. Il regarda Lucrezia.

– N'exigez pas de moi d'infliger une telle tache à notre nom !

Alessandro se montra pragmatique :

– Il n'est pas question de tache ! Lisez ce document. Nous avons trouvé une faille dans la loi sacrée offrant un motif de divorce : le contrat du mariage de Lucrezia avec Gaspar n'a pas été annulé officiellement. Cela vous permet de couper vos liens.

– C'est un mensonge, protesta Giovanni. Un péché mortel ! Lucrezia est ma femme aux yeux de Dieu. Et du pape.

Il se leva et déclara avec solennité :

– Informez le Saint-Père ! Je ne signerai pas un acte sacrilège.

– Très bien, fit Alessandro, si c'est votre décision, nous procéderons à une audience.

– Pour quelle raison une audience serait-elle nécessaire ?

– Pour votre impuissance.

La foudre s'abattit sur Giovanni. Il regarda Alessandro replier les documents et sortir. Dans son innocence, il ne pouvait comprendre une telle manœuvre. Il s'approcha de Lucrezia et lui demanda d'une voix pleine de tendresse :

– Mon amour, comment en sommes-nous arrivés là ?

Quand les choses ne suivaient pas le cours qu'elle souhaitait, Lucrezia pouvait exploser. Elle n'aimait plus Giovanni, et ses protestations d'amour l'insupportaient. Elle le lui fit comprendre sur un ton exaspéré :

– Toi ! Pas nous. Tu es un raté ! En amour. À la guerre. Un raté comme homme ! Il n'y a pas de place pour toi dans la famille Borgia. Il n'y en a pas dans mon cœur.

*

* *

Briçonnet voulait sa barrette ? Il l'aurait. Il la voulait vite ? Soit. La cérémonie fut organisée dans la précipitation. Cesare dut prêter sa cape, un autre prélat son chapeau. En revanche, les cardinaux étaient présents. Et Burckard, de retour dans ses fonctions, remplit son office. Toutefois, il éprouva quelque embarras lorsque Cesare lui glissa :

– Votre maison a été pillée par les Français, n'est-ce pas ? Vous ont-ils pris ce que vous nous aviez volé ?

Burckard connaissait ses Borgia à fond. Il savait comment retrouver les bonnes grâces de Cesare et il n'attendit pas. Désignant discrètement Jean Briçonnet en tenue d'officier français, il dit :

– Vous voyez le fils de Briçonnet ? C'est cet homme qui a violé votre mère.

Après la cérémonie, Rodrigo eut la surprise de voir se présenter devant lui Colonna, Orsini et Riario-Sansoni, en rang. Ils baisèrent chacun à son tour l'anneau papal : ils rentraient au bercail et, sagement, Alexandre VI leur ouvrit les bras.

Dans la soirée, Cesare Borgia revêtit son pourpoint noir et sortit en ville avec quelques hommes. Il cherchait Jean Briçonnet. Il le trouva à côté du Campo dei Fiori, discutant son tarif avec une prostituée qu'il venait de baiser. Les hommes s'en emparèrent. Borgia lui demanda simplement :

– Tu as une mère, Briçonnet ?

Et comme celui-ci répondait par l'affirmative, Cesare ajouta :

– Alors tu sais pourquoi tu meurs !

Et il lui planta sa dague dans le ventre, vissant la lame pour pénétrer au plus profond. Le jeune Briçonnet eut le temps de hurler et de se voir mourir.

Lucrezia fit activer l'audience destinée à formaliser son divorce. Giovanni témoignait devant Alessandro et Morton, assis à une grande table. Un greffier notait. Lucrezia, accompagnée de Pantisilea, se tenait derrière lui. Giovanni ne céderait pas sans combat. Il commença par invoquer l'interdiction papale de consommer son mariage. On lui rappela qu'il y avait eu une tentative pour y désobéir qui avait échoué. Douloureusement surpris, il se tourna vers Lucrezia. Celle-ci, yeux baissés, lui opposait un visage de pierre. Elle avait fourni à Alessandro tous les arguments possibles contre Giovanni, y compris la dot de trente mille ducats que Giovanni devait rendre en cas d'annulation. L'homme toucha le fond de l'humiliation :

– Je n'ai reçu qu'un tiers de cette dot. Et vous voudriez qu'en plus je restitue des sommes jamais reçues ?

L'absurdité de cette prétention financière le rappela à la dignité :

– Toute cette histoire d'argent est sans importance. Il s'agit de ma réputation ! Impuissance ! Toute l'Italie va me tourner en ridicule.

Soudain, Lucrezia se leva et prit la parole :

– Je propose une solution. Nous pourrions faire l'amour de nouveau…

Giovanni se tourna vers elle plein d'espoir, mais Lucrezia continua sans le regarder :

– … en présence d'observateurs, le pape, votre cousin, une cinquantaine de témoins autour du lit.

Giovanni fut horrifié. Il refusa. Elle alla se rasseoir, mains ouvertes : elle aurait tout essayé. Finalement, Giovanni lança le dernier argument convaincant :

– Comment pourrais-je être impuissant ? Ma première femme, ma chère Maddalena, est morte en accouchant.

Alors Alessandro lui asséna un coup définitif :

– Il y a là un témoignage mentionnant une liaison entre votre femme et un garçon d'écurie…

Giovanni vit rouge. Il bondit et tapa si fort sur la table qu'il fit sauter les papiers et l'encrier du greffier :

– Blessures ajoutées aux insultes !

Il se retourna sur Lucrezia et l'attrapa à la gorge. Il fallut les forces conjuguées de Morton et Alessandro pour l'arracher à la jeune femme.

*

* *

Un soir, Juan réapparut aussi soudainement qu'il avait disparu. Cette fois, Cesare ne mâcha pas ses mots et insulta son cadet : pendant qu'il était otage à Marino, son frère se cachait à Ischia. La haine entre les deux frères atteignit un point de non-retour. Il s'y ajoutait du mépris de la part de Cesare, et de l'envie du côté de Juan. Si choyé fût-il par leur père, le cadet savait confusément qu'il ne serait jamais à la hauteur de ses responsabilités. Cesare était aimé et respecté de tous. Juan ne réussissait qu'à se faire détester, y compris des troupes recrutées par son aîné. Les deux frères finirent par se battre et le combat aurait pris une tournure dramatique si Rodrigo n'était intervenu à temps pour les séparer. Dans l'esprit de Juan naquit alors un désir de vengeance. Cesare, avec toutes ses remarques, l'avait humilié, il humilierait Cesare en retour.

Le soir où Giovanni accepta le divorce, Lucrezia l'annonça sans attendre à Alfonso d'Este dont elle était toujours éperdument amoureuse. Elle dicta une lettre à Pantisilea, lui racontant tout, affirmant qu'elle était toujours vierge, faisant des plans d'avenir :

– Oh, Alfonso, concluait-elle, je me languis de vous. Quand cette guerre absurde s'achèvera, notre banquet de mariage sera le plus extraordinaire qu'on ait jamais vu à Ferrare ou à Rome. Ensuite, nous fuirons dans un grand lit, sous des draps de soie de Chine. Je refuse tout et je vous choisis…

Elle jubilait. Elle confia la lettre à Pantisilea. À charge pour celle-ci de trouver un moyen de faire parvenir la missive à Ferrare en secret de sa famille. La lettre traversa le palais, serrée dans la main de Pantisilea et atterrit dans la chambre de Giulia.

Le serment d'obéissance de Charles VIII au souverain pontife devait avoir lieu place Saint-Pierre sur une estrade abritée d'un dais. Les oriflammes aux armes du pontife et celles du roi à fleurs de lys claquaient au vent. Sur l'estrade, deux trônes attendaient le pape et le souverain français. Et la foule affluait sur la place pour assister à l'événement.

Charles VIII n'aimait guère l'idée de ce serment, mais chose promise, chose due. Or, on peut être un grand roi et pratiquer de petites mesquineries. C'était le cas de Charles. Il fit attendre le pontife jusqu'au point de rupture, connaissant l'impatience et le sang chaud des Borgia. Rodrigo était déjà assis sur son trône, Charles déjeunait. Il prit un soin particulier à s'habiller, cela le retarda encore. Lorsque le roi sortit enfin du palais pontifical, escorté de Della Rovere et d'Allegre, le pape envisageait de rentrer chez lui. Il accueillit le souverain en lui demandant s'il s'était égaré. Charles VIII prétexta la mort du jeune Briçonnet, le chagrin du père obligé de regagner la France derrière le cercueil de son fils. Puis, alors qu'on allait s'installer, Della Rovere rappela à Sa Majesté qu'il restait des détails à régler.

– Ah oui, se souvint Charles, j'ai bien peur qu'il ne faille ajouter deux amendements à notre accord !

Charles VIII voulait se voir décerner un titre identique à celui du roi d'Espagne de « Roi Catholique ». Rodrigo refusa : l'appellation était unique. Toutefois, le pontife ne s'embarrassait pas de broutilles. Il proposa sans hésiter à Charles VIII d'être le « Roi Très-Chrétien », lui et ses descendants. Surpris d'un accord aussi rapide, Charles acquiesça. Restait le second point : Rodrigo devait l'accompagner à Naples et le couronner.

– Bien, dit Rodrigo. C'est ma mise à l'épreuve. À moi de vous mettre à l'épreuve : d'où vient cette idée ?

« Ce diable d'homme me surprend toujours », pensa Charles. Ils s'affrontèrent du regard durant quelques secondes. Charles lâcha le premier, désignant Della Rovere. Puis il revint à sa demande :

– Alors, vous venez ? insista-t-il.

– Nous serions venus de notre bon gré… si ce n'était pas à sa demande, répondit Rodrigo montrant du doigt le cardinal félon.

– Salaud ! fit Della Rovere entre ses dents.

Puis il cria :

– C'est le moment, maintenant, Votre Majesté !

Il se fit un mouvement, Allegre avança de deux pas et menaça :

– Un ordre, Votre Altesse, et je balaie ce Borgia de la surface de la Terre.

Des armes cliquetèrent : Gacet tira une épée de dessous le trône, Juan et Cesare dégainèrent. Les trois firent cercle autour de Rodrigo. Quelques secondes d'une tension mortelle passèrent, les hommes se dévisageaient, une envie irrépressible d'en découdre se lisant sur leurs visages. La foule vit ces mouvements, les gestes et les regards. Un murmure courut, enfla, grondant *crescendo*. Charles agita la main et calma le jeu.

– Tuer un pape ? Transformer un Borgia en martyr, en faire un saint ?

Il laissa échapper un gloussement méprisant et, s'adressant au pape :

– Bien, vous ne m'accompagnez pas. Alors faites-vous remplacer par quelqu'un de confiance.

Son regard passa sur Juan, s'arrêta sur l'aîné.

– Cesare ! dit-il.

Rodrigo se remettait à peine de l'attaque-surprise. Le choc l'atteignit de plein fouet. Cesare devint livide.

– Vous m'en demandez trop, Charles. Mon fils ne servira pas d'otage une seconde fois !

La réponse de Charles claqua comme un coup de fouet :

– Alors, au revoir !

Une voix claire s'éleva. C'était Cesare qui lança :

– Votre Sainteté, Naples est charmant au printemps, j'irai avec le roi.

Rodrigo regarda son fils dont les yeux étaient fixés au loin sur l'horizon. Il prit une inspiration.

– Soit ! Il ira librement. Nous vous nommons par la présente, Cesare Borgia, légat du pape à la cour d'Avignon avec toute l'immunité afférente.

– C'est moi, le légat du pape ! cria Della Rovere sur un ton rageur.

– Le légat du pape nous représente. Nous avez-vous jamais représenté ?

Della Rovere se tourna vers le roi de France et mendia d'un air éploré :

– Votre Altesse !

Charles étendit une main pleine de mansuétude. Cette fois, il était décidé à en finir et l'inimitié terminale entre les deux prélats ne le concernait pas.

– Le flux et le reflux des guerres, cardinal Della Rovere. Il faut savoir donner pour recevoir !

Et il s'agenouilla laborieusement, minuscule face au souverain pontife.

– Très Saint-Père, je suis venu vous rendre hommage et respect, comme avant moi mon impérial ancêtre Charlemagne.

Il abaissa sa grosse tête jusqu'aux pieds de Rodrigo qu'il baisa. Les trompettes sonnèrent. Ce combat emporté de haute lutte par Rodrigo lui coûtait cher.

Restait à annoncer à Djem qu'il partait avec les Français. Cela eut lieu le soir même, au cours d'un dîner très morne réunissant Rodrigo, ses deux fils et le jeune

Turc. Juan mangeait de bon appétit, les trois autres regardaient leur assiette sans y toucher, et buvaient à peine. Si Djem acceptait son destin, il admettait difficilement le sort de Cesare et le dit à Rodrigo :

– Vous voulez savoir le fond de ma pensée, Très Saint-Père ? Trahir non seulement moi, mais aussi votre fils ! Votre propre sang ! Si je devais livrer mon propre fils à mes ennemis, j'en mourrais mille fois !

– Et où est cependant votre fils ? demanda Rodrigo.

La cruauté de la question réduisit Djem au silence. Les quatre hommes passèrent un moment sans dire un mot. Cesare se souciait de son ami. Il lui offrit du vin, le servit. Soudain, Juan prit une petite voix flûtée :

– Un jour, père, on dira que Cesare n'est plus votre fils.

– Cesare sera toujours mon fils, répondit Rodrigo.

– Non, reprit Juan toujours sur le même ton. Vous avez une fille sous votre toit, Lucrezia, et une deuxième, la petite Laura. Et maintenant, depuis son séjour à Marino, vous en avez trois !

Cesare eût-il eu une arme, il aurait tué son frère. Comment savait-il ? Rodrigo, effaré, finit par comprendre.

– Comment ? Est-ce vrai ?

Cesare s'était déjà jeté sur Juan, renversant les fauteuils, balayant la vaisselle. Les deux se battaient avec une fureur haineuse, se portant des coups sans retenue. Juan réussit à coincer Cesare d'une prise au bras et susurra :

– Tes cheveux ! Je n'avais jamais remarqué… si doux comme ceux d'une femme.

D'un coup de genou dans les couilles, Cesare se dégagea. Juan grogna de douleur et relâcha son étreinte. Cesare lui tordit une jambe et le fit culbuter sur le sol.

Rodrigo ordonna d'une voix forte :

– Assez ! Assez, Cesare, lâche-le !

Mais Cesare ne l'entendait pas ; rapide comme l'éclair, il agrippa son frère, le souleva, le rejeta, et le dos de Juan heurta le sol. Puis, à cheval sur lui, il lui attrapa la tête et commença à la cogner méthodiquement.

– Attention, mon frère, cria Juan qui riait comme un dément, tu bandes, je le sens !

Cela rendit Cesare encore plus violent, ses coups redoublèrent. Le sang commença à couler sur le visage de Juan, se répandit autour de sa tête. Alors seulement, Cesare se releva, satisfait. Rodrigo les fixait, sans voix.

– Il m'a cassé le nez, geignit Juan.

Rodrigo se pencha sur lui et chuchota :

– Tu l'as bien mérité. Tu ne diras à personne, jamais, tu entends ? à personne, pas à une seule âme, le malheur de ton frère.

Il se tourna vers Djem :

– Et vous non plus, Djem !

Celui-ci acquiesça et sortit. Il se sentait de trop. Rodrigo s'approcha de son fils aîné qui frémissait encore de colère et d'embarras. La voix de Cesare tremblait :

– Je me suis battu, père, j'ai lutté de toutes mes forces…

Rodrigo dit doucement :

– La preuve de la qualité d'un homme, un vrai, ce ne sont pas les souffrances qu'il endure, mais seulement ce qu'il est capable d'en retirer.

Le pape mit les mains sur les épaules de son fils et ajouta avec une grande affection :

– Je te le jure, comme père, comme vicaire du Christ, le moment de notre vengeance viendra.

Sur la place Saint-Pierre, Lucrezia et Vannozza attendaient le départ des troupes françaises. Celles-ci en ordre de marche avaient à leur tête Charles VIII, flanqué d'Allegre et de Della Rovere. Djem et Cesare les rejoignirent. Des palefreniers amenèrent un groupe de chevaux, le tribut de Cesare au roi :

– Votre Majesté, voici un cadeau : six chevaux de Cappadoce.

Sa Majesté évalua le cadeau en connaisseur et dit gracieusement :

– Je vous savais féru d'équitation. Je le suis aussi. Je vous remercie.

On emmena les montures, Charles invita Cesare à venir chevaucher avec lui. Et comme celui-ci passait derrière, il lança :

– Ah non ! À mes côtés, je vous veux près de moi.

Et le long cortège s'ébranla : Charles VIII, encadré par Cesare et Djem, Allegre et Della Rovere juste derrière. Cesare aperçut Lucrezia et Vannozza agitant les mains en signe d'adieu…

Sur la terrasse, Rodrigo et Juan observaient le départ de Cesare. Les domestiques avaient commencé la réinstallation dans le palais pontifical. Juan dit timidement :

– Père, je vous demande pardon pour ma conduite, hier soir.

Rodrigo l'ignora. Il regardait la ville. Les habitants nettoyaient les rues et enlevaient les morts, des maisons fumaient encore, et les ruines grises s'étendaient jusqu'à l'horizon. Gacet annonça l'ambassadeur d'Espagne, Lopez de Haro. L'envoyé de la reine Isabelle tombait d'autant plus mal qu'il venait pour une demande que Rodrigo aurait qualifiée de « détail insignifiant » : le confident et confesseur de Sa Majesté Catholique, Francisco de Cisneros, devait remplacer le cardinal Mendoza, décédé. Or il refusait la pourpre cardinalice, s'en considérant indigne…

– Vous savez, de Haro ? articula Rodrigo avec une froide colère. Je m'en moque. Charles VIII de France vient de dévaster Rome, il nous a pris notre fils et marche sur Naples sans en être le moins du monde empêché. S'il y a un roi puissant sur cette Terre, c'est cet homme contrefait, pas votre lointain Ferdinand ! Quant à Cisneros, il ne veut pas être cardinal ? Grand bien lui fasse, qu'il végète dans son confessionnal !

Les circonstances étaient sérieusement défavorables. De Haro ne s'en soucia pas. Il demanda une bulle papale pour obliger Cisneros à accepter. En échange de quoi la reine Isabelle se faisait fort de persuader son époux d'intervenir en Italie. Rodrigo n'en était pas à ça près. Il promit une bulle contre les troupes espagnoles.

Puis il s'en alla inspecter le palais pontifical et se livrer à l'amer inventaire des dégâts commis par les Français : ils avaient bivouaqué dans les salles parquetées, des braseros improvisés en avaient brûlé les lames, ils s'étaient amusés à décorer les fresques au charbon, les chandelles avaient coulé, laissant partout des traînées de suif, ils s'étaient soulagés dans les vestibules et avaient volé tout ce qui pouvait être emporté à main d'homme. Dans le cœur du pape, l'indignation le disputait au découragement. Tout en marchant, il dicta une lettre destinée à l'empereur Maximilien. Dans sa missive, il ne mâchait pas ses mots :

« Vous devez le comprendre, Maximilien. Les succès de la France en Italie réduisent l'influence de l'Empire. L'Espagne est en route pour aller combattre au nom de Dieu. Laisseriez-vous deux pays de moindre importance festoyer à votre table ? Vous avez le titre d'empereur du Saint Empire romain germanique. Ne vous limitez pas aux Alpes, soyez en fait souverain, selon votre titre… »

Il signa la lettre et recommanda à Gacet de remettre le document en main propre à l'empereur.

La salle du Trône demeurait à peu près intacte. Rodrigo réunit le premier consistoire officiel après le départ des Français. Vingt cardinaux y siégeaient, y compris ses ennemis d'hier. Il ne manquait que Della Rovere et Sforza, reparti pour Milan.

Burckard prit sa voix de chambellan :

– *Verbum incarnatum*. Sa Sainteté le pape Alexandre VI a convoqué la réunion du Sacré Collège des cardinaux.

Rodrigo prit la parole et fut écouté dans le plus grand silence :

– Nous sommes réunis aujourd'hui, mes frères, pour nous séparer aussitôt : Farnese, vous partez ce jour même pour Sienne ; Colonna, pour Ferrare ; Morton, vous irez à Venise ; Orsini, à Mantoue, et Riario-Sansoni, à Florence. Il vous faut convaincre les ducs et les doges, les marchands et le clergé de chaque ville et duché de s'unir à nous pour sauver l'Italie. L'Espagne va nous rejoindre, l'empereur Maximilien suivra, nous en sommes convaincus. Nous formerons une Sainte Ligue pour anéantir les Français et mettre Della Rovere à genoux.

Riario-Sansoni, bien que cousin de Della Rovere, approuva sans réserve. Burckard apporta la lance de Longinus. Rodrigo la brandit.

– Et comme pour Constantin, Justinien et Charlemagne, la lance de Longinus accordera la victoire à ses détenteurs.

Rodrigo tint la lance au-dessus de sa tête. Les cardinaux se levèrent et, unanimes, acclamèrent longuement leur pontife.

– 25 –

Un cavalier doté d'une bonne monture ralliait Rome à Naples en quatre jours. Le voyage des nombreuses troupes françaises, lourdement équipées, exigeait le double. Or cette année-là, des pluies diluviennes avaient transformé les routes et les chemins en bourbiers, les champs en marécages. Les fantassins s'enfonçaient dans une gadoue collante, et souvent y perdaient leurs chaussures. Leur marche ressemblait à une bousculade. Les chariots de ravitaillement, de matériel, surtout ceux qui portaient les grands canons de bronze, creusaient des ornières, s'y embourbaient, patinaient. Il fallait s'arrêter, soulever les roues, harceler les chevaux. Ils renâclaient, dérapaient, parfois se couchaient. Giflés par les averses, les hommes n'en pouvaient plus. Comme le ravitaillement parvenait avec du retard jusqu'aux troupes de tête, on décida une halte prolongée, espérant que les pluies cesseraient. La progression pourrait alors s'accélérer.

À la tête du cortège, aux côtés du roi et de Cesare, Djem grelottait. Depuis le départ de Rome, il ne parvenait pas à se réchauffer, ses vêtements trempés lui collaient au corps. La pause lui permit de se sécher, mais il était tombé malade.

Cesare et lui jouaient aux échecs dans leur tente. Cesare perdait avec grâce : Djem était un maître à ce jeu et il aimait gagner. Il rendait des points à Cesare, pourtant doué. Deux serviteurs portant des torches entrèrent, précédant le roi. Les deux amis se levèrent. Le souverain français apportait une mauvaise nouvelle. Par respect pour ses hôtes, il tenait à l'annoncer lui-même à Djem :

– Monseigneur, votre fils est mort. Mes condoléances.

Le roi tendit un parchemin au pacha, puis, sans attendre, sortit de la tente.

Sous le coup, Djem tressaillit, tomba assis sur son lit de camp. Il déroula le document. Des larmes roulèrent sur ses joues.

– Mon fils… assassiné par mon frère ! Bajazet l'a décapité. Il a… Ogushan n'avait que deux ans !

Cesare s'assit à côté de lui, passa son bras autour de ses épaules. Il ne trouvait que des banalités :

– Dieu, Allah, quel que soit le nom que nous donnons à Dieu, il a votre fils en sa bonne garde, il le chérit. Le petit Ogushan est au Paradis.

Djem ne l'entendit pas, révolté. Douleur, colère mêlées, il serra les dents.

– Que l'archange Malik, gardien du royaume des ténèbres, plie Bajazet sous son joug, le traîne pour l'éternité dans les eaux bouillantes et les flammes de l'Enfer. Le meurtrier d'un enfant n'est pas un homme.

Cesare, brutalement renvoyé à son propre passé, sentit son cœur se glacer et fut incapable de proférer la moindre parole de réconfort.

Gacet apprit à Rodrigo que l'armée de Maximilien venait de prendre les villes de Feltre et Belluno, des cités appartenant aux Vénitiens.

Rodrigo eut un mouvement d'impatience :

– Feltre et Belluno ? En quoi est-ce une aide pour nous ? Les Français ne se sont même pas approchés de ces régions.

En vérité, Maximilien n'entrait en Italie que pour son propre compte. Les nouvelles n'étaient pas toutes aussi négatives, quoique toutes exigeassent une contrepartie. Les Espagnols étaient prêts à s'avancer jusqu'au nord de l'Italie, à condition que Rome soit « purgée » de ses Juifs romains et espagnols, à la demande expresse de la reine Isabelle. Sienne avait accepté d'entrer dans la Ligue, Ferrare et Milan aussi, sous réserve que Venise y adhère.

Rodrigo écouta tout cela. Ses conclusions furent simples : oui, on « purgerait » quand les Espagnols auraient défait les Français. Quant aux Vénitiens, on jouerait les Allemands contre eux : Maximilien ne voulait pas bouger au-delà du Nord, la menace de ses troupes marchant sur Venise, même fictive, ferait pencher le doge en faveur de la Ligue.

Lucrezia se promenant dans les jardins du Belvédère esquissait des pas de danse : elle venait de recevoir un message d'Alfonso d'Este. Elle entraîna Maria Enriquez, la faisant virevolter. Celle-ci protesta : sa grossesse ne lui permettait plus de gigoter ! Pourquoi sa belle-sœur était-elle si gaie ? Alfonso d'Este lui avait écrit et lui parlait d'amour… Maria Enriquez demeurait curieusement silencieuse. Lucrezia finit par s'en apercevoir. Elle remarqua aussi que son amie portait ses cheveux rabattus sur le visage. Joueuse, elle voulut les écarter mais Maria se déroba.

– Maria, nous sommes plus que belles-sœurs, nous sommes des âmes sœurs. Parle-moi !

Alors l'Espagnole dévoila son visage et sa gorge marbrés de marques d'un bleu foncé virant au jaune.

– L'œuvre de votre frère !

Toute pudeur oubliée, elle écarta les pans de sa chemise, exhiba ses seins et son ventre : de vilaines meurtrissures se dessinaient sur sa peau blanche. Une décision s'imposait pour Lucrezia : arracher Maria Enriquez aux griffes de Juan. L'après-midi même, elle rencontra l'ambassadeur d'Espagne, Lopez de Haro, et lui demanda d'emmener sa belle-sœur de toute urgence en Espagne. Le diplomate s'étonna d'abord que la princesse espagnole n'ait informé ni lui ni la cour d'Espagne des violences qu'elle subissait aux mains de son mari. Lucrezia rétorqua qu'elle avait appris la règle d'or en cours à Rome : « Les femmes doivent s'attendre à souffrir. » De Haro ne s'émut pas : il obéissait aux consignes de son roi, rien d'autre. Lucrezia tenta la corruption en agitant un bracelet en diamants sous son nez, suggérant qu'une bonne somme d'argent pourrait l'aider. Il eut presque pitié de la jeune fille et resta impassible. Alors Lucrezia tenta la méthode Borgia :

– Que se passera-t-il si Maria et son bébé meurent ? Que se passera-t-il si la reine Isabelle l'apprend, qu'elle découvre que vous saviez et n'avez rien fait ? Car elle sera informée !

De Haro la regardait, étonné.

– J'imagine que la reine Isabelle, poursuivit Lucrezia, vous soupçonnera d'avoir été acheté par le duc de Gandie ! Elle se posera des questions sur votre loyauté à l'égard de l'Espagne ! Les femmes en viennent très vite à s'interroger sur la loyauté des hommes !

Cette fois, de Haro devint sérieux.

– Vous n'êtes pas encore une femme, vous n'arriverez pas à la hauteur de votre père. Ne me menacez pas !

Lucrezia ne s'attendait pas à une telle rebuffade. Elle quitta l'ambassadeur, vexée et triste. Elle n'en démordait pas : elle sauverait Maria Enriquez. À côté d'elle, Pantisilea notait mentalement, rapportait à Giulia. Celle-ci approuvait : que Lucrezia se mêle de la vie de couple de son frère, elle le rendrait fou. Tant mieux.

Le baptême de la fille du pape représentait un événement mondain d'autant plus considérable que Rome venait de vivre une période sombre. Il marquait le retour à une vie normale et joyeuse. Toute la ville se pressait donc dans la Sixtine, noblesse, personnel diplomatique, curie. Il fallait voir et être vu. Alessandro Farnese officiait devant les fonts baptismaux. Rodrigo et Giulia se tenaient derrière le parrain, Ferdinand von Hapsburg, en larmes. Le neveu de Maximilien, huit ans, avait débarqué de Vienne la veille. Quant à la marraine, Rosalina Della Mirandola, les vêtements somptueux, les bijoux de cette jeune fille de treize ans ne pouvaient masquer son embonpoint ni ses traits lourds et irréguliers.

– Laura, commença Alessandro, tu n'es plus une étrangère, tu appartiens à la communion des saints, membre de la maison de Dieu, dont les apôtres sont les fondations de l'Église et Jésus-Christ, la pierre angulaire…

On ne s'entendait pas : le jeune von Hapsburg, braillait à pleins poumons, décidé à se rendre odieux. Alessandro hésita, puis poursuivit la cérémonie. Il prit un peu de salive de sa bouche, la déposa sur les oreilles et le nez de Laura :

– Ouvre-toi aux parfums de la douceur et toi, démon, quitte cette enfant…

À présent, Ferdinand, sans craindre de tout gâcher, tapait du talon sur les dalles, chaque coup résonnait sous les voûtes. Il criait qu'il haïssait Rome… Alessandro demanda à la marraine si elle rejetait le diable, père de tous les péchés et prince des ténèbres. Ce à quoi la jeune fille, consciente de ses responsabilités, répondit « oui ». Le parrain, en revanche, sanglotait de nouveau, les mains sur la figure. Giulia, excédée, se pencha vers lui.

– Cher prince, si ce chahut continue, je vais faire de vous un eunuque. Je vais couper vos petites couilles et Satan sera le dernier de vos soucis.

Ferdinand comprit parfaitement la menace et cria :

– Je le rejette, Satan, je le rejette.

On ne lui demandait rien de plus. On le laissa couiner tout à son aise, pendant qu'Alessandro baptisait officiellement le bébé. Rodrigo murmura à Gacet :

– Vous renvoyez Ferdinand *illico* à son oncle.

– Je pensais que vous comptiez l'utiliser comme monnaie d'échange.

– Je perdrais plutôt ma tiare que d'avoir à supporter ses gémissements un jour de plus, fut la réponse du pape.

*
* *

– Laissez-moi appeler un médecin, demanda Cesare à Djem.

Celui-ci gisait sur son lit de camp, roulé dans une couverture. La mort de son fils fut fatale à Djem. Il se laissait mourir. Plus rien ne comptait dans sa vie. La fièvre aidant, il donnait libre cours à ses regrets :

– Cette guerre contre mon frère !... À quoi bon ? Un titre ? Une couronne ? Je voulais désespérément prouver à mon père, vivant ou mort, que je devais gouverner, moi, pas son favori, Bajazet. En ce moment, je paraderais sur un éléphant, vêtu de soie, mon peuple se bousculerait pour me voir… Au lieu de quoi, je croupis dans la boue. Mon fils est mort. Dites-moi, Cesare, mes ambitions valaient-elles un tel coût ?

– Laissez-moi appeler un médecin, insista Cesare.

Le Turc n'avait plus de souffle.

– Non. Les médecins français ne valent guère mieux que des rebouteux. Les seuls à connaître vraiment la médecine sont les Juifs et les Arabes.

Djem se remit à tousser. Il crachait du sang. Une toux rauque déclenchait un grondement d'orage dans sa poitrine. Il tourna le dos à Cesare. Celui-ci se leva, se tint à l'entrée de la tente. La pluie avait cessé, le ciel charriait de lourds nuages gris. Derrière lui, Djem se mit à râler, il étouffait. Cesare s'approcha vivement, le souleva sur les coussins, le maintint, essuya le sang qui coulait de ses lèvres. Cesare le vit mourant. Il lui parla de projets, de croisade, de retrouver son trône. Le jeune prince s'affaiblissait, son regard se perdait, il murmurait des mots sans suite, le nom de son fils, d'Allah. Une quinte plus violente le redressa assis, droit, puis il retomba brutalement. Il avait rendu l'âme. Cesare lui ferma les yeux, croisa ses mains sur sa poitrine.

– Pardonnez-moi, mon cher ami ! Je ne connais pas les prières rituelles pour envoyer une âme musulmane à Allah ! Que votre Dieu puisse vous garder une place auprès de votre fils.

Cesare appela deux gardes, leur expliqua que Djem venait de mourir. Puis il sortit dans la nuit.

La nouvelle de la mort de Djem parvint au Vatican quelques heures après. Rodrigo marchait dans la Sixtine, allumait des cierges le long de l'allée. Il lui arrivait souvent de se rendre à la chapelle pour se livrer à cette occupation : il aimait voir, au fil de ses pas et des cierges successivement enflammés, toute l'église s'illuminer peu à peu.

– Il est mort de fièvre ? demanda Rodrigo à Gacet.

– Les Français sont persuadés qu'il a été empoisonné. Ils accusent Cesare.

– Idiotie !

Rodrigo n'en croyait pas un mot. Il réfléchit un instant et demanda abruptement :

– Où est le corps ?

– Le roi de France l'a fait enterrer à Velletri.

– Dommage ! fit Rodrigo. Son frère offre trois cent mille ducats pour sa dépouille.

En vieillissant, il devenait de plus en plus cynique. Puis il ajouta :

– Dieu merci, Cesare a dû s'évader ! Je suis certain qu'il a offert ces chevaux de Cappadoce à Charles VIII en prévision d'une évasion !

Rodrigo connaissait bien son fils aîné. Immédiatement après qu'on eut annoncé la mort de Djem, une longue silhouette encapuchonnée se faufila entre les tentes. Les Cappadociens étaient enfermés dans un corral gardé par deux lanciers. Un lieutenant s'approcha d'eux. Il voulait admirer les bêtes que « le Catalan avait offertes au roi Charles ». On lui avait raconté qu'ils étaient les chevaux les plus rapides d'Italie. Un des lanciers approuva :

– Le noir en particulier, le plus beau…

Il n'eut pas le temps d'en dire plus : il se retrouva cloué contre la clôture, une dague enfoncée dans le cœur. Le second se porta à son secours. Il reçut la même mort.

Rodrigo imaginait son fils filant comme le vent dans la nuit. Il supputait sa destination : « Il ne viendra pas me retrouver, car il sait que les Français se précipiteront au Vatican. Non, il est plus rusé. Il se sera faufilé discrètement, avant que l'on ait pu constater sa disparition. » Sur ce dernier point, il se trompait : Cesare, avant de partir, avait incendié le camp. Les dégâts furent minimes car la pluie avait repris. L'incendie ne retarda point la marche de Charles VIII sur Naples. Cesare s'arrêta brièvement à Rome, à la villa Cattanei, où sa mère lui donna des vêtements propres et le nourrit. Il ne s'attarda pas. Une heure après, il galopait déjà vers le nord.

Lucrezia accomplissait son devoir en aidant Maria Enriquez à fuir son mari. Aidée de Pantisilea, elle avait acheté le passage sur une charrette de paysans pour Ostie ; de là, un caïque l'attendrait et l'emmènerait en Espagne. Maria fut coiffée, habillée en servante. Elle laissa ses bijoux à Lucrezia. Celle-ci lui remit un petit pochon d'herbes pour les nausées au cours du voyage. Elle lui fit ses adieux sur le pas d'une porte dérobée à côté de la place Saint-Pierre.

À l'heure où Maria Enriquez perdait de vue les côtes italiennes, où Cesare, luttant contre le sommeil, arrivait en vue d'Orvieto, Rodrigo reçut deux nouvelles : l'avant-garde française, avec Charles VIII à sa tête, venait d'entrer dans Naples sans donner un coup de fusil et Venise acceptait de se joindre à la Ligue. Il n'eut pas le temps de réfléchir : Allegre pénétrait dans son bureau, comme un ouragan, sans saluer le pape, criant :

– Où est-il ?

Le pape ne broncha pas, tendit son anneau. Allegre s'inclina, le baisa, puis se redressa, sûr de lui. Rodrigo, d'une voix tranquille, le ramena à une certaine réalité :

– Quand on a la charge de l'humanité, on a du mal à distinguer un « il » d'un autre.

Peu doué pour la négociation, Allegre sentit que Rodrigo allait finasser. Cesare avait pris la fuite après avoir tué Djem. Le roi de France et de Naples le réclamait.

– Roi de Naples ? fit Rodrigo. Donc, mon fils absent, Della Rovere a pris sur lui de couronner Charles ?

Allegre balaya la remarque d'un geste et réitéra sa demande. Le Saint-Père exigea des preuves déterminantes avant que l'on puisse accuser son fils de quoi que ce soit.

– Si le cardinal Borgia est parti à l'improviste, il craignait probablement pour sa vie. Djem est mort, quelle certitude avez-vous que le cardinal Borgia est vivant ?

Allegre se campa sur ses deux jambes pour débiter un discours qu'il avait dû ruminer tout le long de sa route :

– D'abord, Cesare Borgia tue notre otage et disparaît dans la nuit. Ensuite, vous faites appel à l'Espagne pour qu'elle nous attaque à Naples en dépit de votre serment d'amitié avec le roi Charles. Votre parole, Votre Sainteté, c'est de la merde ! Rendez-nous votre fils ou vous allez souffrir. Nos troupes vont revenir à Rome. Et, cette fois, nos canons n'épargneront pas les précieux appartements Borgia.

La menace n'affecta en rien le pontife.

– Vous devez comprendre, Allegre, que toute l'Europe catholique sait que le cardinal Borgia jouissait d'une excellente santé lorsqu'il a été nommé légat en France. S'il a disparu, alors tous, rois, doges, ducs, empereurs loyaux à l'Église, blâmeront votre souverain. Même votre propre reine, Anne, demandera une explication. Ou alors, tous croiront que vous l'avez assassiné ! Cette « fuite » n'est qu'un mensonge pour brouiller les pistes. Un conseil, Allegre, trouvez-le et gardez-le précieusement en vie !

Allegre, exaspéré, fusilla Rodrigo du regard et lança son arme fatale.

– Je le trouverai, cria-t-il. Quand j'aurai mis la main sur lui, je le traiterai comme votre bien-aimée, Giulia.

Ayant déjà pénétré un membre de la famille, je me ferai une joie d'en violer un autre !

Il sortit sans attendre. Rodrigo explosa littéralement de rage. Il quitta son bureau. Il fonça, taureau furieux, dans ses appartements. La nourrice tenait Laura dans ses bras. Elle fila comme une flèche en le voyant entrer, terrifiée par son regard noir. La porte fermée, elle entendit les rugissements du souverain pontife :

– Tu t'es jouée de moi ! Tu as été relâchée par les Français, sans rançon, sans négociation, sans danger aucun. Tu as baisé pour te libérer !

– Mensonges, rien que des mensonges, hurla Giulia aussi fort. Ne vois-tu pas que ce roquet français essaie de détruire notre famille ?

– Nous ne sommes pas une famille ! Je ne vois ici qu'un père, sa fille et une putain infidèle. Tu m'as trahi, Giulia. Tu as ouvert tes cuisses pour un autre homme avec un enfant dans le ventre. N'est-ce pas l'exacte définition d'une putain ? Comment pourrais-je me fier à toi ?

Giulia espérait comme d'habitude que Rodrigo finirait par se calmer, et par céder. Elle se trompait.

– Tu n'as qu'un choix : partir ou réparer.

– Réparer quoi ? Je n'ai rien fait de mal.

Elle sanglotait. Il ne s'en émut point. Il la chassa. Et garda Laura.

Rosalina Della Mirandola avait connu Lucrezia enfant. Elles s'étaient perdues de vue, son père l'ayant emmenée en France, puis en Italie du Nord. Les deux amies se revoyaient avec plaisir, quoique Lucrezia trouvât Rosalina puérile et terne. Celle-ci vint la voir dans ses appartements. Boudinée dans ses atours, elle se dandinait en marchant. Lucrezia n'avait jamais vu d'éléphant, cependant, elle pensait que Rosalina devait ressembler à ce genre de grosse bête. La jeune fille apportait, comme un trophée, le camée d'un jeune homme qu'elle exhiba. Son fiancé, lord Jaches, secrétaire du vice-chancelier Sforza, l'emmenait promener, ils marchaient côte à côte sans un mot. Parfois, ils se tenaient par la main. Rosalina y voyait la preuve d'un amour fou. Lucrezia dit que, dans son cas, les conversations avec Alfonso étaient interminables, qu'ils voulaient tout savoir l'un de l'autre… Rosalina observa :

– Vous n'avez pas pu vous parler depuis bien des mois, n'est-ce pas ? D'ailleurs ne combat-il pas contre ton père ?

Lucrezia jugea le rappel perfide ; elle se contenta d'affirmer sur un ton léger :

– Oh ! La politique est si compliquée…

Gacet ne pouvait réprimer un sourire d'une totale ironie en racontant à Rodrigo ce qu'il avait appris : Allegre venait de subir une terrible infortune. La nuit dernière, quelqu'un lui avait «… hum hum, coupé les couilles ! »

Rodrigo posa son verre de vin et regarda Gacet d'un air émerveillé en murmurant :

Quelle femme remarquable !

Gacet ne comprit pas, évidemment. On allait attribuer le forfait à Rodrigo. Celui-ci connaissait sinon l'âme humaine, du moins celle d'Allegre. Il affirma :

– Il a sa fierté de soldat. Il ne se plaindra à personne de cette castration. Et surtout pas à son roi. Non, croyez-moi, il n'en dira pas un mot !

Rodrigo se retira pour la nuit. Sur son lit, il trouva un grand plat d'argent couvert d'une cloche du même métal. Un carton posé dessus annonçait : « Tout est réparé. Giulia. » Rodrigo souleva le couvercle. Dans un fouillis de chair sanglante et de poils, il vit des couilles, une verge. Il commença à sourire, puis se mit à rire aux éclats, si fort que les larmes lui vinrent aux yeux.

– 26 –

Le même soir, Lucrezia entra dans sa chambre et trouva Juan assis à son secrétaire, lisant une lettre qu'Alfonso lui avait écrite. Il laissa échapper un ricanement strident :

– Ah ! Les minauderies d'Alfonso…

Juan se leva, jeta la lettre à terre et pirouetta vers Pantisilea, ne parvenant pas à se rappeler son nom.

– Samplitipea, laissez-nous, je vous prie.

Quand ils furent seuls, Juan dit à sa sœur :

– Nous devons discuter d'une sérieuse affaire de famille. Assieds-toi.

Il lui prit les mains, les croisa en laissant les deux index joints.

– Un jeu d'enfance, expliqua-t-il.

Puis il lui tordit méchamment les doigts. Surprise, elle poussa un cri de douleur. Juan l'interrogea :

– Tu as fait partir ma femme en Espagne ! Avoue !

En larmes, elle tenta d'échapper à son frère, en hurlant :

– Non, je n'ai rien fait !

– Corella dit le contraire !

– Tu crois cette créature sans âme plutôt que moi ?

Pris d'une rage froide, Juan la repoussa si fort qu'elle tomba à terre. Il se dégrafa et sortit son sexe en érection. Lucrezia fila vers la porte, il la rattrapa par les cheveux.

– Sans ma femme, il me faut bien quelqu'un pour me sucer. C'est toi qui vas me sucer la bite, petite sœur !

Lucrezia hurla. Juan ricana qu'il n'y avait personne pour l'entendre : Corella y veillait. Il voulait le même traitement que leur père ! Il ajouta, de plus en plus sarcastique :

– Tes perversions font les beaux soirs des tavernes en ville ! Ton ex-mari, Giovanni Sforza, se répand partout. D'après lui, toi et père baisez ensemble. Dis-moi, vous préférez quoi ? Le missionnaire ou la levrette ?

– Les gens croient Giovanni ? Ce bouffon essaie de me faire du tort pour atteindre notre famille, pour masquer son absence de virilité. Un défaut que vous partagez ! Il n'y a qu'un lâche pour battre sa femme, enceinte de son propre enfant !

Juan relâcha Lucrezia. Elle se redressa, dévisagea son frère, toute arrogance retrouvée.

– Je connais tes perversions, et ce ne sont pas médisances d'ivrogne, mon cher frère !

Juan se reculotta sans un mot. Lucrezia ne le lâcha pas :

– Dans cinq jours, Maria Enriquez débarquera en Espagne, Ferdinand et Isabelle sauront tout. Quelle sera la réaction du Saint-Père, à l'idée que tu as ruiné pour toujours son ambition de voir un Borgia sur le trône d'Espagne ? Sait-on jamais ? À cause de toi, aussi, Ferdinand peut retirer ses troupes de la Ligue…

Juan partit sans un mot, ruminant une vengeance.

Le lendemain, Rodrigo trônait… sur sa chaise percée lorsque Gacet entra, Sforza sur les talons. Il recula à la vision du pape, haut-de-chausses sur les chevilles. Le pape aperçut le vice-chancelier.

– Votre Éminence ! Vous êtes revenu ? Nous vous croyions à Milan. Votre cheval doit bien connaître ce chemin avec toutes vos allées et venues !

L'autre opérait une retraite discrète, proposant d'aller attendre dans l'antichambre. Rodrigo ressassait depuis longtemps toutes les humiliations à infliger à son vice-chancelier.

– Restez donc ! Cela nous rappellera comment j'ai gagné votre voix au conclave.

Tout en parlant, il chiait bruyamment, avec effort.

– Et vous recevrez tout le respect qui vous est dû !

Sforza ne parvenait pas à ignorer l'odeur pestilentielle qui envahissait la pièce, il grimaça de dégoût. Rodrigo lâchait des pets en rafale, y prenant un visible plaisir.

– Mon frère, le duc Ludovico, souhaite vous rejoindre aux côtés de l'Espagne, Venise, Mantoue, Sienne et le Saint Empire romain germanique.

– Quelle coïncidence ! s'exclama Rodrigo. Juste au moment où trente mille soldats marchent de concert avec le roi d'Espagne pour attaquer les Français, vous arrivez soudain pour nous annoncer le changement d'allégeance de Milan. Les Français vont être défaits, c'est sûr. Dieu sait ! Milan se range toujours du côté du vainqueur quand la victoire est en vue !

Rodrigo s'essuya longuement, ménageant le suspense. Puis il finit par lâcher d'un ton magnanime :

– Informez le duc de Milan qu'il est le bienvenu.

– Et moi ? questionna Sforza. Suis-je bienvenu ?

– On ne peut jamais savoir la suite de l'histoire, Éminence. Baisez mon anneau et allez !

Rodrigo et Giulia finirent par se réconcilier : elle lui avait donné la preuve qu'il attendait : le bel Allegre ne comptait pas pour elle. Aussi, lorsqu'il décida de partir rejoindre Cesare à Orvieto, ayant appris que les Français marchaient de nouveau sur Rome, il emmena Laura et sa mère. Il confia à Juan le soin de « charmer le roi de France, pour donner le temps à l'Espagne d'arriver et de faire le siège de Naples ». Lucrezia restait, elle aussi. Elle ne comprenait pas cette fuite devant les Français. Les explications de son père la laissèrent perplexe :

– Lorsque vous vous sentez faible, vous restez, et quand vous vous estimez fort, vous fuyez. Aussi longtemps que des Borgia sont à Rome, notre fuite n'en sera pas une. Votre présence constitue la meilleure preuve de notre intention de revenir.

Lucrezia s'inquiéta. Elle aurait préféré partir plutôt que de rester avec Juan. Et Rodrigo se méprit :

– Ne crains rien. Charles ne te fera aucun mal.

Il monta dans son carrosse avec Giulia et Laura et s'éloigna. Lucrezia se sentit abandonnée.

À Orvieto, Alessandro Farnese avait organisé un accueil digne du pontife : ses troupes au garde-à-vous en tenue de parade, les notables de la ville groupés devant la porte, des musiciens. Cesare tomba à genoux devant son père en s'excusant d'avoir lâchement préféré Orvieto à Rome. Rodrigo le prit dans ses bras, le félicita au contraire. Sa sagesse, ses capacités de stratège faisaient sa fierté.

En dépit d'un dîner fastueux, Rodrigo décida de repartir le lendemain. Dès qu'il le saurait à Orvieto, Charles VIII viendrait le déloger. Il ne voulait pas mettre Giulia et Laura en danger. Rodrigo continuerait vers le nord, attirant ainsi le roi de France qui le pourchasserait, jusqu'aux armées espagnoles et allemandes. Il confia les deux êtres aimés aux soins d'Alessandro et, le lendemain à l'aube, il quittait l'Albornoz en compagnie de Cesare et d'un petit détachement. Le soir même, ils traversaient une forêt non loin de Pérouse lorsqu'une troupe d'hommes en armes les arrêta : Savelli, en patrouille avec un détachement. Il accueillit chaleureusement le pape et son fils, et les ramena en ville.

Pendant ce temps, arrivé à Rome, Charles VIII avait fait réinstaller son trône à côté de celui de Rodrigo et posait la même question qu'Allegre. Cette fois, il s'agissait du père et non du fils :

– Où est-il ?

Lucrezia et Juan répétèrent qu'ils l'ignoraient. Charles VIII avait une forte envie de jeter le frère et la sœur dans un cachot pour les faire avouer. Mais il n'eut pas à recourir à cette extrémité : Della Rovere avait ses informations... Peu après, les Français repartaient en direction d'Orvieto. Juan et Lucrezia les virent s'éloigner avec soulagement.

Juan décréta qu'il avait tenu ses engagements vis-à-vis du pape et méritait une récompense. Il ne rencontra que mépris chez sa sœur. Elle lui conseilla d'aller prier pour remercier le Ciel d'une issue aussi facile. Il fila à la Sixtine et tomba sur Rosalina en prière. Il lui prit la fantaisie de s'amuser à ses dépens et lui conta fleurette un moment. Rosalina avait la tête farcie d'idées sentimentales. Lorsqu'il lui susurra de le retrouver discrètement dans son quartier général, elle accepta sans hésiter. Elle ignorait tout de lui : les rumeurs courant sur son compte ne parvenaient pas aux oreilles de la famille Della Mirandola.

Lorsqu'elle entra dans son bureau, il faisait de la gymnastique, torse nu. À l'exception des statues romaines, elle n'avait de sa vie vu un homme nu et put vérifier que, jusqu'à la ceinture, les sculptures étaient réalistes. Il se prétendit amoureux d'elle et cette âme simple le crut. Les yeux baissés, elle écoutait avec délice. Il fit courir ses doigts sur ses lèvres et elle défaillit à ce simple contact. Ensuite, ce fut tout simple : il guida sa main jusqu'à son sexe qu'elle sentit, à travers le tissu, dur et tendu. Il se défit et, tenant sa main, il la força à le caresser. Elle se laissait aller, incapable de résister. Il souleva sa jupe, fouilla jusqu'à son sexe et le trouva humide, le lui dit, ce qu'elle ne comprit pas. Il la souleva et la prit debout. Elle s'abandonna complètement à lui en criant de douleur, puis de plaisir.

Quelques jours plus tard, Lucrezia se maquillait sous le regard attentif de Pantisilea lorsque Rosalina entra dans sa chambre. Visage défait, traces de larmes, panique dans les yeux, l'amie de Lucrezia s'affala sur un sofa, étalant ses formes lourdes, haletant d'avoir couru. Elle gémit :

– Lucrezia, aide-moi ! Lord Jaches m'a renvoyé ma dot et annule notre mariage, mon père me renie !

– Que se passe-t-il ?

– Je ne suis plus vierge, ton frère, Juan… Il m'a prise…

– Il t'a violée ? cria Lucrezia.

Rosalina baissa les yeux et hocha négativement la tête. Lucrezia ne put la croire.

– Tu t'es laissé faire ? Ne t'avais-je pas dit comment il avait traité sa propre femme ?

– Oh ! gémit la jeune fille. C'est bien le moment de me faire un sermon. Aide-moi. Ma vie est en lambeaux !

Cette grosse fille en larmes dégoûtait un peu Lucrezia. Elle ne comprenait pas comment elle avait pu céder à Juan.

– Il était si tendre… Je suis morte, Lucrezia, je suis morte.

Une telle bêtise exaspéra la fille du pape et elle se remit à son maquillage en grommelant :

– Non, idiote, tu n'es pas morte tant que tu n'es pas morte !

Lucrezia lui parla comme à une enfant débile :

– D'abord, tu vas dire à lord Jaches de ne pas écouter les commérages de tavernes. Ensuite, tu vas employer la méthode anglaise : tu trempes un bout de ta robe de mariage dans du sang de poulet et tu le mets dans le lit…

– Oh ! Mensonges sur mensonges !

Lucrezia haussa les épaules :

– Si tu préfères, tu t'en tiens à la vérité !

Rosalina se sentit totalement abandonnée. Si peu de soutien de la part de Lucrezia, autrefois très proche, la choqua. Elle eut un regain d'énergie pour bouger. Elle alla s'asseoir sur le rebord de la fenêtre ouverte et protesta :

– Vous êtes tous pareils, les Borgia, une bande de menteurs !

Quelque chose dans le ton ou la posture alarma Lucrezia. Elle eut juste le temps de se lever.

– Rosalina !

– On n'est pas mort tant qu'on n'est pas mort, dit la jeune fille, puis elle bascula dans le vide sans un bruit.

Pantisilea poussa un hurlement. Les deux se précipitèrent à la fenêtre, pour découvrir en bas, sur le sol, le corps disloqué de Rosalina.

Rodrigo avait établi son quartier général au château de Monterone, à Pérouse. La situation se retournait en sa faveur. Le marquis de Mantoue, Francesco Gonzague, avec trente mille Vénitiens sous ses ordres, avait écrasé les troupes françaises à Fornovo. Le roi Charles avait perdu un nombre impressionnant d'hommes. Il restait trois mille cavaliers français, égarés, tentant de se rassembler. Quant à Naples, Gilbert de Bourbon-Montpensier, le vice-roi, s'était rendu aux Espagnols. Cesare avait reçu un message du général Cordova proposant d'exécuter

tous les mercenaires restant dans la ville, à moins que Sa Sainteté n'en décide autrement…

Rodrigo allait et venait dans la grande salle d'armes, écoutant les messages que Gacet ou Cesare lui lisaient au fur et à mesure qu'ils arrivaient. Finalement, il s'immobilisa :

– Cet imbécile de poseur français ! éclata le pape. Il s'est saoulé de sa propre arrogance, en croyant pouvoir diviser pour conquérir. Il est allé trop loin, il a gagné la guerre pour nous. Dites à Cordova d'exécuter un tiers des hommes et de renvoyer le reste à Lyon. Et puis, ordonna-t-il à Gacet, rendez-vous auprès du « Roi Très-Chrétien » avec l'avertissement du pape : Charles doit, ce jour même, retraverser les Alpes et ne plus troubler désormais la paix de l'Italie.

Gacet se retira. Resté seul avec son père, Cesare sentit monter en lui une bouffée d'admiration et d'affection pour cet homme qui l'avait engendré et qui régnait sur le vaste peuple de Dieu.

– Père, vous avez réussi l'impossible : unifier la péninsule d'un bout à l'autre !

– Non ! répondit Rodrigo. Dieu a voulu cette unité. Nous n'étions que son humble serviteur. Rendons grâce au Seigneur.

Rodrigo se mit à genoux et commença une prière dont les mots stupéfièrent Cesare. Il remerciait Dieu de ce miracle :

– Par Votre intervention, Seigneur, Vous avez prouvé au monde que nous sommes Vos élus !

Dans la soirée, Lucrezia entendit de sa chambre des hurlements résonner sur la place Saint-Pierre devant le palais pontifical. Le père de Rosalina, Antonio Della Mirandola, réclamait le responsable de la mort de sa fille, hurlant sa haine de Juan :

– Lâche, hurlait-il. Vous l'avez violée, déshonorée et assassinée. Ouvrez ces portes !

Les gardes tentaient de l'empêcher d'entrer ; il se débattait, maudissant la famille Borgia. Lucrezia descendit l'escalier, des larmes ruisselant sur son visage. Elle hésita, finit par sortir et affronter la douleur du père. Elle ne savait comment la partager, ne trouvant pas les mots. Lui ne demandait qu'une chose :

– Livrez-moi votre frère ! Je ne vivrai pas tant que je ne l'aurai pas envoyé en Enfer !

– Alors, dit Lucrezia, vous me tuerez aussi.

Elle partageait la culpabilité avec son frère.

Chaque fois qu'il revenait à Rome, Alexandre VI sentait son cœur qui battait plus fort. Il avait l'impression, pendant quelques secondes, en empruntant la Via Flaminia et en passant les murailles léonines, qu'il revivait dans la peau du jeune évêque espagnol, appelé par son oncle Calixte III au Vatican, frémissant d'ambitions et d'espoirs.

Accompagné de Giulia et Laura, escorté par ses troupes, avec à ses côtés Cesare, Alessandro et Silvia Ruffini, Alexandre VI fit une entrée triomphale : l'Italie reconquise, Rome libérée, et son trône qu'on ne lui disputait plus. Inaugurait-on une période enfin paisible ? Quoi qu'il en soit, Rodrigo avait envie de fêter ce retour.

Dans la ville, les troupes espagnoles avaient remplacé les Français. Elles avaient été accueillies avec des fleurs par une foule en liesse. Comme les Français, elles s'étaient regroupées place Saint-Pierre, dans un grand déploiement de cavalerie et de fantassins, et Juan paradait à leur tête. Le pape, son escorte, et l'ambassadeur Lopez de Haro assistèrent à leur installation. Rodrigo ne put s'empêcher de féliciter son fils préféré d'avoir si

bien gardé la Ville éternelle dans l'attente des troupes alliées. Quant à de Haro, il rappela à Rodrigo son engagement vis-à-vis de la reine Isabelle : chasser tous les Juifs de Rome, romains ou espagnols.

La promesse embarrassait le pape. Pour gagner du temps, il dit qu'il mettait sur pied une stratégie pour en débarrasser tous les États pontificaux. De Haro, satisfait, proposa de se rendre à une grande fête au Campo dei Fiori. Plus qu'une fête, c'était une véritable bacchanale. Les Espagnols avaient apporté leurs *bota*, ces gourdes de cuir que l'on vide au-dessus de la bouche ouverte en dirigeant un jet de vin. Les Italiens n'étaient pas en reste. L'alcool coulait des tonneaux, des victuailles s'amoncelaient sur de longues tables, partout des torches éclairaient la nuit, des musiciens espagnols et italiens faisaient danser la foule. Les prostituées étaient nombreuses, aguichantes. Parmi les troupes espagnoles se recrutaient bon nombre de nouveaux clients.

Le Saint-Père, en soutane noire discrète, passa inaperçu dans la foule. Au sein de ses compatriotes, il rajeunissait. Lorsqu'un Espagnol, à moitié saoul, lui tendit sa *bota*, il accepta et but joyeusement. Depuis combien d'années n'avait-il pas goûté à ce plaisir ? Juan marchait à côté de lui. Le jeune homme savait qu'il aurait beaucoup à se faire pardonner : le départ de Maria Enriquez, les motifs de cette fuite, maintenant Antoine Della Mirandola clamant vengeance ! Juan se devait donc d'être exemplaire. Il proposa au pape de négocier avec le général Cordova l'envoi d'une unité spécialement assignée à la traque des Juifs. Rodrigo voulait jouir de sa soirée, pas parler affaires. La foule, l'ayant reconnu, l'acclamait à tout rompre. Tandis qu'il saluait, un immense sourire éclairait son visage enfin radieux. Il jeta à Juan :

– Fais fermer les boutiques du quartier juif, cela devrait apporter un début de satisfaction à Ses Majestés,

et va chercher ta femme. Elle devrait être ici, avec ses compatriotes.

Juan bafouilla. Rodrigo ne l'écoutait pas, il regardait des femmes danser langoureusement au son des guitares…

À l'exception de Giulia et de Laura, encore un bébé, Lucrezia se trouvait la seule femme admise dans le cercle le plus étroit de sa famille. Avec les mâles Borgia, elle partageait l'impétuosité, la violence, l'arrogance et l'intelligence. Pourtant elle ne ressemblait en rien à son père ni à ses deux frères. Droite et entière, elle n'aimait ni les complots ni les trahisons qu'ils impliquaient. Elle avait, contrairement aux autres – y compris Giulia –, le sens du bien et du mal. C'est sans doute pourquoi, après avoir vu Antonio Della Mirandola, elle s'en alla longuement prier à la Sixtine. La noirceur des crimes de son frère, la manière dont la traitait son père, la fiançant à l'un, puis à l'autre, la mariant à un troisième, pesaient lourdement sur son cœur. Toutefois, elle avait mûri. Rien désormais ne s'opposerait à ses désirs.

– 27 –

Pendant que son père prenait part aux réjouissances, Lucrezia apprit une nouvelle qui fit bondir son cœur dans sa poitrine. Alfonso d'Este était hospitalisé à l'hôpital Santo Spirito ! Elle se précipita pour le voir. En le découvrant, elle eut un choc : Alfonso était encagé jusqu'au cou dans une boîte de bois d'où seule sa tête émergeait, environnée de vapeur, couverte de pustules. La vision répugna à Lucrezia. Il marinait dans un bain de mercure. Il avait attrapé la vérole et se faisait soigner à Rome où les traitements réussissaient bien. La déception de Lucrezia fut immense :

– Vous avez le mal français ! On m'a dit que ce mal s'attrape surtout au contact des prostituées !

Alfonso tenta une excuse qui ne fit qu'aggraver le ressentiment de Lucrezia :

– Lucrezia ! La guerre rend l'homme solitaire. Je ne pensais qu'à vous.

– Moi aussi j'étais solitaire ! Malgré ça, je suis restée seule !

– Évidemment, dit l'autre bêtement. Vous êtes une femme !

Pour Lucrezia, non seulement les hommes étaient des salauds, mais ils ne comprenaient rien aux femmes.

– Oui, dit Lucrezia, je suis une femme. Je rends grâce à Dieu pour cela.

Alfonso tenta de se dégager de son carcan pour la prendre dans ses bras. Il appela une religieuse infirmière, se tortillant inutilement : Lucrezia avait déjà filé. Le cœur brisé, elle venait de rayer Alfonso d'Este de sa vie.

Elle rejoignit le Campo dei Fiori, se fraya un chemin dans la foule de plus en plus dense et avinée, trouva son père avec son escorte. Dans ses yeux rougis, son visage tendu, se lisait une vraie détresse. Son père, s'il l'accueillit gentiment, ne s'y attarda pas. Elle voulut attirer son attention, et se planta devant lui, haussant la voix pour se faire entendre :

– Je veux entrer au couvent, Je veux consacrer ma vie à Dieu. M'accorderez-vous votre bénédiction ?

– Vous n'avez nul besoin d'entrer au couvent pour vous dévouer à Notre magnifique Sauveur, répondit-il distraitement.

Comme elle ne semblait pas vouloir se satisfaire de sa réponse, il ajouta :

– Nous parlerons sérieusement de tout cela à un autre moment !

– Non, cria Lucrezia. Non ! J'ai trop attendu ! Pendant ce temps, j'ai été fiancée à trop de porcs sur vos ordres !

Cette fois, elle allait trop loin. Rodrigo était furieux que sa fille lui gâche une fête pour des idioties. Il l'attrapa par le bras, la serrant violemment, il l'entraîna dans une ruelle, plus sombre et tranquille, et là, secouant vigoureusement la rebelle, il siffla, les dents serrées :

– Tes prétendants venaient tous de familles de la plus haute noblesse !

Lucrezia se dégagea, redressa la tête. Elle cracha :

– Ma mère avait raison : tous les hommes sont des porcs et vous aussi ! Vous m'avez vendue aux familles

pour nouer des alliances utiles et, chaque fois qu'elles ne l'étaient plus, je divorçais.

– Tu as voulu ce divorce. Ton bonheur est mon seul souci !

– Non, s'entêta Lucrezia. Vous m'avez prostituée au nom du Christ exactement comme vous avez prostitué Cesare aux Colonna !

Cette fois, elle avait touché au plus vif. Il saisit la jeune fille par le cou, une lueur meurtrière dans les yeux. Il la repoussa contre un mur.

– On ne nous parle pas sur ce ton et de cette façon, articula le pontife en détachant chaque mot. Ne te crois pas si importante ! J'ai mon autre fille Laura maintenant !

Lucrezia recula. Elle ne reconnaissait plus Rodrigo comme son père. Il lut dans son regard une horreur immense, du dégoût. Il en fut glacé. Lucrezia s'enfuit à toutes jambes.

Tard dans la nuit, le couvent de San Sisto, dans les faubourgs de Rome, fut réveillé par des coups à la porte. Les religieuses, en ces temps troublés, s'affolaient volontiers. La mère supérieure elle-même s'en alla ouvrir le judas. Deux jeunes filles richement vêtues demandaient refuge, d'une voix suppliante.

– Que fuyez-vous ? demanda la religieuse.

– Mon père, répondit l'une des deux.

– Qui est votre père ?

– Le pape Alexandre VI.

Alors la supérieure ouvrit grand la porte à Lucrezia et Pantisilea.

Rodrigo n'avait jamais donné de soins à ses enfants. Laura était probablement sa dernière-née. Il voulait savourer tous les moments possibles avec elle. Ce soir-là, il la baignait, sa maladresse attendrissait

Giulia. Toutefois, elle le sentait préoccupé. Depuis six semaines, Lucrezia, réfugiée au couvent de San Sisto, bravait son autorité. Les jours passant, cette vocation à laquelle il ne croyait pas persistait. Pour la faire plier, il avait interdit à quiconque d'aller lui rendre visite, sauf autorisation de sa part. Giulia devina son souci. Elle lui proposa d'aller voir sa fille, il accepta avec soulagement. Il comptait sur Giulia pour persuader Lucrezia de revenir à la maison. Or sa maîtresse avait autre chose en tête : une fois Lucrezia enfermée derrière les murs d'un couvent, Laura demeurerait la seule fille du pape. Giulia ne voulait aucun obstacle aux ambitions qu'elle nourrissait pour son héritière.

À San Sisto, Lucrezia avait revêtu la tenue des postulantes et priait beaucoup. Pantisilea lui tenait compagnie, espérant elle aussi que la vocation de sa maîtresse tournerait court. Or elles furent toutes les deux témoins d'un miracle. Un jour, en prière à la chapelle, sœur Lucia Di Narni, une religieuse de seize ans, reçut les stigmates du Christ aux mains et aux pieds. Lucrezia appela à l'aide. On transporta la sœur dans sa cellule. La supérieure décida de n'en parler à personne pour l'heure.

En entrant dans la cellule de Lucrezia, à l'instant où celle-ci se contemplait dans un miroir tenu par Pantisilea pour admirer sa tenue religieuse, Giulia se dit que la fille du souverain pontife n'était pas encore tout à fait mûre pour la clôture définitive. Lucrezia l'accueillit d'un air glacial.

– Si vous venez de la part de mon père, vous pouvez repartir…

Giulia ne se laissa pas impressionner. Elle assura venir à l'insu de Rodrigo. Lucrezia se dit animée d'un grand désir de pureté et de vérité. Depuis qu'elle avait vu le miracle de sœur Lucia, elle se sentait près de Dieu, elle ne voulait plus changer de vie. Cela rassura Giulia.

Pour la gestion de ses objectifs politiques, Alexandre VI avait quelques principes stratégiques simples. Par exemple, il estimait que rien ne valait un dîner agréable pour sonder les cœurs et les esprits. Beau décor, bonne chère, grands vins, jolies femmes, harmonieuse musique avaient raison des convives les plus rétifs. Pendant toute l'occupation française, il avait renoncé à ces réceptions. Ensuite, il avait fallu remettre à neuf les appartements papaux et reprendre en main la maison. Le moment était enfin venu de recevoir pour organiser l'avenir de la famille Borgia.

Il invita donc Oliviero Carafa, cardinal de Naples, Alessandro Farnese et Giovanni de' Medici. Ses deux fils étaient présents. Giulia, maîtresse de maison depuis la disgrâce d'Adriana, avait convié quelques jolies femmes parmi lesquelles Silvia Ruffini, dont Farnese était toujours épris. Au cours de ce dîner luxueux, on devisa de tout, de philosophie, d'art. On se remémora les moments difficiles traversés par le Vatican. Puis, avec la fin du repas, on en vint aux sujets sérieux.

Giulia invita ses amies à s'installer dans une autre salle pour finir tranquillement la soirée en laissant les hommes entre eux. Oliviero Carafa rappela la vacance du trône de Naples depuis le départ de Charles VIII. Pour son remplacement, il suggérait Federico d'Aragon, le jeune frère d'Alfonso détrôné par les Français. À Naples, selon Carafa, on souhaitait sa venue. Sa proposition reçut un accueil mitigé. Rodrigo fit la moue et demanda négligemment :

– Quelqu'un a-t-il une autre idée pour le trône de Naples ?

Tous l'avaient suffisamment fréquenté pour savoir qu'il en avait une, depuis le début.

– Je suggère le prince de Tricarico, duc de Gandie, Juan.

Un silence médusé tomba autour de la table. Les convives connaissaient le passé de Juan, il ne plaidait pas en sa faveur. Néanmoins, celui-ci souriait déjà.

– Après tout, poursuivit le pontife, Juan est apparenté à la famille d'Aragon par son mariage. Son frère Goffredo est prince de Squillace…

Carafa s'éclaircit la gorge avant de parler :

– N'y voyez pas offense, Votre Excellence, dit-il à Juan. Seulement, vous avez été défait à Bracciano par les Orsini, la garde pontificale a alors déserté… De tels faits augurent mal de votre capacité à diriger un royaume.

Vexé, Juan se dressa à moitié sur son siège. Son père, d'un geste, lui intima le silence.

– En plus, Charles menace d'une nouvelle invasion avec des forces plus nombreuses, avertit Giovanni de' Medici.

– Enfin ! s'impatienta Juan. Si je peux prouver ma qualité dans une bataille, serai-je accepté comme roi de Naples ?

Il y eut de nouveau un silence. Puis Carafa s'adressa à Rodrigo :

– Votre Sainteté, votre oncle Calixte, de bienheureuse mémoire, avait essayé de placer votre frère, Pedro Luis, sur le trône napolitain. Les barons du royaume diabolisent encore le nom des Borgia… !

– Mon cher Carafa, je compte sur vous pour exorciser les démons !

C'était dit. Il n'en démordrait pas.

Le lendemain, dans la salle du Trône, le pape recevait de Haro et le général Cordova. La plupart des cardinaux étaient présents, ainsi que Burckard et Gacet. Juan demeurait introuvable. Outre quelques jeunes soldats, Guidobaldo de Montefeltro, ancien prisonnier

à Bracciano, accompagnait Cordova. Il conservait un souvenir amer de Juan et des Borgia en général. Rodrigo accueillit le vieux soldat avec grâce :

– Nous comprenons, Guidobaldo, que vous avez servi comme commandant en second sous les ordres du général Cordova avec une grande bravoure. Nous vous louons pour la défaite des Français et la restauration de la paix dans la Ville éternelle, ajouta Rodrigo.

Il en fallait plus pour amadouer l'officier qui baisa l'anneau sans un mot. Le pape remarqua, parmi la petite troupe, un soldat de belle prestance.

– Les plans de batailles sont pensés par les généraux, les batailles, gagnées par les soldats. Avancez donc, jeune homme, dit-il au soldat. Quel est votre nom ?

– Pedro Caldes, de Valence, Très Saint-Père, bafouilla l'Espagnol, étonné d'être soudain mis en valeur.

Le pape se livra alors à un numéro de charme incompréhensible pour l'assistance. Il évoqua son frère, un fils qui portaient le même nom, morts tous deux. Il vit une ressemblance entre Pedro et son frère : le nez, le menton, même les cheveux. Il ajouta une note d'émotion affirmant qu'il avait l'impression de voir son frère au même âge pour finir par une question inattendue :

– Êtes-vous marié, Pedro ?

– L'amour est une guerre que je n'ai jamais gagnée, fit modestement le jeune homme.

Cela fit rire le pape, donc tout le monde autour d'eux. Le pontife le congédia en lui souhaitant de trouver moins de résistance chez les Romaines.

Une fois achevé ce petit numéro, Rodrigo entreprit Cordova sur un problème qui lui tenait à cœur. Il restait une poche de résistance française à Marino, où les Colonna et les Orsini s'étaient réfugiés, défiant son autorité. Le pape souhaitait terminer la guerre. Marino en était la conclusion. De Haro et Carafa élevèrent une

réserve : le pape avait promis à la reine Isabelle de vider Rome de tous les Juifs, or rien n'était fait. Rodrigo ne céda pas si facilement.

– Nous gérons ce problème juif, dit-il d'une voix ferme. Discutons plutôt d'un plan de bataille contre les troupes françaises.

Cordova manifesta ses regrets :

– Sur ordre de Ses Majestés Catholiques, nous discuterons de Marino après le règlement du problème des Juifs à Rome.

– Très bien ! Alors Marino viendra à l'ordre du jour sans tarder, conclut Rodrigo d'une voix posée.

Puis il leva la séance. Dans le hall, Gacet interrogea le pape sur ses projets concernant le quartier juif. Celui-ci ne lui répondit pas. Il souriait.

– Pedro Caldes… dit-il.

– Ce soldat ? Quoi ?

Rodrigo avait son sourire de sphinx.

– Vous avez un projet pour lui !

Gacet comprenait.

– Dieu est un mystère qui se révèle soudain !

Le sourire du sphinx s'élargit.

Cesare connaissait à fond les auteurs grecs et latins. Il se passionnait aussi pour les fouilles archéologiques. Lorsqu'un jour un Romain tomba dans un puits, découvrant ainsi la Domus Aurea ou la Maison dorée bâtie par Néron, Cesare se précipita. Il fallait, pour accéder aux premières salles, se glisser dans un trou profond, accroché à une corde. Juan, qui accompagnait son frère, se plaignait qu'il avait l'impression de descendre dans une tombe, pas dans une Maison dorée.

À la lueur des torches, les fresques éblouirent Cesare. Comme il expliqua patiemment à son cadet, Néron

avait conçu certaines salles uniquement pour ses orgies. Elles étaient décorées à la feuille d'or, avec des plafonds incrustés d'ivoire et les murs, de pierres précieuses. Les plafonds comportaient des orifices par lesquels les esclaves jetaient des pluies de fleurs sur les invités. Il avait lu tout cela dans Tacite et Suétone.

– Ce que nous retrouvons là est un don de Dieu, un don de richesse et de beauté. Il nous transporte dans les jours glorieux de l'Empire romain. Cette découverte est un présage de grandeur à venir.

Ce dernier mot éveilla un écho chez Juan qui ne s'intéressait guère à l'archéologie mais beaucoup à lui-même.

– Par exemple moi, roi de Naples ?

– Tiens, à ce sujet ! Pourquoi n'étais-tu pas là pour accueillir le général Cordova ? Peur d'affronter Montefeltro hein ?

Juan ignora les questions et soupira qu'il fallait cesser cette guéguerre entre eux.

– Avec l'espoir que je t'aiderai à monter sur le trône de Naples, rétorqua Cesare.

– Exactement ! Je dois trouver un moyen de m'affirmer. Cordova refuse de mettre des troupes sous mes ordres. Aide-moi à organiser une nouvelle garde pontificale.

Cesare n'était pas prêt à entraîner de nouveau des hommes pour les placer sous les ordres d'un chef qu'ils déserteraient à la première occasion. De plus, les Espagnols ayant autorité sur la ville, ils ne lui permettraient pas d'entraîner une armée. Pour faire bonne mesure, l'aîné rappela au cadet les sévices infligés à Maria Enriquez. Sa femme avait sans doute déjà débarqué en Espagne et informé la famille royale.

– Tu crois vraiment dans ces conditions que le roi Ferdinand te permettra d'accéder au trône de Naples ? Il n'est pas impossible qu'il te retire même le duché de Gandie ! conclut Cesare.

Juan ne voulut pas en entendre plus. Il abandonna son frère à ses recherches archéologiques.

Rodrigo refusait de chasser les Juifs de Rome. Ses motifs n'avaient rien d'humaniste : cette population comptait un fort pourcentage de commerçants. Plus de Juifs, plus de commerce, plus de commerce, plus d'argent. Juan eut une idée. « Je suis un génie ! » pensa-t-il. Son plan lui assurerait de regagner l'estime de son père et le trône de Naples du même coup. Il le lui exposa sans tarder, le pape l'approuva aussitôt. Son père exigea qu'avant toute démarche Juan aille se confesser. Quand le souverain pontife vous envoyait à confesse, vous obéissiez.

L'idée de Juan était simple : si les Juifs étaient baptisés, ils n'étaient plus Juifs et toujours à Rome. Restait à trouver un baptistère suffisamment vaste pour cette opération, des troupes pour convaincre avec fermeté les Juifs de s'y rendre, un tronc pour qu'ils versent le prix du sacrement et un prêtre pour les accueillir au sein de l'Église en leur versant de l'eau bénite sur la tête… Il proposa à Giovanni de' Medici de se charger de ce baptême à la chaîne. Il lui assura qu'il y trouverait la gloire. Le jeune prélat se demanda quelle gloire il y avait à administrer ce sacrement sous la contrainte. Cependant, il accepta : il était très difficile d'éconduire un Borgia.

Lucrezia refusait toute visite. Surtout les envoyés de son père. Rodrigo confia une lettre à Pedro à remettre en main propre, ce fut peine perdue. Pire, comme Pantisilea trouvait le jeune homme à son goût et le lui dit, Lucrezia prit ce prétexte pour la renvoyer. Pedro rapporta son échec au pape.

– Voila le problème lorsqu'on est un Borgia : vos enfants aussi sont des Borgia, commenta le pape.

Que sa fille lui tînt tête avec autant de fermeté ne lui déplaisait pas au fond. Il comptait sur la belle allure, l'air franc et avenant de Pedro pour mettre fin à la vocation de Lucrezia. Rodrigo demanda à Pedro s'il avait une idée là-dessus. Pendant ce temps, Gacet avait ouvert un paquet, en avait sorti un petit calice serti de pierres précieuses. Rodrigo en jouait négligemment, faisant miroiter les gemmes dont les reflets attiraient l'œil de Pedro.

– On m'a dit qu'il y avait au couvent une sœur Lucia qui porte les stigmates. Lucrezia a été témoin des souffrances de cette religieuse. Elle en est fortifiée dans sa résolution de prendre le voile.

– Ah bon ? fit le Saint-Père. Un médecin ira examiner cette femme. Lorsque Lucrezia constatera que les blessures de Lucia sont purs artifices, elle changera d'avis.

Pedro n'avait pas seulement l'air honnête, il l'était.

– Que se passera-t-il si ces stigmates sont vraiment d'origine divine ?

Rodrigo dévoila son plan en termes mesurés pour ne pas effaroucher le jeune homme :

– Le médecin diagnostiquera ce qu'on lui dira de diagnostiquer. Il y a une vérité. En dessous, il y en a une autre, plus profonde, plus vraie ! Ma fille n'a nul besoin de paumes saignantes et de discours sublimes. Elle a besoin d'amitié. Voulez-vous être son ami ?

Pedro avait eu le temps d'entrevoir la fille du pape. À son avis, une mission pareille ne se dédaignait pas. Le pape lui tendit le calice miroitant… Le jeune homme n'en crut pas ses yeux. Le pape insista :

– Un viatique, dit Sa Sainteté.

La découverte de la Maison dorée inaugura une mode. Les jeunes nobles s'habillaient en Romains : toges, coiffures bouclées, sandales. Juan ne laissait passer aucune tendance, il alla se confesser à la Sixtine en sénateur romain.

Cesare eut envie de jouer un bon tour à son frère dont la confession représentait une étape vers le trône de Naples. Il remplacerait le confesseur, le frère Jacopo, et apprendrait ainsi toutes les fredaines de Juan. Alessandro objecta que Cesare n'était pas prêtre. C'était sans compter le talent dialectique de Cesare.

– Pour être pleinement pardonné, on doit promettre de ne jamais refaire le mal. Est-ce que Juan cessera jamais de faire du mal, spécialement s'il est couronné roi ?

Alessandro approuva.

– Donc, quelle importance que ce soit moi ou frère Jacopo qui l'entende ?

Joignant le geste à la parole, Cesare s'introduisit dans le confessionnal sur lequel une pancarte indiquait le nom de frère Jacopo. Alessandro vit arriver Juan, toge blanche et ruban en tour de tête. Un peu surpris, il lui demanda si cette tenue était vraiment confortable.

– Le vent te siffle entre les couilles, à part ça, c'est pas mal !

Il s'installa dans la partie du confessionnal réservée aux pécheurs. Derrière la grille se dessinait un visage difficile à distinguer dans la pénombre. Juan ne fit pas attention. Il commença selon la routine.

– Bénissez-moi, mon père, parce que j'ai péché. Je ne me suis pas confessé depuis…

Là, il hésita, il ne s'en souvenait pas…

– … une semaine, lança-t-il au hasard. J'ai menti, volé, triché, toujours au nom du souverain pontife alors…

– Alors, compléta Cesare, ce ne sont pas des péchés. Tu as bien dû pécher au moins une fois pour toi-même !

Juan remua inconfortablement. À genoux avec sa toge, le bois lui rentrait dans la peau, il avait froid. Lorsqu'il parla, sa voix avait changé :

– À la vérité, frère Jacopo, voici un moment que je traîne un péché, un péché mortel qui me hante. Je n'en ai jamais parlé… Dites, le secret de la confession, vous le respectez ? Hein ? Sinon vous perdez votre âme.

Cesare hocha la tête, grogna quelque chose comme « jamais … », et Juan prit une inspiration avant de poursuivre :

– Mon demi-frère, Pedro Luis, je l'ai tué. Oui. J'ai passé contrat avec quatre hommes déguisés en Arabes. Ensuite, je les ai tués pour couvrir le premier crime.

Juan eut conscience que la silhouette derrière la grille retenait son souffle. Il poursuivit :

– J'avoue, c'est horrible. Je demande pardon à Dieu de mes offenses. Je promets de ne plus jamais commettre de fratricide…

– Vous êtes pardonné. Comme pénitence, vous l'avouerez à votre père.

– Ah ça, jamais ! s'écria Juan.

– Alors vous ne serez pas pardonné.

Contrarié, Juan retrouva instantanément ses mauvaises habitudes :

– Va te faire foutre ! lança-t-il à « frère Jacopo ».

– Va te faire foutre toi-même, répondit celui-ci avec la voix de Cesare.

Juan jaillit du confessionnal, passa de l'autre côté. Il souleva le rideau abritant le prêtre. Il dit d'un ton léger :

– C'était toi ! Je le savais dès le début ! Je t'ai bien eu !

– Menteur, dit Cesare froidement. Menteur, assassin !

Rompu à l'art de dissimuler, Juan afficha une insouciance qu'il était loin d'éprouver. Il décida qu'il avait eu sa confession. Il tourna les talons en lançant par-dessus son épaule :

– Hé, curé ! Viens me voir quand je serai roi de Naples.

– 28 –

Vannozza se sentait seule. Lucrezia surtout lui manquait et elle ne comprenait pas comment plus de six semaines s'étaient écoulées sans qu'elle ait eu de nouvelles de sa fille. Elle brodait lorsqu'une servante lui annonça qu'une jeune fille souhaitait la voir. Et Pantisilea entra, visage défait. Vannozza s'inquiéta immédiatement :

– Lucrezia est malade ?

La dame d'honneur la rassura, lui raconta les derniers événements. En conclusion, elle était renvoyée par Lucrezia et par Giulia, qui menaçait de l'envoyer dans un bordel. Là-dessus, elle fondit en larmes… Vannozza allait répondre lorsque Cesare arriva. Pantisilea le salua avec tout le charme possible. Le jeune cardinal répondit à peine. Sans doute, pensa sa mère, parce qu'elle joue double jeu, Cesare le sent. L'instinct de son fils était prodigieux !

Vannozza envoya Pantisilea l'attendre dans la salle de musique et s'installa avec Cesare. Elle lui reprocha son silence. Son aîné objecta que leur père l'y avait obligé. Les Borgia avaient l'habitude de tant de secrets ! Son souci était tout autre. Il lui raconta l'aveu de Juan. Sa mère d'abord refusa de le croire, puis elle exigea qu'il fournisse des preuves.

Cesare regarda sa mère au fond des yeux et l'interrogea :

– Et si c'était vrai ?

Elle répondit sans hésiter :

– Juan doit mourir !

Vannozza prit la main de son fils et le contempla avec un élan d'infinie tendresse :

– Tu es le meilleur, tu mérites le plus… Toi plus que tout autre.

Juan sortit du taudis où habitait Maacah et sa famille en se rebraguettant. Il avait ses habitudes chez la jeune femme et la baiser devant toute la famille ne le gênait pas. Il ne comprenait pas ces miséreux : ils avaient été chassés de partout, l'Inquisition espagnole les avait torturés et quand on leur offrait refuge à Rome sous la seule condition qu'ils se fassent baptiser, ils trouvaient le moyen de refuser. Maacah, en tout cas, l'avait carrément défié : ils n'iraient pas dimanche prochain se faire baptiser, ni elle, ni sa famille, ni ses amis… Et elle ajouta, retournant le couteau dans la plaie :

– Comment nous forceras-tu ? Avec quelles troupes ? Ta poignée d'hommes de main contre un bon millier de Juifs ? Va-t'en !

Juan était confronté à un problème qui devait être résolu dans les plus brefs délais. Un de ces problèmes que Corella faisait disparaître à sa manière.

– Écoute, dit Juan sans le regarder, mon frère détient des informations dangereuses pour moi. Cesare doit mourir.

Corella s'inclina et allait s'éloigner, Juan le retint :

– C'est pour le bien de Rome, ajouta-t-il.

Il lâcha l'homme masqué. « Énervant, ce masque, pensa-t-il, on ne sait jamais ce qu'il a en tête. » Puis

il chassa cette pensée d'un haussement d'épaules. Il aurait été beaucoup plus préoccupé s'il avait entendu la conversation se déroulant au même instant dans les jardins pontificaux entre son père et le général Cordova. Celui-ci exigeait que Juan fît des excuses à Montefeltro pour sa lâcheté à Bracciano.

– Question d'honneur ! clamait Cordova.

Rodrigo ne put qu'admettre dans un long soupir :

– Ah ! L'honneur est une marchandise bien rare de nos jours... Dites au duc d'Urbino qu'il aura ses excuses.

Enfin, Juan aurait été carrément anxieux s'il avait suivi Corella. Celui-ci se rendit tout droit chez Cesare et lui offrit ses services. Le tueur était une âme simple. Il connaissait les limites à ne pas franchir : le meurtre de Cesare lui paraissait inutile, pure folie même. Il s'en expliqua simplement :

– La loyauté se donne au plus valeureux, pas au plus offrant. C'est donc vous que je servirai. C'est vous qui irez le plus haut.

Cesare accepta à une condition : l'Espagnol lui donnerait tous les détails concernant l'assassinat de Pedro Luis. Corella s'y engagea.

Le sort de Lucrezia importait à deux femmes, les plus aimées de Rodrigo : Vannozza et Giulia. La première voulait que sa fille trouve le bonheur, fût-ce au couvent, la seconde voulait que la sienne demeure la préférée et l'héritière de Rodrigo. Pour des motifs dissemblables, elles poursuivaient le même but. Et Giulia, invitée chez Vannozza pour en discuter, tomba d'accord avec elle : il fallait convaincre Alexandre VI de laisser Lucrezia vivre sa vie au couvent si tel était son choix. Vannozza se chargea de la négociation. Elle y mit une condition : Pantisilea travaillerait désormais chez elle aux frais de Giulia. Celle-ci ne refusa pas.

Pour examiner sœur Lucia, Rodrigo, ne se fiant qu'aux siens, avait choisi un médecin espagnol : Gaspard Torella. Celui-ci se rendit au couvent en compagnie de Pedro Caldes. Le praticien examina la peau et fouilla les blessures de la nonne. Ayant achevé l'examen, Torella se releva et se tourna vers la supérieure et Lucrezia, l'air inquiet.

– Ces blessures… Comme scientifique, je suis perplexe. En tant que croyant, je suis dans la crainte et le respect. Honnêtement, je ne peux poser aucun diagnostic : j'ignore s'il s'agit d'un miracle ou d'un problème médical.

– Le Saint-Père va être en colère, avertit Pedro.

Torella eut une mimique approbatrice : oui, le pape lui avait expressément recommandé de ne voir qu'une manifestation hystérique, des blessures en aucune manière miraculeuses. Quant à Lucrezia, elle était bouleversée. Elle s'exclama, les mains serrées contre la poitrine :

– Si seulement je pouvais recevoir un message aussi clair ! J'ai tellement besoin de savoir si ma voie est bien la vraie. Je porte en moi la flamme de la pureté, quoi qu'on m'oppose !

Pedro en fut ému.

– Pardonnez-moi, señorita ! Nul besoin de stigmates pour connaître la pureté de votre cœur.

Il eut un geste charmant, plia un genou, ouvrant ses bras :

– Vous avez congédié votre dame d'honneur. Je ne connais pas l'art de la conversation, mais je sais écouter. Si vous avez besoin d'un ami qui simplement vous prête une oreille attentive…

Lucrezia le fixa d'un regard hautain.

– Et pourquoi donc ouvrirais-je mon cœur à un nigaud comme vous ?

Rodrigo avait accepté un rendez-vous avec Vannozza. Lorsque son ancienne maîtresse lui apprit la décision de Lucrezia, le pontife se montra inébranlable. Sa fille n'avait pas à choisir sa vie mais à obéir. L'idée de bonheur ou d'indépendance pour Lucrezia n'effleurait même pas son père. Il s'agissait d'une rébellion infantile dont elle sortirait dans de brefs délais. Il en répondait. Vannozza n'obtint même pas l'autorisation de parler à sa fille. Le pape avait son plan, s'il ne réussissait pas, elle pourrait toujours aller la serrer dans ses bras. Comme souvent en pareil cas, Vannozza finit par perdre patience :

– Rodrigo, vous n'êtes pas Dieu ! Votre parole n'est jamais définitive.

Le pape s'éloignait déjà. Vannozza eut l'impression d'avoir parlé à un mur.

Pour le souverain pontife, l'urgence était maintenant d'obtenir de Juan qu'il fasse des excuses en bonne et due forme à Guidobaldo de Montefeltro. Le cadet des Borgia s'y refusa d'abord. Désespérant de lui faire entrer dans la tête la notion d'honneur qui lui était complètement étrangère, le pape, furieux, dut lui détailler la situation :

– Nous sommes à ça (il fit un geste, rapprochant index et pouce d'un centimètre) de débarrasser l'Italie du reste des Français, et la papauté de ses ennemis. Nous avons besoin de Cordova et de ses hommes pour cela et pour maîtriser les Juifs. De plus, sans son soutien, tu n'as pas la moindre chance d'être jamais roi de Naples. Tu vas aller t'excuser, compris ?

De mauvaise grâce, Juan s'exécuta devant Montefeltro et Cordova, ainsi que Carafa, Rodrigo et Gacet. Le duc

d'Urbino lui prêta une attention distraite. Il était sans illusion sur les raisons de la nouvelle attitude de Juan. Il jura ensuite qu'il servirait la cause du vicaire du Christ et se retira sans un mot de plus.

Le baptême des Juifs fut organisé en la basilique Saint-Pierre. Ils avançaient en ligne, passaient devant une table où un diacre notait leur nom sur un registre, et mettaient deux ducats dans un tronc. Puis, sur les fonts baptismaux, Giovanni de' Medici prononçait les paroles sacramentelles en versant un filet d'eau bénite sur leur front. Plusieurs détachements de troupes espagnoles les encadraient et veillaient au calme.

Lorsque Maacah atteignit la table, elle donna son nom et mit ses ducats dans le tronc. Puis, se dirigeant vers le baptistère, elle entonna les prières hébraïques à haute voix. Elle se présenta devant Giovanni de' Medici qui versa de l'eau sur sa tête et la baptisa. Elle priait toujours. Les autres la regardaient. Certains avaient peur des réactions des soldats et baissaient la tête, d'autres, au contraire, l'imitèrent. Cordova fit un signe à Juan lui intimant de faire taire l'importune. Il traîna la jeune fille dehors, toujours en prière, la roua de coups jusqu'à ce qu'elle se taise. Évanouie.

La cérémonie terminée, les Espagnols, satisfaits, prirent la route de Marino. Sur l'insistance de Cordova, Montefeltro avait accepté que Juan fasse partie des officiers. Rien de plus, rien de moins.

Cesare, resté à Rome, s'interrogeait sur l'attitude de Corella vis-à-vis de lui. L'homme masqué semblait être certain de la responsabilité de Juan dans le meurtre de Pedro Luis. Or il ne pouvait en apporter aucune preuve. Agapito,

le secrétaire de Cesare, qui veillait affectueusement sur son maître, voyait dans l'allégeance de Corella le premier pas d'un complot ourdi par Juan contre lui. « Tout le monde épie tout le monde, pensa Cesare, ainsi va notre monde ! »

Cesare croisa Alessandro et Silvia Ruffini place Saint-Pierre. Chaque fois qu'il les voyait, il lui semblait respirer une bouffée d'air frais. Pourquoi, se demandait-il, ne puis-je accéder au même simple bonheur ? Le couple était radieux et Alessandro, donnant l'accolade à son ami, lui dit :

– Nous avons une bonne nouvelle à t'annoncer !

Un regard à Silvia suffit à Cesare.

– Vous attendez un enfant, n'est-ce pas ?

– Oui, oui, dit Silvia, rayonnante.

Il l'embrassa et la félicita. La perte de son propre enfant pesait encore lourd sur son cœur, il n'en laissa rien paraître.

– Alessandro sera un père merveilleux !

Et celui-ci rétorqua :

– Et toi, tu feras un parrain merveilleux !

Les troupes revinrent à Rome en quelques jours. Cordova et Montefeltro, vieux militaires d'expérience, avaient fait de la prise de Marino une simple opération de police. Ils arrivèrent au palais apostolique, Montefeltro traînant, enchaînés, le commandant en chef français et Marcoantonio Colonna. Le seul à s'être échappé se trouvait être Virginio Orsini. On ne tarderait pas à remettre la main dessus. Juan se conduisit mal comme d'habitude, s'attribuant tous les mérites au nez et à la barbe de Cordova et Montefeltro. Les deux ravalèrent leur exaspération. Ils haïssaient mortellement ce paltoquet.

Juan se présenta au couvent de San Sisto et demanda à voir sa sœur. Il prit une pose avantageuse et tendit une lettre reçue d'Espagne la veille. Lucrezia lut la missive

et sentit le sol s'effondrer sous ses pieds. Juan dit sur un ton satisfait :

– Ma femme n'a pas survécu à son voyage en mer ! Cela fait de moi un veuf et de toi une meurtrière !

– Non ! gémit Lucrezia. Non !

Juan lui arracha la lettre des mains et lut à voix haute :

– «… est morte en donnant naissance au cours d'une tempête. » Tu n'as pas pu t'empêcher de te mêler de ce qui ne te regardait pas, et maintenant, la mort est entrée dans ma famille ! Tu es contente, espèce d'idiote ?

– Et l'enfant ? sanglota Lucrezia.

– Des enfants ! Des jumeaux ! Les deux ont survécu. Dans son dernier souffle, Maria Enriquez a nommé l'un d'eux Juan, comme moi. Elle m'aimait, quoi que tu en penses ! Tu n'as plus qu'à prier Dieu pour ton pardon et le rachat du mal que tu as commis !

La nouvelle accabla Lucrezia. Elle marchait dans le cloître en pleurant, totalement perdue. Elle alla s'agenouiller à côté de sœur Lucia qui priait et souffrait de ses blessures. Lucrezia voulut raconter sa vision, sa conviction d'obéir à un ordre divin, l'opposition de son père. La religieuse eut un commentaire sibyllin :

– L'essence de la foi est d'accepter l'inconnaissable !

Lucrezia continuait : elle avait péché, elle avait menti, vu des meurtres, et quelqu'un qu'elle aimait bien était mort à cause de ses manipulations. Sœur Lucia soupira. Elle ne comprenait rien et cette fille la dérangeait. Soudain, elle sursauta, Lucrezia suppliait :

– Voulez-vous prier pour moi, et demander à Dieu les stigmates pour moi aussi ? Pour avoir un signe de l'amour divin, me savoir choisie !

La nonne, qui souffrait le martyre, regrettant par moments d'avoir été élue par Dieu, bondit, perdant toute patience :

– Moi, je… Moi, je ! Égoïsme et orgueil ! Mendier une telle épreuve ! Ces blessures ne sont pas une récompense

ou un diplôme de sainteté ! Vous ne méritez pas la grâce de Dieu ! La preuve ? Vous la réclamez !

Lucrezia fondit en larmes de nouveau. Lucia revint à sa prière non sans un jugement définitif :

– Votre place n'est pas ici, Lucrezia Borgia !

Lucrezia sortit de la chapelle, en trébuchant. Elle se vit comme Ève chassée du Paradis. Et surtout, elle ne savait plus quoi faire…

Corella assassina Marcoantonio Colonna non sans l'avoir châtré préalablement. Il exécuta ainsi la vengeance de Cesare. Il alla lui rendre compte dans les jardins pontificaux où le cardinal Cesare s'entraînait au tir à l'arquebuse. Il ne remarqua pas Pantisilea qui observait Cesare amoureusement. En revanche, en sortant sur la place Saint-Pierre, il fut accosté par Juan qui lui demanda à brûle-pourpoint :

– Pourquoi mon frère est-il encore en vie ?

– Je n'ai pas trouvé le moment propice, répondit Corella. Cesare ne baisse pas souvent la garde.

Juan regardait Corella d'un air pensif…

– Je me demande si je ne devrais pas te renvoyer en Espagne ? Ou alors, je pourrais adresser au général Cordova un certain document mentionnant ton implication dans une tentative d'assassinat contre son souverain bien-aimé, le roi Ferdinand…

À l'abri du masque, les yeux de Corella flambèrent d'une haine meurtrière. Juan ne le vit pas, il avait déjà tourné les talons.

Lucrezia abandonna sa robe de postulante. En civil, elle se rendit à la chapelle pour y retrouver Pedro Caldes. Celui-ci, tout à la mission assignée par le souverain pontife,

fit diligence. Lucrezia l'invita à venir s'asseoir à côté d'elle. Elle lui avoua son échec : elle ne trouvait pas la voie de Dieu. Il s'en montra désolé, essaya de la consoler. Brusquement, elle se jeta sur lui et l'embrassa sur la bouche très sensuellement. Elle ne voulait pas un ami, juste un amant. Elle se déshabilla, s'offrit sans retenue au jeune homme. Celui-ci n'hésita pas une minute. En quelques secondes, ils étaient allongés, nus, et faisaient l'amour dans un bas-côté de la chapelle. Pedro tomba définitivement amoureux, Lucrezia prit conscience qu'elle s'était débarrassée de sa virginité. Les hommes étaient des porcs et faire l'amour, la meilleure chose du monde. Puis elle réalisa qu'elle l'avait fait dans une chapelle. À l'idée d'un tel sacrilège, elle éclata de rire, rejointe par son amant.

Elle revint avec Pedro au palais pontifical, directement chez son père. Rodrigo fut submergé de joie. Sa fille aînée lui avait manqué plus qu'il ne l'avait montré. Il la serra longuement dans ses bras, les larmes aux yeux. Puis il s'aperçut de la présence de Pedro :

– Ah, Pedro Caldes ! Comment vous remercier de me ramener ma fille ?

Lucrezia saisit le bras de Pedro avec une familiarité qui n'échappa pas au regard paternel. Elle lança d'une voix chargée de sous-entendus que Rodrigo préféra ignorer :

– Il y a un tas de récompenses…

– Eh bien oui, j'imagine, dit Rodrigo, que je pourrai en toucher deux mots au général Cordova et envisager un bénéfice en Espagne…

– Et pourquoi pas une terre en Espagne ? fit une voix joyeuse.

Et Giulia entra, portant sa fille dans les bras.

– Tu nous as manqué, dit-elle en embrassant Lucrezia.

Et tandis que la jeune fille jouait tendrement avec sa petite sœur, Giulia commençait à réfléchir à de nouveaux moyens d'écarter Lucrezia…

Cesare but un verre de vin avec Corella à l'auberge du Lion. Si celui-ci avait rempli sa mission auprès de Marcoantonio, il demeurait incapable de fournir des preuves de la culpabilité de Juan. Sa parole n'était pas suffisante contre le fils du pape.

– Je trouverai…

Il dit cela d'une voix résolue, se leva et sortit d'un pas déterminé, laissant Cesare perplexe.

Comme il le suivait du regard, il remarqua une femme avec un homme dans l'escalier menant aux chambres de l'auberge. Il la dévisagea attentivement, incrédule. Il lui fallut se rendre à l'évidence, c'était Fiametta. Son cœur se serra. Après si longtemps, retrouver cette femme tendrement aimée se prostituant à l'auberge du Lion, une propriété de Vannozza ! Fiametta raccompagna son client et remonta. D'un bond, il se leva, traversa la salle et la rejoignit dans sa chambre.

Elle se lavait devant une cuvette, jupes relevées. Un lit défait occupait tout le fond de la pièce et, devant la fenêtre, jouait un petit garçon d'environ un an. Fiametta le dévisagea longuement. Elle vint à lui, se rajustant et lançant au gamin :

– On dit bonjour !

Cesare fixa le gamin. Il avait des boucles brunes et des yeux noirs fendus qui lui parurent familiers. Intrigué, il demanda :

– À qui est ce gamin ?

– À toi !

– Garce, tu mens ! Tu sais très bien que notre fils est mort !

– Non, non, Éminence ! Il est bien vivant ! Sauvé de la mort par ton ami Alessandro Farnese.

Cesare, sous le choc, s'appuya à la porte.

– Je ne te crois pas, murmura-t-il.

– Je me moque de ce que tu crois ! dit Fiametta qui ne se départait pas de son attitude agressive. Son nom maintenant, c'est Geralomo.

Cesare demeura un moment pétrifié. Puis :

– Putain ! lança-t-il à Fiametta.

– Je suis la femme que vous avez fabriquée, cardinal Borgia !

Cesare ne l'écoutait pas. Il avait soulevé le garçon et, le tenant à bout de bras, l'étudiait. L'enfant le regardait sans broncher, droit dans les yeux. Cesare eut l'impression fugitive de se contempler dans un miroir, sentit comme un vertige. Il le reposa à terre et s'enfuit.

Oliviero Carafa pénétra d'un pas rapide dans la salle du Trône, baisa l'anneau pontifical. Le pontife sentit venir la mauvaise nouvelle. Le prélat rapportait en effet que barons et évêque napolitains avaient rejeté unanimement Juan Borgia comme prétendant au trône, ils préféraient Federico d'Aragon. Le doge de Venise, les ducs de Milan, Ferrare, Savoie, Mantoue ainsi que le roi d'Espagne approuvaient ce choix. Carafa espérait la bénédiction de Sa Sainteté… Rodrigo devait céder. En contrepartie, il obtint une promesse de mariage entre Juan et Charlotte d'Aragon, la fille du roi. Là-dessus, de Haro mit une autre contrepartie : Federico serait couronné par le pape à Naples. À la surprise générale, Rodrigo sourit, approuva et dit :

– Figurez-vous que je me languis de Capri… Il y a si longtemps !

L'âme de Cesare s'ouvrait parfois sur des ténèbres, son esprit cheminait par de sombres et tortueux sentiers.

Il y avait une noirceur en lui qui le désespérait, et pourtant il s'y complaisait. La vue de Fiametta se prostituant l'avait choqué, puis éveillé de la colère et de la détestation. Elle n'était plus la femme qu'il avait aimée. Et cet enfant qu'il avait cru mort…

Il marcha toute la nuit dans Rome. Il avait un fils. Il se répétait « j'ai un fils », et cela ne réveillait pas en lui l'éblouissement premier éprouvé à sa naissance, mais plutôt le chagrin atroce et le remords de la période pendant laquelle il l'avait cru mort. « J'ai un fils », se chuchotait-il fiévreusement. Et l'image du petit garçon lui apparaissait comme figée derrière une paroi de verre. Quand l'aube pointa, il se demandait si son cœur n'était pas définitivement glacé. Les seuls sentiments qu'il était capable d'éprouver jaillissaient de sa part d'ombre : colère, haine.

D'amour, pas.

Et maintenant, même Alessandro Farnese n'échappait plus à son ressentiment : Alessandro avait agi dans son dos, puis lui avait menti. Il lui mentait depuis un an. Il n'en revenait pas : le bon, l'honnête, le fiable Alessandro, capable d'une telle dissimulation. Il ne lui trouvait aucune excuse, ne parvenait à aucun pardon.

Il donna rendez-vous à son ami à la Domus Aurea, parce que finalement il se jugeait aussi monstrueux que Néron et que l'obscurité souterraine convenait à son état d'âme. Ils se retrouvèrent dans une grande salle ronde, surmontée d'une coupole sur le fond de laquelle leurs ombres dessinées par des torches s'agrandissaient.

Cesare tournait autour d'Alessandro, et son ombre mouvante dévoilait parfois des fresques à demi effacées. Il jouait avec la révélation à venir, savourant la perplexité d'Alessandro. Puis finalement, il lui jeta la vérité à la figure :

– J'ai vu un miracle à Pérouse. Une nonne a réveillé un enfant mort. Tu as fait pareil, Alessandro : tu as ramené mon fils des confins de la mort !

Il agrippa Alessandro qui recula d'un pas, se raidissant. Cesare approcha son visage du sien.

– Cesare… hésita Alessandro, redoutant son imprévisible ami.

– Non ! Non ! Je te suis reconnaissant ! Tu as bien agi, ton acte était juste. En retour, moi…

Cesare dégaina son poignard et le pointa sur la gorge d'Alessandro, coincé contre le mur.

– Ne me tue pas, Cesare, souffla Alessandro.

– Supplie-moi !

– Je t'en supplie, Cesare, ne me tue pas !

– Lâche. Je n'ai pas pleurniché quand Marcoantonio m'a fourré sa bite dans le cul ! Je me suis battu. Comme n'importe quel homme. Es-tu un homme, Alessandro ? Ce fœtus dans le ventre de Silvia doit être celui de quelqu'un d'autre ! Tu n'as pas de couilles, tu n'en as jamais eu !

Soudain, Alessandro eut un sursaut :

– Alors, fais-le ! Fais-le si ça doit te faire sentir meilleur ! Ensuite, je sais ce qui t'arrivera, Cesare. Une heure après, tu te noieras dans un océan de remords, pleurant sur ma dépouille ! Mon geste était maladroit, mais c'était un geste d'amour. Toi, tu agis par orgueil, le plus grand péché contre Dieu…

Cesare recula d'un pas et roua Alessandro de coups de poing, de coups de pied. Celui-ci se laissa faire, tomba à terre, l'autre continua, puis dit :

– Dorénavant, toi et moi sommes des ennemis.

Et il disparut, laissant Alessandro en pleurs, effondré de chagrin et de souffrance.

– 29 –

Tout près de la Domus Aurea, des fouilles mirent au jour une sculpture de marbre blanc, représentant un père et ses deux fils mortellement enlacés par un gigantesque serpent. Il s'agissait de Laocoon. Grand prêtre de Troie, alors assiégée par les Grecs, il fut le seul à s'opposer à l'introduction de l'immense cheval de bois posté sous les remparts par leurs ennemis. L'avertissement à ses concitoyens, immortalisé par un vers de Virgile, se transmit à travers les siècles : « Je crains les Grecs et leurs présents. » Or la déesse Athéna désirait la victoire des Grecs. Elle tira de la Méditerranée un monstrueux serpent qui étouffa Laocoon et ses fils. Aux yeux des Troyens, la mort atroce de leur grand prêtre et de ses enfants apportait la preuve de son erreur. Selon d'autres auteurs, tel Sophocle, Laocoon fut puni par Apollon pour s'être marié et avoir transgressé son vœu de célibat. Rodrigo connaissait les deux versions et, dans les deux cas, Laocoon lui était proche. Il manquait un bras au père, une jambe à l'un des fils, Alexandre VI confia la statue à des artisans pour la restaurer. Il désirait la présenter intacte au peuple de Rome. Cela ne se passa pas exactement ainsi.

Pour la première visite à Rome de Goffredo Borgia et de son épouse Sancia depuis leur mariage, Rodrigo voulut déployer le faste des grandes cérémonies. Il arriva place Saint-Pierre, juché en majesté sur une *sedia gestatoria* [1], précédé de la garde pontificale en grand uniforme, encadré des quatre *flabella* [2] portés par des dignitaires romains. Des oriflammes claquaient au vent. Il s'installa sur une estrade, entouré du Sacré Collège. Cesare et Alessandro l'y avaient précédé. Derrière les évêques, debout, Juan en uniforme militaire accompagnait Cordova et Montefeltro. À côté, une autre estrade accueillait les invités de marque habitués de ce type d'événements, parmi eux Lucrezia et Giulia tenant Laura dans ses bras. Le cortège napolitain, escorté par des gardes à cheval, entra sur la place et vint s'immobiliser au bas de l'estrade où siégeait le pape.

Goffredo et Sancia sortirent du carrosse, montèrent se présenter au Saint-Père. Si celui-ci marqua une légère distance avec son fils, se bornant à le féliciter de voir son union bénie par Dieu ; il embrassa chaleureusement sa belle-fille, enceinte d'environ six mois. Cesare, lui, salua Sancia froidement. En revanche, Juan échangea avec elle un sourire qui en disait long sur leur intimité. La foule applaudissait, les jeunes mariés agitèrent la main, le pape donna sa bénédiction… Étrangement, le retour de Goffredo marqua le début des événements qui allaient enténébrer la fin du règne d'Alexandre VI.

Dans l'antichambre, le ton de la conversation entre le pape et son vice-chancelier, Ascanio Sforza, vira à l'aigre. Gacet, alerté, tendit l'oreille. Rodrigo retombait dans son

1. « Chaise à porteurs ».
2. Un flabellum est un grand éventail monté sur des hampes.

travers : il voulait offrir le duché de Bénévent, Terracine et Pontecorvo à Juan, dépouillant l'Église pour lui tailler un petit royaume. Sforza s'insurgeait avec raison. Alexandre VI, intraitable lorsqu'il s'agissait de son favori, signifia à Sforza qu'il lui retirait son titre. Puis il entra dans la salle du Trône où l'attendait le consistoire. Sforza, la rage au cœur, mijotant une vengeance, le suivit.

Le pontife annonça le remplacement de Della Rovere comme doyen du Sacré Collège par Oliviero Carafa et la nomination de Rafaele Riario-Sansoni comme camerlingue. Puis Juan, Cordova et Montefeltro entrèrent, traînant Virginio Orsini, enchaîné, aux pieds du souverain pontife. Le pape les félicita. Gianbattista Orsini sortit du rang, baisa l'anneau papal.

– Je vous supplie, Très Saint-Père, d'épargner à mon frère les affres de la mort !

– Quel autre choix avons-nous ?

– L'exil !

Un sourire ironique affleura sur les lèvres du pape :

– On revient d'exil, souvent dans les bagages d'une armée ennemie…

Juan fit un pas en avant et pria le pape de lui laisser l'initiative du châtiment d'Orsini. Son père, on le sait, ne lui refusait rien. Le prisonnier fut emmené. Juan souriait. Le Saint-Père, désireux de se concilier Cordova, qu'il sentait exaspéré par la conduite de son fils cadet, lui annonça qu'il lui accordait la Rose d'or. C'était une distinction rare, la seule accordée par l'Église à un militaire. Cela ne fit pas sourire le général qui s'inclina avec raideur. Rodrigo perçut dans l'assemblée, sans se l'expliquer, une tension étrange. Il la mit sur le compte de Virginio Orsini : après tout, c'était la première fois qu'on livrait au pape un capitaine général de la garde pontificale ligoté, en plein consistoire.

Alexandre VI voulait nommer Cesare au poste de vice-chancelier. Lui-même avait obtenu ce poste de son oncle Calixte III à vingt-sept ans, Cesare avait à peine quelques années de moins. Il le dit à Carafa, Farnese et Riario-Sansoni au cours d'une réunion dans son bureau. Riario-Sansoni plaida avec précaution :

– Malgré son énergie, sa passion, son intelligence, Cesare possède-t-il la fermeté sans faille alliée à la douceur de cœur qu'exige cette charge ?

Le camerlingue savait la cause perdue. Quand Rodrigo proposait une décision, c'est qu'il l'avait déjà prise. Il fit entrer Cesare. Il voulait lui annoncer lui-même qu'il renonçait à son voyage à Naples pour couronner Federico d'Aragon et qu'il le chargeait de cette mission.

– Vous avez déjà couronné Alfonso, cardinal Borgia, ce ne sera pas une nouveauté. Vous réglerez les négociations pour le mariage de Juan avec Charlotte d'Aragon. Vous y mettrez une fermeté sans faille et toute la douceur dont vous êtes capable, ajouta-t-il avec un sourire satisfait à l'adresse de Riario-Sansoni.

Gacet s'approcha, formant le mot « Djem » sur ses lèvres.

– Ah oui ! reprit le pontife. On exhumera Djem à Velletri. Nous enverrons sa dépouille à Istanbul. Il doit recevoir un enterrement musulman selon les formes.

– Et Sa Sainteté pourra ainsi récupérer les trois cent mille ducats promis par Bajazet, remarqua Alessandro.

Cesare l'agressa aussitôt :

– Auriez-vous l'audace d'affirmer que Sa Sainteté agit par cupidité, cardinal Pute ?

La force d'Alessandro tenait à ce que les insultes ne l'atteignaient jamais. Surtout celle-ci. Il répondit d'un sourire.

Tous les enfants Borgia dînaient chez leur mère, Cesare partirait ensuite pour Naples, la circonstance le servait. C'est ainsi que Juan entra dans les dernières heures de sa vie.

Ce fut un étrange repas. Goffredo boudait, sa femme s'ennuyait, échangeait des regards badins avec Juan, son beau-frère. Cesare se taisait. Vannozza allait et venait entre la salle à manger et la cuisine que Lucrezia refusait de quitter. Carlo Canale, le maître de maison, servait à boire. Juan jouait le bouffon. Il portait une veste ornée de grelots tintinnabulants. Cela lui permettait de mieux penser en baisant, prétendait-il. Il échangea quelques piques avec son frère aîné. Ils faillirent en venir aux mains. Juan, décidément de bonne humeur, observa à l'intention de Sancia que, dans cette famille, on pouvait « tout dire et tout faire sans crainte de reproche ». Et là-dessus, il embrassa Cesare à pleine bouche, brutalement. Celui-ci le repoussa de la même manière. Vannozza les gronda comme des gamins et on se mit à table.

Le dîner prit fin et aussitôt, ils se séparèrent : Juan, déjà ivre, ayant repéré une nouvelle pensionnaire à l'auberge du Lion, voulait l'essayer. Cesare partit après lui dans la même direction. Corella les suivait de loin sur un cheval blanc. Et la nuit s'avança.

La cérémonie de remise de la Rose d'or au général Cordova eut lieu à la Sixtine, le lendemain. Elle fut rapidement expédiée, au grand dam de Burckard : il s'était donné un mal fou pour tout organiser dans un délai intenable. Chacun remarqua l'absence des deux fils du pape. Cesare, ayant abusé des vignes du Seigneur, avait croisé Pantisilea à la pointe de l'aube, dans les couloirs du palais pontifical, et celle-ci le voyant enfin à sa merci l'avait raccompagné dans son lit. Juan demeura introuvable. Son père supposa avec indulgence qu'il avait fini la nuit dans les bras d'une courtisane de talent et s'attardait avec elle, ne voulait pas être vu la quittant.

Personne ne s'inquiéta de la disparition de Juan jusqu'au moment où son cheval fut trouvé errant place Saint-Pierre, sellé mais avec les étriers sectionnés. Le pape, soudain saisi d'angoisse, exigea des recherches : s'il fallait, on fouillerait Rome « pièce par pièce, boutiques, bordels et couvents inclus ». Cesare enjoignit à Agapito de mettre la main sur Corella, puis se rendit au quartier juif. Il alla directement chez Maacah où il savait que Juan avait ses habitudes. Celle-ci répondit simplement à Cesare en le défiant du regard :

– J'espère qu'il est mort, ce monstre. Je prie pour ça tous les jours !

Cordova et un détachement avaient suivi Cesare. Ils fouillèrent le quartier juif, rassemblèrent la population devant le portique d'Octavie. Cesare s'adressa à la foule avec un calme terrifiant :

– Si mon frère a été blessé, si le coupable a le moindre lien avec vous, les Juifs, ce quartier sera rasé et vous serez poussés à la mer. Et cette fois, pas de Moïse pour ouvrir les eaux ! Votre race sera éteinte à jamais.

Aux confins du quartier juif, ils trouvèrent un corps inerte. Cesare reconnut Nini, le garde du corps de Juan. Il ordonna qu'on le ramène au palais pour le ranimer. Nini était le seul, pour l'heure, à pouvoir expliquer la disparition de Juan.

Tout le monde le savait à Rome. Lorsqu'on veut se débarrasser d'un objet ou d'un cadavre encombrant, on le jette dans le Tibre. La rive était toute proche, on s'y rendit. Cesare, Cordova et les hommes patrouillèrent, interrogeant pêcheurs et passants. Giorgio Degli Schiavoni habitait là depuis plus de vingt ans sur une barque. Il dormait peu, entendait tout. Il ne se fit pas prier pour parler. Il n'avait rien remarqué la nuit précédente.

– Pas de bagarre ? Pas de cadavre ? insista Cesare.

– Un cadavre ? Si ! Un homme sur un cheval blanc est venu sur la rive en face. Il a inspecté. Puis il a fait signe à quatre autres qui ont balancé un corps dans l'eau, plus haut, là où on dépose les ordures, près de San Girolamo. Pour l'empêcher de flotter, ils y avaient attaché une grosse pierre, alors blurp, blurp, blurp... On ne l'a plus vu ! conclut Giorgio Degli Schiavoni satisfait de son effet.

– Pourquoi avez-vous dit que vous n'aviez rien remarqué ? demanda Cesare.

– Ben, j'ai pas menti, monseigneur ! Des cadavres, j'en vois des centaines chaque année dans le Tibre, personne les réclame jamais !

Aidés par des pêcheurs, les soldats fouillèrent les eaux boueuses. Ils en sortirent deux corps gonflés, bleuis : une femme et une petite fille. Plus loin, une forme couverte de boue. En déplaçant le cadavre, ils entendirent sonner les grelots...

Juan était bâillonné, les mains attachées dans le dos. On le détacha, Cesare s'agenouilla auprès de lui, essuya la tête. Sa gorge béait, des sangsues grouillaient dans la blessure. Il ouvrit la veste, vit des blessures. Cordova fit remarquer qu'il portait ses gants dans sa ceinture et que sa bourse, accrochée à son côté, contenait trente-sept ducats.

– Ce n'est pas un vol ! affirma-t-il. C'est une vengeance !

Quand Cesare entra dans la chambre du pape, celui-ci était assis, les mains sur les genoux, le regard vide. Le jeune homme remarqua les cernes et le visage creusé de son père. L'angoisse l'avait vieilli en quelques heures. Il se pencha et chuchota la nouvelle à l'oreille du pape qui ne broncha pas. Cesare se demanda s'il avait compris. Le pontife se leva, et d'un geste congédia Cesare.

– Il était mon œil droit, dit-il.

Puis il referma la porte et la verrouilla.

Transportée au château Saint-Ange dans la salle d'Apollon, la dépouille de Juan reposait nue sur une table de marbre. Cesare lava le corps de son cadet. Il dénombra neuf blessures au torse. Il laissa son sexe dans sa gangue de boue comme un objet maudit. On apporta du linge et les vêtements de parade. Cesare habilla son frère, masqua sa gorge avec une écharpe blanche, posa son épée sur son corps, joignit ses mains sur le pommeau. En accomplissant ces gestes avec minutie, Cesare n'éprouvait aucune émotion. Mais son cœur battait à rompre sa poitrine. Son indifférence l'affola : « Toute mon âme est prise dans la glace », pensa-t-il.

Lorsqu'il eut achevé la toilette de Juan, des moines vinrent chercher le corps pour installer la bière dans la chapelle de Calixte à la basilique Saint-Pierre. Cesare baisa les lèvres de son frère, se redressa, le contempla un instant, puis cracha dessus. Les moines, horrifiés, le regardèrent partir, incapables de bouger.

Dès l'instant où Rodrigo eut fermé sa porte, Gacet s'inquiéta pour lui. Il resta là. Après quelques minutes, il entendit un grand cri, un hurlement de douleur venu des tripes qui se répéta.

– Votre Sainteté ! appela Gacet.

Pour toute réponse, il y eut un fracas de verre brisé, d'objets jetés à terre. Les cris continuaient, accompagnés de chocs de meubles violemment déplacés, de coups sur les murs. Le vacarme cessa brusquement et la voix de Rodrigo s'éleva… Mots, phrases incohérentes mélangeaient le nom de son fils à des paroles des Écritures, à des imprécations. Et cela dura. Tohu-bohu de meubles cassés, de chutes d'objets, de tissus arrachés et déchirés, alternant avec des prières et des phrases sans suite.

Au matin, Giulia, qui avait tenté de lui parler à plusieurs reprises sans résultat, l'informa des funérailles de Juan. Elle n'obtint rien d'autre que le bruit d'objets lancés sur la porte. Gacet s'était installé sur un fauteuil dans le couloir, redoutant que Rodrigo finisse par se tuer.

Après les funérailles célébrées par Riario-Sansoni, le corbillard, encadré par les gardes pontificaux, suivi par les cardinaux et une foule attirée par une curiosité morbide, longea le Tibre pour se rendre à l'église de la Madonna-del-Popolo où se trouvait la chapelle des Borgia. Alessandro, un moment près de Cesare, voulut lui dire un mot d'affection. Celui-ci tourna vers lui un visage de marbre, plein de cruauté. Ils étaient désormais des étrangers l'un pour l'autre. Vannozza suivait le cortège avec Lucrezia. Carafa l'aperçut tenant la main de sa fille et lui souriant.

– Que peut-on dire d'un homme dont la propre mère ne le pleure pas ? confia Carafa à deux collègues.

Ce fut sa seule oraison funèbre.

Une enquête s'imposait. Ce fut la conclusion de Riario-Sansoni, Carafa et Gacet après que Cesare eut résumé les informations dont ils disposaient. Il s'agissait probablement d'une rencontre avec des familiers de Juan. Rien n'avait éveillé ses soupçons. Il avait mis pied à terre, retiré ses gants. On l'avait frappé derrière la tête. La raison pour laquelle on avait sectionné les étriers demeurait un mystère. Après quelques discussions, il fut admis que Cesare – bien que très proche de la victime – et Riario-Sansoni se chargeraient de l'enquête.

Les deux hommes s'installèrent dans la salle d'Apollon au château Saint-Ange. La bannière aux armes des Borgia tendue derrière eux, ils siégeaient à une grande table, un moine faisait office de greffier, et des soldats espagnols montaient la garde à l'entrée.

Le premier interrogé fut Ascanio Sforza. Il ne fit aucune difficulté pour admettre « qu'il aurait aimé avoir tué Juan, comme beaucoup de monde à Rome ». Ils s'étaient rencontrés cinq jours auparavant au Palazzo Vecchio où Sforza avait ménagé une entrevue entre le comte Della Mirandola, lord Jaches et Juan. Aux plaintes du père de Rosalina, Juan avait réagi avec un cynisme insultant. Il avait nié toute responsabilité dans le suicide de la jeune fille et rappelé que lord Jaches avait annulé son mariage et Della Mirandola renié sa fille. Il accusa les deux autres de meurtre : « Le désespoir conduit au suicide. En réagissant comme vous l'avez fait, vous l'avez poussée à la mort. » Il avait ajouté avec une ahurissante fausse candeur : « Je lui ai donné l'amour, vous la haine ! » Le père de Rosalina s'était jeté sur le jeune homme, il avait fallu les séparer. Cesare nota que Della Mirandola pouvait fort bien avoir engagé des hommes de main pour exécuter Juan. Sforza prit sa défense : le comte était un homme juste et respectueux des lois. Il n'aurait jamais pu faire une chose pareille. La nuit du crime, il se trouvait à Ostie pour affaires. Quant à lord Jaches, ce mariage était de pure convenance, il préférait les hommes.

Restait Sforza lui-même. Il aurait pu désirer blesser le pape qui l'avait privé de son titre de vice-chancelier. Il haussa les épaules :

– Je suis un vieux routier de la politique. Rien ne m'atteint personnellement.

Et son neveu, Giovanni Sforza, le divorce honteux qu'on lui avait imposé ne fournissait-il pas un motif ? Là encore, Sforza élimina le suspect.

– Il vous suffirait de passer quelques heures avec Giovanni pour constater que, né bâtard, il a du sang de poulet. Comme il l'a juré devant Dieu, il est impuissant. Dans tous les sens du terme.

Gianbattista Orsini succéda à Sforza. Il accabla Juan. Celui-ci lui avait demandé une forte somme pour libérer son frère et avait accepté de la toucher. Or, à peine arrivé devant le cachot de Virginio, Juan avait décrété que l'argent ne suffisait pas. Virginio se trouvait enfermé au sous-sol de la prison Terranova, dans une cage si petite qu'il ne pouvait ni s'allonger ni se tenir debout.

– Je l'ai vu courbé comme un mendiant sous la pluie, raconta Orsini, encore bouleversé.

Juan avait aussi exigé que Virginio lui fît allégeance. Celui-ci, ombrageux et fier, avait répondu par un dicton :

– En temps de guerre, un bon combattant se comporte comme l'ennemi, même si celui-ci est lâche, insolent et sans grâce.

Le cadet des Borgia avait alors promis à Virginio :

– Tu mourras dans ce cachot après avoir oublié l'idée même de pouvoir te tenir droit !

Et comme il s'éloignait, Virginio avait crié :

– Moi au moins, j'irai au Paradis. Toi, tu brûleras en Enfer !

– Curieusement, Éminences, conclut Gianbattista Orsini, ces mots ont terrifié Juan. Il a blêmi et s'est enfui. Je crois qu'en dépit de son attitude, il craignait l'Enfer.

Les deux cardinaux firent valoir qu'un tel comportement lui donnait toutes les raisons d'avoir voulu la mort de Juan. Orsini répondit :

– Je suis un prêtre, pas un soldat. Je ne souhaite la mort de personne.

Ayant dit ces paroles, il proposa qu'on l'enfermât avec son frère. Il était prêt à comparaître devant Dieu.

– 30 –

Dans les appartements pontificaux résonnaient à intervalles réguliers les hurlements du pape. La fatigue aidant, les bris d'objets avaient diminué. Il gémissait des prières la plupart du temps. Gacet ne quittait le couloir que relayé par Giulia. Lucrezia vint plusieurs fois et elles prièrent à haute et intelligible voix sans éveiller la moindre réaction du Saint-Père enfoui dans sa peine. Malgré les demandes de Giulia, Cesare ne vint pas. Au lieu de quoi il se rendit au Campo dei Fiori retrouver Cordova et Montefeltro. Au premier, il parla de son demi-frère, Pedro Luis, un officier que le général avait bien connu et apprécié. Lorsque Cesare lui dit que Juan avait fait assassiner Pedro Luis, le militaire hocha la tête. De Juan, rien ne pouvait le surprendre. En revanche, l'aveu de Cesare l'étonna.

– Je ne me préoccupe pas de l'intégrité du nom des Borgia mais de la vérité, répondit Cesare. Si Juan méritait de mourir, il n'y aura pas de châtiment. Sa Sainteté acceptera des motifs justes.

Les deux hommes le regardèrent avec une pitié ironique.

– Nous sommes des soldats, pas des tueurs, Borgia ! déclara Cordova.

Montefeltro jura de son innocence sur la tête de ses enfants, puis, se retournant contre Cesare, lui demanda s'il pouvait prouver la sienne. Cordova suggéra à Cesare d'aller plutôt voir du côté de leurs ennemis : les Français.

Suivant ce conseil, Cesare alla interroger Guillaume Briçonnet. L'évêque de Saint-Malo le prit de haut et refusa de répondre à la moindre question. Sans en avoir l'once d'une preuve, il soupçonnait Cesare d'avoir poignardé son fils, Jean. Et pour faire bonne mesure, il rappela à Cesare « les rumeurs d'inceste entre les frères et la sœur qui couraient de la pointe de la Sicile jusqu'à Notre-Dame de Paris ! » Cesare lui montra le poing, il n'en eut cure :

– Pourquoi n'auriez-vous pas tué votre frère par jalousie ? Croyez-moi, que de tels ragots puissent circuler en dit long sur votre famille !

Et il tourna les talons. Si haineux fût-il, ce n'était pas un meurtrier.

Cesare revint au château Saint-Ange pour entendre les frères Colonna. Un soupçon pesait sur Fabrizio. Sa femme l'avait trompé avec Juan et l'avait payé de sa vie. Fabrizio dit qu'il porterait toujours le poids de cette mort, qu'il avait payé son amende et promis de ne plus jamais tuer. Ce qui laissa Cesare sceptique. Fabrizio hurla :

– Vous, les Borgia, vous croyez que toutes les familles sont comme la vôtre ? Moi, je regrette profondément mon crime, je craindrai éternellement pour mon âme. Et rappelez-vous : lorsque tous avaient rejoint la France, abandonnant le pape, ai-je été absent ?

L'aîné des Borgia revint à la charge. Marcoantonio était mort après le passage de Corella dans son cachot. Les Colonna désiraient sûrement la mort de Juan par vendetta !

Le cardinal Colonna prit la parole, très calme :

– Éminence, si quelqu'un souhaitait la mort de mon neveu, c'est vous. Nous savons à quel geste ignoble il s'est livré sur vous…

Cesare se leva d'un bond. Sans un mot, il sortit, fila dans les latrines et vomit longuement. La seule allusion à ces souvenirs odieux le rendait malade. Lorsqu'il sortit, pâle, s'essuyant la bouche d'un revers de main, Riario-Sansoni l'attendait. Celui-ci se voulut amical et glissa :

– Il y a des secrets qui ne devraient jamais être révélés… Il ajouta : nous n'avons rien de sérieux. Pas de preuve, pas de réponse, pas de suspect.

Cesare fit quelques pas pour se reprendre. Puis il se retourna contre Riario-Sansoni.

– Et votre cousin, Giuliano Della Rovere ? À l'abri en France, il pourrait avoir commandité le crime !

Riario-Sansoni se sentit blessé. La supposition était gratuite. En outre, il n'avait plus aucun lien avec Della Rovere. Alors il lança à Cesare :

– Au lieu de soupçonner les autres, les Colonna, les Orsini, regardez votre clan ! Vous-même ! Caïn s'est dressé contre Abel et l'a massacré. De manière identique, Romulus tua Remus !

L'accusation porta. Agapito devait se souvenir longtemps de l'expression de Cesare à ce moment-là. Ses yeux noirs agrandis et cernés dévoraient son visage. Il y lut une angoisse mortelle. Était-ce dû à l'alcool ? Cesare s'adonnait-il aux opiacés ?

La vérité était bien plus terrifiante : dans la mémoire de Cesare, la nuit du meurtre de Juan s'était effacée, il ne se souvenait de rien. Il demanda des nouvelles de Corella. Aux dernières informations, l'homme au masque avait été vu s'éloignant de Rome au galop sur la Via Flaminia. Agapito entendit son maître murmurer :

– Alors je suis perdu, il était le seul à pouvoir dire où j'étais cette nuit !

Cesare eut besoin d'être seul un moment, même bref, dans le chaos de sa vie. Il alla réfléchir dans les jardins du Belvédère. Devant la chambre de Rodrigo, on l'attendait pour prendre une décision : forcer ou non la porte du pape. Parmi les cardinaux, la question courait, se transformait en rumeur : on ne trouvait pas l'assassin de Juan, ne serait-ce pas Cesare ? Dans Rome, on chuchotait que le chagrin du pape l'avait rendu fou. L'aîné des Borgia avait conscience que lui seul pouvait redresser la situation. Il marcha un long moment, le sable étouffait ses pas. Le jardin, avec ses fontaines gazouillantes, ses statues graciles, l'abri de ses bosquets et surtout sa solitude, l'apaisa.

Il décida de reprendre la traque. Avant d'admettre sa culpabilité, il voulait éliminer les autres options. Il revint au palais pontifical et se rendit directement dans les appartements du prince et de la princesse de Squillace. Agapito, qui le suivait comme une ombre, le vit entrer. Immédiatement après, Sancia sortit, l'air ulcéré. Les deux frères eurent un entretien d'environ un quart d'heure. Cesare retrouva Agapito dans l'escalier et lui dit seulement :

– Mon frère est sans goût ni couleur. Il est innocent.

Le soir tombait. Ils firent seller leurs chevaux et galopèrent jusqu'à la villa Cattanei. Agapito s'assit avec Carlo Canale dans le salon. Cet homme pourtant courtois était si préoccupé qu'il le salua à peine. Cesare se trouvait enfermé à côté avec sa mère. Les deux hommes entendirent des éclats de voix sans rien comprendre, des mots émergeaient : « confession… Médée… » Puis la voix de Cesare claqua :

– Je dois savoir pour moi-même !

Un court silence, puis ce fut la voix de Vannozza :

– Toi et moi sommes devenus des étrangers…

Cesare gagna la rue sans un mot, enfourcha son cheval et s'éloigna. Son compagnon le suivit et respecta son silence. Ils chevauchèrent ainsi dans les rues désertes que la lune baignait d'une clarté laiteuse. Arrivés à proximité de la place Saint-Pierre, Cesare exhala un hurlement de bête. Son compagnon y vit le plus poignant des désespoirs. Il se martelait le visage avec ses poings et hurlait. Cela dura quelques minutes, puis les deux hommes mirent pied à terre. Tandis qu'ils marchaient de concert, Cesare avoua que des lambeaux de souvenirs le hantaient : Juan et lui aux prises, roulant à terre, des coups violents échangés, des couteaux sortis peut-être. Il ne savait même plus si ces images concernaient la nuit fatale ou une autre nuit, bien avant. Il s'était si souvent battu avec Juan récemment. La torture de son ignorance était pire que la culpabilité. Après un moment, il avait pris sa décision : tout dire à son père, et advienne que pourrait.

De retour au palais, Cesare monta directement aux appartements de son père. Il trouva Giulia endormie devant la porte ; Gacet somnolait debout, appuyé au mur. Le silence régnait. Ils écoutèrent.

– Peut-être est-il mort ? hasarda Cesare.

– J'ai peur de ce que nous allons trouver, hésita Gacet.

– Assez ! Tout cela a trop duré. Une vie s'achève, les autres continuent, intima l'aîné des Borgia.

Il releva Giulia, appela les gardes. Ils enfoncèrent la porte qui s'ouvrit d'un coup largement. Un ouragan avait dévasté la pièce : lit, table, fauteuils renversés, vases, verres, miroirs explosés ; au-dessus de la cheminée, le blason des Borgia était dissimulé sous des traces de charbon. Au milieu, Rodrigo, nu, couvert de suie et de sang, le corps marbré de bleus, les bras et les jambes tailladés. Son cuir chevelu saignait de plaies ouvertes. Son crâne se voyait par plaques, là où il s'était arraché des poignées de cheveux qui maintenant jonchaient le sol. Cesare, impassible, enveloppa son père dans son manteau. Giulia sanglotait derrière eux.

– Qui a tué mon fils ? interrogea Rodrigo d'une voix enrouée mais calme.

– Dieu ! répondit Cesare.

– Dieu n'est pas aussi cruel, reprit Rodrigo sur le même ton.

Cesare redressa un fauteuil, le fit asseoir.

– Dieu a tué son propre fils. Pourquoi pensez-vous qu'il ne tuerait pas le vôtre ?

Le Saint-Père n'était pas en état d'entendre un mot sur le meurtre de Juan, Cesare choisit de se taire. Gacet lui donna à boire, Giulia l'emmena dans ses appartements. Les serviteurs commencèrent à ranger.

On sortit le testament de Juan des archives. Il laissait son armure blanche à son frère aîné qui refusa même d'y toucher. Lucrezia se retrouva avec quarante mille écus en ducats et en bijoux pour sa dot. Cela fit passer sans transition la jeune fille de la peine à la joie. Elle dit à Pedro qu'ils allaient se marier sans tarder. Le plus surpris fut Alessandro Farnese, que Juan instituait légataire universel alors qu'ils n'avaient jamais été proches.

L'absence de Sa Sainteté aux funérailles de son fils avait fait naître des interrogations dans Rome. Gacet s'en ouvrit à Cesare. La faiblesse du pape réveillait les appétits et, à un terme plus ou moins proche, menaçait la papauté. Il fallait que le souverain pontife parle, se montre. Or, Giulia avait beau le soigner, le nourrir, lui parler, il demeurait abîmé dans son chagrin, incapable de répondre à la moindre sollicitation. Cesare eut une idée qui, selon lui, pouvait réveiller l'esprit de son père. Profitant d'un tête-à-tête avec lui, il lui révéla que Juan avait assassiné Pedro Luis. La réaction immédiate du pape fut une attaque :

– Comment oses-tu proférer de tels mensonges sur ton frère qui ne peut plus se défendre ?

Et quand Cesare lui dit que le général Cordova vérifiait toutes les preuves, Alexandre VI rétorqua d'une voix redevenue aussi ferme que par le passé :

– Nous enterrerons le passé dans le riche humus du futur.

La stratégie de Cesare avait fonctionné. Découvrant la vraie nature de Juan, le pape sembla se fortifier et son esprit autoritaire reprit le dessus. Il convoqua un consistoire. Il y apparut le visage poudré pour masquer ses blessures et portant une perruque. Il se déplaçait difficilement et Cesare le soutenait. Son état comme son discours marquèrent les participants. Della Rovere excepté, tout le Sacré Collège était présent. Le pape rappela la tragédie qui l'avait frappé :

– Nous l'aimions plus qu'aucun homme au royaume de Dieu. Une souffrance sans limites a pénétré notre âme. La vie a perdu tout intérêt. Dieu nous punit, me punit pour mes péchés. Juan n'avait rien fait pour mériter un destin aussi brutal, et je donnerais sept tiares pontificales pour ramener mon fils à la vie…

Les cardinaux semblaient émus et observaient Cesare, dont le visage demeurait inexpressif. La préférence du pape si fortement affirmée les choquait.

– Nous ignorons par qui le crime a été commis. Nous absolvons les familles Orsini, Sforza, Colonna. Que Dieu pardonne au coupable.

Il se fit un mouvement parmi les robes pourpres. Ce soupçon implicite, de quel droit l'exprimait-il sans la moindre preuve ? Le pape poursuivit, tout entier habité par sa propre parole :

– Nous avons résolu de placer sans délai les besoins de notre sainte mère l'Église au cœur de nos pensées et de nos actes. Plus jamais nous ne nous intéresserons à nous-même ou à notre bonheur, parce que aucun plaisir terrestre dorénavant ne nous apportera de consolation. Nous voulons instituer cette réforme promise lors de notre accession au trône de Saint-Pierre. Nous jurons de nous y conformer sur la sainte lance de Longinus.

Tous, unanimes, l'applaudirent debout. Puis ils l'accompagnèrent vers la place Saint-Pierre où il bénit la foule qui l'accueillit avec des « *Viva il papa* » et des mots d'affection qu'il accepta humblement avec gratitude.

Alexandre VI sembla revigoré par le nouveau but de sa vie. Il alla directement dans sa chambre où Giulia dirigeait les travaux de réfection. Il n'attendit même pas le départ des domestiques et des ouvriers. Il lui ordonna de quitter Rome dans l'heure en emmenant Laura. Giulia, d'abord incrédule, tenta toutes les méthodes de persuasion, de la tendresse à la colère. Il ne l'écouta même pas. Puis elle plaida un sursis. Il sortit en murmurant d'une voix brisée :

– Hors de ma vue !

Quelques heures plus tard, Alessandro Farnese serrait sa sœur dans ses bras. Elle partait dans le Nord, à Bolsena, retrouver leur mère et Silvia Ruffini. Giulia, qui avait des relations difficiles avec sa mère, entrevoyait un avenir bien morne et fit jurer à Alessandro de tout faire pour hâter son retour. Elle lui demanda comment il s'y prendrait. Il trouverait de nouveaux alliés. Il ajouta tendrement :

– Tu as été mon ange gardien jusqu'à présent. Maintenant, je dois faire pousser mes ailes pour être le tien.

Il ne lui dit pas que Sforza et Colonna l'avaient déjà entrepris. Ils entendaient tirer profit des nouvelles dispositions du pape.

Pendant ce temps, le Saint-Père s'était rendu chez Lucrezia. Il l'écouta égrener les différentes raisons pour lesquelles elle aimait sincèrement Pedro et voulait l'épouser. Avec beaucoup de tendresse devant la désarmante douceur de sa fille, le pape rejeta ce mariage et lui annonça sa décision :

– Lucrezia, vous partirez demain pour l'Espagne. Vous prendrez le voile et veillerez à l'éducation des orphelins de votre frère.

Elle se rebella et insista : elle se marierait et rien d'autre. Le pape sourit chaleureusement à Pedro :

– Les filles sont notoirement désobéissantes, mais vous, vous êtes un soldat !

Le jeune homme comprit. Il n'était pas question de s'opposer au pape. Il lâcha la main de Lucrezia, s'inclina et disparut en dépit des cris de son amoureuse.

Restait à régler le sort de Cesare. Il fit venir son fils aîné dans son bureau. Il lui ordonna de raccompagner Goffredo et Sancia à Naples, où il couronnerait le nouveau roi, Federico. De là, il rejoindrait son diocèse, Valence.

– Vous n'y avez jamais mis les pieds depuis que vous avez été fait évêque. Vous y remplirez vos tâches pastorales, édicta le pape.

Cesare avait fait son deuil de l'amour paternel en écoutant son père proclamer sa préférence pour Juan aux yeux de tous. Enfin libéré, il se révolta :

– Et si je vous dis, mon père, que je ne souhaite plus être archevêque, que je ne veux plus porter la robe de cardinal…

– Nous vous regarderons comme un sourd, nous verrons bouger vos lèvres sans entendre vos paroles.

La conversation s'arrêta là. Carafa et Riario-Sansoni apportaient des brassées de lettres de condoléances. Parmi celles-ci, deux surprises : une de Savonarole, et une de Della Rovere. Ce dernier ressentait cette perte, écrivait-il, comme celle de son propre fils. Le pape, pris dans un tourbillon d'émotions – chagrin, désir de paix et de pardon –, se tapota les lèvres du bout des doigts, puis énonça ce qui aurait été, hier encore, inconcevable :

– Invitez Della Rovere à revenir. Tout lui est pardonné.

Cesare ne put retenir une exclamation de colère :

– Vous renvoyez votre propre sang pour vous entourer de vos ennemis !

Et il s'en alla sans attendre. Les décisions de son père le frappaient comme un châtiment divin. Dieu le punissait parce qu'il ne parvenait pas à mettre la main sur le meurtrier de Juan. Il s'en alla prier à la basilique Saint-Pierre, torturé par son incapacité à se souvenir du moindre de ses faits et gestes de la nuit du crime. Pourquoi serait-ce lui le meurtrier ? Pourquoi pas un autre ? Les officiers des gardes pontificaux, dont Juan avait fait assassiner deux d'entre eux ? Farnese, pour se venger de leur brouille ? Gacet ? Pour lui, il ne voyait pas de raison. Ces hypothèses absurdes ne le réconfortaient même pas. L'auteur du crime était un familier, un proche en qui Juan avait eu confiance.

Agapito vint le chercher et ils s'en furent à la taverne du Lion où le cardinal en pleine mélancolie but beaucoup, vomit, prit une prostituée, cassa le nez d'un marchand vénitien, but encore jusqu'à l'aube malgré les reproches de son secrétaire. Puis, comme le jour se levait, il rentra au palais avec une idée en tête : « Tout le monde à Rome croit que c'est moi ! Seule Lucrezia ne m'accuse pas, pourquoi ? » Un peu dégrisé, il se rendit chez sa sœur. Son fidèle compagnon l'attendit devant la porte, faisant les cent pas nerveusement. Après ce qui lui sembla une éternité, il entendit Cesare vociférer :

– Trahison, même toi, trahison !

La porte s'ouvrit et en sortit Pedro Caldes, pratiquement nu. Il dévala l'escalier quatre à quatre. Sur ses talons, toujours hurlant, Cesare faisait tournoyer son épée. Il le poursuivit du grand escalier jusqu'à la Sixtine, puis dans l'antichambre, et enfin Pedro trouva refuge dans la salle du Trône où était réuni le consistoire.

Les prélats écoutaient Riario-Sansoni tracer des plans pour instituer une commission de la réforme. Burckard et Gacet occupaient leur place aux côtés du Saint-Père. La sainte lance était posée sur un coussin de velours bleu à côté de lui. Caldes fonça entre les deux rangées de cardinaux, beuglant :

– Votre Sainteté, sauvez-moi !

Puis il se prosterna à ses pieds, enfouissant son visage dans sa robe. Cesare déboula à sa suite, fauchant l'air de son arme, terrifiant les cardinaux qui, comme des moutons, se regroupèrent autour du Saint-Père. Celui-ci leva la main et lança à son fils :

– Celui qui touche notre robe sacrée jouit d'une protection sacrée ! Lâchez votre épée !

Cesare obéit, lâcha son arme qui tomba sur le sol avec un bruit de gong.

– Demandez à cette vermine ce qu'il a fait !

Pedro se redressa, niant tout. Cesare cria :

– Tu mens au souverain pontife ?

Il s'approcha à pas lents de Pedro, toujours à genoux. D'un geste vif, Cesare s'empara de la sainte lance et la plongea dans le dos du jeune soldat avec une telle force qu'elle ressortit de sa poitrine nue, éclaboussant de rouge jusqu'au visage du pontife. Cesare leva les bras, l'air triomphant, et s'adressa à toute l'assemblée :

– Un fils, proclama-t-il d'une voix haute et claire, existe pour glorifier la vie de son père. Si dépourvue fût-elle de sens et de valeur. Quand le fils devient un homme (et cette fois il s'adressa à Rodrigo), il doit se glorifier lui-même et rendre son nom plus grand que celui de son père. Un nom que l'on se répétera dans l'Histoire ! Je suis Cesare Borgia !

Pour la première fois de leur vie, Gacet, les cardinaux, tous les proches de Rodrigo virent celui-ci épouvanté. Épouvanté par son propre fils. Cesare, se détournant, marcha l'air serein jusqu'à son épée qu'il ramassa, puis sortit. Derrière lui s'installa un accablant silence.

Conclusion

Plusieurs décennies après ces événements, Francesco Borgia, arrière-petit-fils de Rodrigo, quitta l'Espagne pour une visite à Rome. Il sollicita une audience auprès du pape. Si tragiques que fussent les souvenirs laissés par les Borgia au Vatican, leur descendant fut reçu par le Saint-Père. La demande de Francesco avait été acceptée d'autant plus facilement que le pontife n'était autre qu'Alessandro Farnese. Il l'accueillit avec émotion et s'en alla marcher avec lui dans les jardins du Belvédère. C'était maintenant un vieil homme s'appuyant sur l'épaule de son visiteur. Celui-ci n'osait pas lui demander s'il savait la vérité sur la fin de son grand-père Juan. Alessandro devina qu'il était venu pour cela. Et lui raconta.

– En vérité, je n'ai pas de certitudes, seulement des suppositions. Après avoir parlé avec des témoins dignes de foi et mis les éléments bout à bout, je crois qu'elles sont fondées. Vous devez savoir une chose, mon fils : dans votre famille, il y avait de la haine, de la violence, mais par-dessus tout, de l'amour. Un amour aveugle, fou peut-être. La fin de Juan comme le geste de Cesare en sont les conséquences.

Et Alessandro Farnese fit le récit de la nuit où Juan avait rendu son dernier souffle.

– Après avoir passé la soirée à l'auberge du Lion, Juan revint ivre vers le palais pontifical. Depuis quelque temps, bien qu'il le dissimulât soigneusement, le poids de ses turpitudes, de ses crimes, de ses lâchetés l'accablait. Il est probable qu'il ne le supportait plus. Et, rencontrant Lucrezia et Pedro, il fit une confession complète : depuis son enfance, il aimait tuer. Il haïssait Pedro Luis et l'avait fait supprimer. Maria Enriquez n'était pas morte en couches comme il l'avait fait croire à sa sœur, mais assassinée lors d'une escale à Marseille afin qu'elle ne puisse raconter ses méfaits à la cour d'Espagne. La liste était longue de ceux qu'il avait fait disparaître parce qu'ils lui déplaisaient ou pouvaient le trahir ! Lucrezia refusa toute compréhension, toute clémence, en découvrant la noirceur de son âme. Elle vit en Juan le mal absolu. On peut ajouter qu'il était le témoin de sa liaison avec Pedro. Or cet amour leur était désormais interdit par son père. Lequel donna le premier coup ? Lucrezia ? Pedro ? Furent-ils complices, l'un entraînant l'autre ? Et pourquoi Juan était-il ligoté et bâillonné ?

Alessandro Farnese réfléchit un instant. Il proposa à son visiteur d'aller s'asseoir. Remuer tous ces souvenirs, conservés si longtemps dans le secret de son âme, le bouleversait. Il reprit néanmoins :

– La suite des événements, telle que je vais vous la conter, n'est que le fruit de mes déductions : Pedro assomme, ligote et bâillonne Juan. Celui-ci se réveille et, comme un condamné, entend la sentence de mort pour tous ses méfaits. Il a peut-être imploré la clémence. Il n'a peut-être pas cru que Pedro allait vraiment le tuer et l'a raillé, excitant sa colère. En soldat habitué à porter des coups, il aurait dû exécuter Juan sans avoir besoin de le frapper à plusieurs reprises. Neuf blessures ! Quelle rage, quel acharnement ! Et puis la gorge tranchée… Je ne suis pas certain que Lucrezia ait assisté à tout cela.

Mais elle n'en a sans aucun doute rien ignoré. Ensuite, Pedro fit venir trois amis de confiance. Ils transportèrent le corps jusqu'au Tibre. L'amant de Lucrezia ne toucha ni aux vêtements ni à la bourse. Le corps fut jeté à côté des ordures. Ces gestes signifiaient le châtiment infligé à un homme ignoble. Quant aux étriers coupés, Pedro avait voulu de manière un peu brouillonne égarer les pistes. Ensuite, Lucrezia et Pedro revinrent ensemble chez elle.

Alessandro Farnese scrutait le passé. Et c'est le visage tant aimé de son ami d'enfance qui remontait de la nuit des temps.

– Quand, le surlendemain, Cesare vint trouver Lucrezia pour l'interroger, Pedro eut le temps de se dissimuler derrière les rideaux, laissant une conversation s'installer entre le frère et la sœur. Celle-ci rassura-t-elle Cesare en avouant tout, provoquant une réaction de Pedro ? Cesare, très probablement, ne vit qu'un seul coupable : l'amant de sa sœur. Pourquoi a-t-il enfreint la loi sacrée interdisant d'attaquer un homme protégé par le Saint-Père ? Pour son crime ? Sans doute. Mais Cesare aimait passionnément Lucrezia. Dans son geste ultime, on peut voir deux motifs : la rage amoureuse peut-être, mais surtout la protection de Lucrezia. Il supprimait le seul témoin qui aurait pu impliquer sa sœur.

Farnese regarda le jeune homme, silencieux à côté de lui. Il ressemblait à Cesare plus qu'à Juan avec ce regard sombre, intense des Borgia qu'il avait aimés et admirés, Rodrigo et Cesare. Alessandro n'avait pas terminé son récit :

– Pourquoi Cesare était-il hanté par la culpabilité alors qu'il n'avait pas tué son frère ? En fait, il se trompait de victime. Car cette nuit-là, Cesare commit réellement un crime pour lequel il ne fut jamais inquiété. En se réveillant, il trouva Pantisilea. Celle-ci, fière et heureuse d'avoir enfin séduit l'homme qu'elle désirait depuis si longtemps, dut avoir une réflexion, un geste… Je ne saurais dire. Connaissant la violence de Cesare, je l'imagine encore sous l'influence de l'alcool, comprenant sa faiblesse devant une femme qu'il méprisait. Sa réaction fut mortelle. On a retrouvé le corps de Pantisilea plus tard, dans le Tibre. Qui sait si, cette fois, Agapito ne fut pas complice. Enfin, suppositions tout ceci…

Farnese soupira.

– Cesare était un homme remarquable, d'une intelligence supérieure, d'un grand courage. Sa carrière après son départ du Vatican en témoigne, et beaucoup d'hommes de talent l'admiraient. Avez-vous lu *Le Prince* de Machiavel ? On ne peut lui rendre plus bel hommage ! Son pire ennemi était lui-même. Son âme recelait des abîmes, d'où jaillissaient parfois des monstres. Il a lutté contre eux toute sa vie…

Le soleil apparut au-dessus des jardins et illumina les statues, l'une d'entre elles attira le regard du prélat :

– Regardez le Laocoon ! Votre arrière-grand-père l'a découvert peu avant la mort de Juan. Ensuite, lorsqu'il a décidé la réforme pour transformer la vie du Vatican, il est venu avec Gacet et moi dans l'atelier où des sculpteurs venaient de restaurer la statue. Il l'a admirée un long moment, puis il a dit : « Comme nous sommes stupides d'aimer une chose aussi brève et fragile que la vie ! » Il a pris un marteau et a cassé le bras de Laocoon et la jambe d'un des fils. La statue s'est retrouvée telle qu'on l'avait découverte. Il a intimé l'ordre à Gacet de l'enterrer dans un endroit où on l'oublierait à jamais. Or, à Rome, vous le savez sans doute, les fouilles ne cessent pas. Giuliano Della Rovere, son vieil ennemi, une fois élu pape sous le nom de Jules II l'a rendue au jour. Et la voici ! Je vous ai tout dit, je crois, acheva Farnese.

Ils revinrent à petits pas vers le palais. Là, Alessandro Farnese souhaita bon retour au jeune Borgia. Puis, soudain, il ajouta :

– Ma sœur Giulia n'a jamais retrouvé Rodrigo. Il a fini sa vie très seul. Il priait beaucoup. Je voulais que vous le sachiez.

Puis il regagna son palais. Francesco Borgia le regarda s'éloigner, songeur. Le souverain pontife semblait emporter dans son sillage la poussière des temps révolus.

C'était une poussière de sang.

Composition : Compo-Méca S.A.R.L.
64990 Mouguerre

Imprimé en Espagne
Dépôt légal : septembre 2011
N° d'impression : 01
ISBN : 978-2-7499-1478-74
LAF 1525